ELISABETH FLEUCHAUS

Quickfinder
Was wächst wo?

Die richtigen Pflanzen für jeden Standort

Vorwort

Sie wünschen sich einen repräsentativen Vorgarten? Sommerlichen Duft und Blütenpracht am Sitzplatz? Attraktive Blumenbeete in der Sonne und im Schatten? Prachtvolle Hecken, die den Garten einrahmen und vor Blicken schützen? Die richtigen Pflanzen am ausgewählten Standort gedeihen prächtig, und gekonnte Pflanzkombinationen im Blumenbeet lassen Ihren Traum Wahrheit werden.

➜ Im Kapitel **Pflanzen auswählen** finden Sie anhand der Bildtafeln schnell die passende Pflanze für jede Gartensituation.

➜ Im **Porträtteil** werden über 200 Pflanzen vorgestellt. Hier erfahren Sie, welche Lichtverhältnisse die Pflanzen benötigen. Welche Ansprüche sie an den Boden stellen. Mit welchen Partnern sie sich gut vergesellschaften lassen. Welche Pflege sie brauchen.

Inhalt

Beete gestalten

Was nützen die schönsten Pflanzen aus dem Gartencenter oder der Gärtnerei, wenn

sie dann im Garten nicht richtig wachsen und gedeihen wollen oder nur schlecht zur

Geltung kommen. Mit unserer Pflanzenauswahl – gut kombiniert am richtigen

Standort – geht Ihr Wunsch nach prachtvollen Blumenbeeten, einem einladenden

Vorgarten oder einem gemütlichen Sitzplatz im Freien in Erfüllung.

Geeignete Pflanzen für Ihren Garten

Das Angebot an Gartenpflanzen ist groß und kaum zu überschauen. Jedes Jahr kommen neue Arten und

Sorten hinzu. Da wünscht man sich eine Liste oder ein Grundsortiment wirklich brauchbarer Pflanzen.

Robuste Naturen sollen dabei sein, die so schnell nichts übel nehmen, aber auch Spezialisten für schwierige

Gartenecken. Schön sollen sie sein und gesund. Pflanzen eben, die Freude machen und gut gedeihen.

Die Qual der Wahl

Blättert man in den Katalogen der Gartencenter, Baumschulen und Staudengärtnereien, dann fällt die Wahl schwer: Bäume und Sträucher, immergrün oder laubabwerfend, mit Nadeln oder Blättern, blühend und fruchtend, rankend und kletternd, breit ausladend oder schlank aufrecht. Gräser, Blütenstauden in allen Farben, ganz zu schweigen von bunten Sommer- und Zwiebelblumen für jede nur denkbare Gartensituation. Was nehme ich denn nun, fragt man sich als Gartenbesitzer. Was passt denn in meinen Garten? Womit habe ich auf Jahre Freude?

Ein bisschen »Gärtnerlatein«

Wer sich näher mit Pflanzen für den Garten beschäftigt, stolpert früher oder später über Begriffe wie Gehölz, Staude, Zwiebel- oder Knollenpflanze, Sommerblume. Was verbirgt sich hinter diesen Namen?

→ **Gehölze** sind mehrjährige, winterharte Pflanzen mit mehr oder weniger stark verholzten Trieben. Je nach Wuchsform unterscheidet man Bäume – bestehend aus einem mehr oder minder hohen, säulenförmigen Stamm und einer Krone – und mehrstämmige Sträucher. Gehölze überwintern mit Knospen, die oberirdisch an den verholzten Trieben sitzen.

→ **Stauden** sind ebenfalls mehrjährige, winterharte Pflanzen. Im Herbst sterben allerdings die oberirdischen Teile ab. Die Stauden überwintern mit unterirdischen Knospen.

→ **Zwiebel- und Knollenblumen** sind streng genommen auch Stauden, die auf Grund ihrer Lebensform aber als Extragruppe geführt werden. Ihr Lebenszyklus vollzieht sich innerhalb weniger Wochen (z. B. Tulpe), dann zieht die Pflanze in Zwiebeln und Knollen ein, die viele Jahre lebensfähig sind.

→ **Sommerblumen** sind einjährige Gartenblumen, die im Herbst absterben. Zu ihnen zählen aber auch bei uns nicht winterharte Stauden, z. B. Fuchsien.

Maßgebend: der eigene Geschmack

Der persönliche Geschmack ist das wichtigste Kriterium bei der Auswahl der Gartenpflanzen. Der eine freut sich an einem Heidebeet: reduziert in der Anzahl der Arten, sommers wie winters strukturiert und ordentlich. Dem anderen geht beim Anblick seines bunten Bauerngartens das Herz auf: fröhlich, vielfältig und gerne ein bisschen unordentlich. Wo Ihre eigenen Vorlieben liegen, können Sie z. B. vor der Pflanzenauswahl bei einem Spaziergang durch Ihr Wohnviertel feststellen. Sehen Sie sich die Gartenanlagen anderer Gartenfreunde an. Vielleicht finden Sie dort schöne Anregungen und Ideen.

Einschränkend: der eigene Garten

Nehmen Sie Ihren Garten vor der Planung näher in Augenschein.

→ Eine große Rolle für die Auswahl geeigneter Pflanzen spielt die **Größe** Ihres Gartens. Große, parkähnliche Gärten sind heute eine Seltenheit, kleine Gärten in unmittelbarer Nähe zum Nachbarn die Regel. Für kleine Gärten bieten sich z. B. Gehölze mit mehreren »Highlights« in Form von Blüte und Herbstfärbung an, z. B. Felsenbirne und Zierapfel. Dauerblühende Gartenblumen wie Fleißige Lieschen oder Steppensalbei sind genauso wertvoll auf engem Raum wie platzsparende Zwiebelblumen.

Bedenken Sie auch – vor allem in kleinen Gärten – die Endgröße von Bäumen und Sträuchern. Was im Verkaufsbeet klein und zierlich aussah, entwickelt sich womöglich rasant zu einem riesigen Prachtexemplar, das alles Licht nimmt und Ärger mit der Nachbarschaft provoziert.

→ Welchen **Gartenteil** wollen Sie bepflanzen? Ein Vorgarten erfordert eine grundlegend andere Planung als z. B. der Sitzplatz auf der Terrasse. Eine Beetbepflanzung soll das Auge erfreuen, die Bepflanzung der Gartengrenzen neugierige Blicke abfangen. Jede Gartensituation stellt andere Anforderungen, für die sich wiederum bestimmte Gartenpflanzen besonders empfehlen.

Solch üppig blühende Sommerblumen brauchen einen sonnigen Standort. Sonnenhut und Chinaschilf säumen den verwunschenen Weg.

→ Noch wichtiger für die Planung aber, und nun kommen wir zu einem ganz entscheidenden Punkt, ist die **Wahl des richtigen Standorts.** Sie können sich enorm viel Pflegearbeit sparen, wenn sich die Pflanzen an dem ihnen zugedachten Gartenplatz wohlfühlen und dann ganz wie von selbst gedeihen. Sonnig, warm, trocken, steinig – so mögen es die einen. Andere stehen lieber im feuchten, kühlen Schatten auf humosem, saurem Boden. Das Thema »Standort« (> Seite 8–13) ist vielfältig und nach meiner Erfahrung besonders wichtig für die Auswahl der Gartenpflanzen.

→ Auch wenn Gestalt und Laub einer Pflanze in der Gartengestaltung immer wichtiger werden (> Seite 81), ist es doch nach wie vor die Blüte, die fasziniert. Eine besondere Rolle spielt dabei die **Blütenfarbe**. Vom kräftigen Gelb, Rot, Blau über verhaltenes Rosa und Violett bis zu edlem Weiß oder Grün ist alles möglich. Bewährte Regeln der Farbgestaltung (> Seite 16) erleichtern Ihnen die Auswahl.

→ Natürlich soll der Garten nicht in Arbeit ausarten – am liebsten möglichst **pflegeleicht**, das wünschen sich die meisten Gartenbesitzer (> Seite 22/23). Gut bedient sind Sie daher mit unempfindlichen, robusten Pflanzen. Erkundigen Sie sich nach Sorten, die wenig krankheitsanfällig sind und durch Standfestigkeit überzeugen.

Beste Bedingungen
für Ihre Pflanzen

»Fühl Dich wie zu Hause!« Das könnten Sie der Pflanze aufmunternd zurufen, wenn Sie sie an ihren Platz im Garten setzen. Dieser Platz sollte in etwa den Bedingungen am Naturstandort entsprechen. Dann wird Ihre Pflanze ohne Ihr Zutun gesund und munter wachsen und nur gelegentlich Ihrer pflegenden Hand bedürfen. Das spart viel Arbeit und Zeit – Zeit, in der Sie Ihren Garten genießen können.

Der richtige Standort

Unter den für dieses Buch ausgewählten Pflanzen gibt es genügend Kandidaten, die mit fast jedem Standort im Garten vorliebnehmen. Mahonien z. B. wachsen in der Sonne und im Schatten, auf schweren und leichten Böden. Auch Apfelbeere, Fingerstrauch, Immergrüner Schneeball und Sommerspiere sind nicht wählerisch, sofern es nicht zu schattig und der Boden zu schwer ist. Wahre »Allrounder« also – genügsam, anspruchslos und in jeder Hinsicht robust. Trotzdem sind Kenntnisse über die Bedingungen am Naturstandort meistens hilfreich bei der Auswahl

des geeigneten Platzes im Garten. Es kommt zwar auch immer wieder vor, dass die Pflanzen uns eines besseren belehren und an Stellen gedeihen, wo wir es nie für möglich gehalten hätten. Trotzdem, bei vielen Gartenpflanzen steht und fällt gesundes Wachstum und attraktives Aussehen mit der Wahl des Standortes. Unter Standort ist die Summe aller Einflüsse zu verstehen, die auf die Pflanze einwirken. Dazu gehören:

→ **Licht:** Ein sonniger Standort erfordert eine grundlegend andere Pflanzenauswahl als ein Platz im Schatten unter Bäumen.

→ **Boden:** Ob lehmiger, humoser oder steiniger Boden – jede Bodenart hat bestimmte

Eigenschaften, auf denen Pflanzen gut oder schlecht wachsen. Feucht oder trocken, sauer oder kalkhaltig, nährstoffreich oder nährstoffarm – all das spielt eine Rolle bei der Pflanzenauswahl. Haben Sie z. B. einen nährstoffreichen, lehmigen Boden (> Seite 12), der auch im Sommer selten austrocknet, dann bietet sich für ein voll besonntes Beet Hoher Staudenphlox an. Er wird sich hier so wohlfühlen wie auf den feuchten Böden seiner Heimat in Nordamerika und üppig wachsen und blühen.

→ **Umgebende Vegetation:** Bäume und Sträucher beeinflussen mit zunehmendem Wachstum durch Schattenwurf und den

Wurzeldruck ihre Umgebung immer mehr. Natürlich könnten Sie Gehölze auslichten oder gar entfernen und die Boden- und Lichtverhältnisse den ausgewählten Pflanzen anpassen. Einem mageren Boden z. B. säckeweise Bentonit (> Seite 13) zufügen und eine Bewässerungsanlage verlegen, um dem Hohen Phlox ein angenehmes Bett zu bereiten. Es ist jedoch immer praktischer, die Pflanzen nach dem vorhandenen Standort auszuwählen, statt mit viel Mühe den Standort zu verändern, damit er der Wunschpflanze genehm ist.

Licht

Wir unterscheiden im Garten ganz grob gesehen vollsonnige, halbschattige und schattige Bereiche.

→ **vollsonnig:** An diesem Standort scheint über sechs Stunden die Sonne, die Mittagssonne eingeschlossen. Der ideale Standort für sonnenhungrige Steppenpflanzen, Prachtstauden und Sommerblumen.

→ **halbschattig:** Ein halbschattiger Standort zeichnet sich durch mehr als drei, aber weniger als sechs Stunden Sonnenschein aus. Hier fällt keine pralle Mittagssonne auf den Boden. Fuchsien gedeihen hier gut.

→ **schattig:** Im schattigen Bereich scheint weniger als drei Stunden die Sonne. Der ideale Standort für Blattschmuckstauden.

Es ist sehr wichtig, bei der Pflanzenwahl die am vorgesehenen Platz herrschenden Lichtverhältnisse so gut wie möglich zu berücksichtigen:

Eine sonnenliebende Steppenpflanze wird im kühlen Schatten nie ihre volle Schönheit entfalten. Auf der Suche nach mehr Licht werden ihre Triebe immer länger, sie vergisst das Blühen, bekommt Mehltau. Kurzum, sie führt ein regelrechtes Schattendasein. Setzen Sie sie in die pralle Sonne um. Siehe da, die Pflanze entwickelt eine schöne Wuchsform, strotzt vor Vitalität und blüht üppig.

Viel Licht und nährstoffarmer, durchlässiger Boden begünstigen die Entwicklung von Fetthenne und Polster-Glockenblume.

Umgekehrt schmort ein Schattengewächs in der Sonne vor sich hin, lechzt nach Feuchtigkeit, die Blätter hängen schlapp herunter und werden schließlich braun. Im kühlen, feuchten Schatten dagegen breitet es seine saftig grünen Blätter aus und öffnet alle Poren, um die köstliche Nässe aufzusaugen. Kein braunes Blatt trübt die stolze Erscheinung.

Klima

Neben dem Licht spielt natürlich auch das Klima Ihres Wohnortes eine große Rolle. In Norddeutschland, wo es häufig regnet, die Winter mild und die Sommer eher kühl sind, wachsen Hortensien und Rhododendren zu wahren Prachtexemplaren heran. Im Weinbauklima mit trocken-heißen Sommern und niedriger Luftfeuchtigkeit tun sich diese Pflanzen dagegen schwer und machen statt Freude nur Arbeit. Hier laufen Sommerflieder und Säckelblume zu großer Form auf. Sie fühlen sich noch in der größten Mittagshitze pudelwohl, wenn ringsherum alle Pflanzen schon die Blätter hängen lassen. Unterschiedliche Pflanzen für unterschiedliches Klima – das ist ein Grundsatz, dem angesichts des sich wandelnden Klimas eine immer größere Bedeutung zukommt. Natürlich lassen sich keine genauen Vorhersagen machen, aber einige »Wettertrends« zeichnen sich doch deutlich ab:

→ Die Vorhersagen der Klimaforscher deuten darauf hin, dass die **Winter** milder, unter Umständen auch feuchter werden. Es kann daher nicht schaden, dafür zu sorgen, dass die Niederschläge rasch abziehen können. Vor allem im Winter vertragen die meisten Pflanzen einen ständig nassen Boden überhaupt nicht. In besonders winternassen Gegenden sind Sie mit Apfelbeere, Pfeifengras oder Trompetenbaum gut beraten, weil diese Pflanzen kurzfristig auch einmal Staunässe vertragen. Mildere Winter haben – Gärtner beobachten das schon eine Weile – einen früheren Austrieb unserer Gartenpflanzen zur Folge. Wer sich besonders früh herauswagt, wie das Tränende Herz, ist bei den regelmäßig auftretenden Nacht- und Spätfrösten besonders gefährdet. Decken Sie die Pflanzen rechtzeitig ab, oder pflanzen Sie empfindliche Kandidaten von vornherein an ein geschütztes Plätzchen, das im Winter nicht der Sonne ausgesetzt ist, so dass die Pflanzen noch früher austreiben. Einen vor Ostwind und Wintersonne geschützten Platz sollten Sie auch immergrünen Laubgehölzen wie Lorbeerkrüglein und Lavendelheide bieten, um sie so vor Frostschäden und Austrocknen zu bewahren.

→ Die **Sommer** – so prognostizieren die Wetterexperten – werden wärmer. Das geht in manchen Regionen mit mehr, in anderen aber mit erheblich weniger Niederschlägen

Das Kiesbeet passt sich an: Winterfeuchtigkeit kann rasch abfließen, ausgewählte Stauden und Gehölze trotzen Hitze und Trockenheit.

einher. Viele Hitzetage sind möglich mit intensiver Sonneneinstrahlung und Temperaturen über 30°C. Hier sind Spezialisten wie Kugel-Steppenkirsche und Blasenbaum gefragt, die solche Bedingungen schadlos überstehen.

→ Auch der **Wind** ist nicht zu unterschätzen. Rhododendron, Fächerahorn, Blumen-Hartriegel und Federbuschstrauch mögen es z. B. gar nicht, wenn ihnen der Wind um die Ohren pfeift. Ein durch eine Mauer oder eine Hecke geschützter Platz sorgt dafür, dass es nicht »zieht«. Hohe Blütenstauden wie Rittersporn und Pfingstrosen bedürfen an windexponierten Standorten umfangreicher Stützmaßnahmen, damit die Blütenkerzen nicht umfallen oder abbrechen. Stabile niedrige Büsche wie Fingerstrauch oder Sommerspiere sind da viel praktischer.

→ Auch das **Kleinklima** im Garten spielt eine Rolle. Mauern, Hecken und Gehölzgruppen haben jeweils eine Nord- und eine Südseite, die mit ganz unterschiedlichen Pflanzengesellschaften zu begrünen sind. Ein Südhang erwärmt sich im Frühjahr viel schneller als ein Nordhang, trocknet im Sommer aber auch viel schneller aus. Senken sind feuchter als Böschungen, hier sammelt sich auch die Kaltluft. Im geschützten Innenhof wachsen die Pflanzen schneller, werden breiter und größer. Hier gedeihen auch etwas frostempfindliche Prachtpflanzen wie Orangenblume oder nicht winterharte Fuchsien.

Die Umgebung machts

Ob sich eine Pflanze an ihrem Standort wohl fühlt, hängt auch ganz entscheidend von der sie umgebenden Vegetation ab.

→ Es gibt auch bei den Pflanzen Naturen, die sich durchsetzen, und solche, die vor der **Konkurrenz** weichen. Typische Beispiele für die Letztgenannten sind Rittersporn, Beet- und Edelrosen und Spiersträucher. Ein Rittersporn braucht Platz im Beet und offenen Boden um sich herum. Kommen ihm andere Blumen zu nahe, wird es ihm schnell zu eng und er zieht sich vornehm zurück.

Auch Beet- und Edelrosen mögen keinen Kontakt mit anderen Pflanzen. Der viel gepriesene Rosenbegleiter Lavendel z. B. startet durch und erdrückt die Rosen mit seinen dicken Polstern regelrecht, wenn er durch zu viel Dünger »Oberwasser« bekommt. Auch Spiersträucher sind eher konkurrenzschwach und werden von Jahr zu Jahr weniger, wenn ihnen kräftigere Sträucher Raum rauben und zu nahe kommen. Taglilien oder Pfingstrosen dagegen sind robust, sie setzen sich durch. Auch die Kolkwitzie behauptet sich energisch zwischen anderen Sträuchern.

→ Den **Wurzeldruck** größerer Sträucher und Bäume halten nur ganz bestimmte Pflanzen aus. An vorderster Stelle stehen hier die Immergrünen Eibe, Buchs und Kirschlorbeer und auch eines meiner Lieblingsgehölze: der Immergrüne Schneeball. Diese vier tapferen Gesellen behaupten sich im Wurzelfilz eingewachsener Gehölze.

TIPP!
Zwiebeln und Knollen

Zwiebel- und Knollenblumen überstehen auch den trockensten Sommer unbeschadet: Tulpen, Krokus, Narzissen und winterharte Alpenveilchen kann selbst wochenlange Trockenheit nichts anhaben. Sie verschlafen die unwirtliche Zeit einfach in der Erde. Probieren Sie auch einmal genügsame, weniger bekannte Zwiebelblumen wie Präriekerze und Hundszahn aus!

Ihnen stehen aus dem Reich der Stauden Bergenien und Blutstorchschnabel in nichts nach. Bergenien wachsen sogar bis an den Stamm flachwurzelnder Birken heran – und das will etwas heißen! In etwas gehaltvolleren Lehmböden können Sie den Immergrünen Lenzrosen und Japansegge zur Seite stellen, Elfenblumen und Funkien.

Nicht zu vergessen die Zwiebelblumen und Knollenpflanzen: Winterling, Schneeglöckchen und Alpenveilchen fühlen sich im Wurzelbereich der Bäume und Sträucher so wohl, dass sie sich munter ausbreiten.

Der Boden

Der Boden ist die Lebensgrundlage für alle Pflanzen. Mit ihren Wurzeln hält sich die Pflanze im Boden fest und nimmt Wasser und Nährstoffe auf. Je nachdem, ob der Boden lehmig, humos oder steinig ist, kann er mehr oder weniger Nährstoffe und Feuchtigkeit speichern, ist er mehr oder weniger gut durchlüftet. Sicher, es gibt eine ganze Reihe von genügsamen Gehölzen: Zierquitte, Mahonie oder Fingerstrauch haben zwar Vorlieben, was den Boden betrifft, aber bis auf schwere Ton- und reine Sandböden gedeihen sie in jeder Erde. So anspruchslos sind aber längst nicht alle Gartenpflanzen. Rhododendren z. B. benötigen einen lockeren, humosen und leicht sauren Boden, Pols-

Frauenmantel und Trompetenbaum vertragen sich gut, solange der Boden feucht genug ist. Frauenmantel welkt bei Trockenheit.

terphlox dagegen mag einen lehmig-schottrigen und kalkhaltigen Boden.

Die Bodenart spielt also für die Pflanzen eine wichtige Rolle, daher sollten Sie zumindest wissen, ob Ihr Gartenboden überwiegend lehmig, humos oder steinig ist.

→ **Lehmiger Boden** ist eine Mischung aus Ton- und Sandteilchen. Die Tonteilchen speichern Feuchtigkeit und Nährsalze, Sandkörner lockern und belüften den Boden. Bei hohem Tonanteil ist der Boden schwer zu bearbeiten und verdichtet leicht. Er bleibt nach Niederschlägen lange feucht und muss kaum gedüngt werden. Man spricht hier auch von einem schweren Boden.

→ **Humoser Boden** enthält viel abgestorbene organische Substanz wie Laub, Zweige, Tannennadeln usw. – den Humus. Je nach Zersetzungsgrad und Ursprungsmaterial enthält Humus mehr oder weniger Nährstoffe. Humoser Boden kann viel Wasser speichern und lässt sich gut bearbeiten. Der pH-Wert liegt im neutralen bis sauren Bereich. Humoser Boden eignet sich für schattenliebende Stauden wie Prachtspieren und Farne genauso wie für Rhododendren, Azaleen und Hortensien.

→ **Steiniger Boden** – der Name sagt es – ist mit vielen kleinen und größeren Steinen, grobem und feinem Sand durchsetzt. Je nach Gesteinsart ist der Kalkgehalt zum Teil sehr hoch. Steiniger Boden ist sehr gut belüftet, kaum verdichtet und erwärmt sich schnell. Niederschläge können rasch abfließen. Dafür trocknet er rasch aus und kann nur wenige Nährstoffe speichern. Hier wachsen Lavendel und andere mediterrane Kräuter. Aber auch Steinginster und Prachtkerzen fühlen sich auf diesem kargen Boden wohl.

Alles schön und gut, werden Sie sagen, aber woher weiß ich denn, welche Bodenart ich in meinem Garten habe?

Den Boden bestimmen

Wenn Sie es ganz genau wissen wollen, dann entnehmen Sie an mehreren Stellen im Garten mit der Handschaufel etwas Erde, vermischen die einzelnen Proben, füllen das Ganze in eine Plastiktüte und senden Sie diese an ein Untersuchungslabor (> Seite 203). Hier wird neben Bodenart und pH-Wert auch

So bestimmen Sie die Bodenart in Ihrem Garten

Sehen/Fühlen	Fingerprobe	Schlämmprobe	Schlämmprobe	pH-Wert	Bodenart/Eigenschaften
Der Boden klebt nach Regen an den Schuhen. Er bleibt lange feucht, klumpt und lässt sich formen.		Sand- und Tonteilchen setzen sich am Boden ab.		pH 6,5–7,5 schwach sauer bis schwach basisch	**lehmiger Boden:** nährstoffreich, frisch, schwer zu bearbeiten
Der Boden ist dunkel (färbt die Hände), meist feucht und lässt sich zusammendrücken wie ein Schwamm.		Sand sinkt zum Boden, Humus schwimmt an die Oberfläche.		pH 4–6,5 sauer bis schwach sauer	**humoser Boden:** je nach Humusart mehr oder weniger nährstoffarm, locker, hält Feuchtigkeit
Der Boden rieselt. Steinchen sind zu spüren. Er wird schnell trocken.		Steinchen, Sand und etwas Ton setzen sich am Boden ab.		pH 7,5–8 schwach basisch bis basisch	**steiniger Boden:** durchlässig, mager, eventuell kalkhaltig, luftig, trocknet aus

noch der Nährstoffgehalt Ihres Bodens gemessen und Sie bekommen Düngeempfehlungen. Das ist unter Umständen wichtig. Tafeltrauben z. B. gedeihen und reifen optimal bei guter Kalium- und Magnesiumversorgung. Anhand der Ergebnisse der Bodenprobe können Sie dann ganz gezielt düngen. Sie können aber auch daheim mit ganz einfachen Methoden Ihren Boden bestimmen (> Tabelle Seite 12):

→ **Fingerprobe:** Rollen Sie eine Handvoll feuchter Erde zwischen den Handflächen. Lässt sie sich gut zu einer Wurst formen, enthält sie viel Lehm. Humoser Boden lässt sich wie ein Schwamm zusammendrücken. Steiniger Boden lässt sich nicht formen, er bröckelt immer wieder auseinander.

→ **Schlämmprobe:** Füllen Sie ein Glas zu zwei Dritteln mit Wasser und geben Sie ein Drittel Gartenerde dazu. Rühren Sie gut um und lassen das Glas dann stehen. Sand und Steinchen sind am schwersten und setzen sich als erstes am Boden ab. Die leichteren Tonteilchen bilden eine weitere Schicht. Humus setzt sich erst nach einiger Zeit an der Wasseroberfläche ab.

→ **pH-Wert-Messung:** Lösen Sie etwas Gartenboden in destilliertem Wasser auf und halten Sie dann einen Teststreifen ins Wasser (> Foto rechts). Das Papier verfärbt sich je nach Säuregehalt des Bodens rötlich (sauer) oder blau (alkalisch).

Den Boden verbessern

Ich habe es bereits erwähnt: Es ist immer leichter und arbeitssparender, die Pflanze dem vorhandenen Standort entsprechend auszuwählen, als den Standort – hier den Boden – auf Biegen und Brechen der gewünschten Pflanze anzupassen. Es kann aber sinnvoll sein, die Gartenerde zu verbessern.

→ **Humoser Boden** ist bei hohem Anteil an unzersetztem Pflanzenmaterial sehr sauer. Hier kann es sinnvoll sein, durch Kalkgaben den pH-Wert zu erhöhen.

→ **Lehmböden** mit hohem Tonanteil sind schlecht belüftet; den Pflanzenwurzeln fällt die Atmung schwer und sie dringen nur langsam in das Erdreich vor. Wenn Sie also schweren Lehmboden haben, sollten Sie eine gehörige Portion groben Sand oder Splitt einarbeiten. Eine dünne Mulchschicht aus Rinde, Laubhäcksel oder Kies hält den Boden feucht und erleichtert den Bodenorganismen ihre lockernde Tätigkeit. Beachten Sie jedoch: Manche Pflanzen vertragen z. B. keinen Rindenmulch (> Porträtteil).

→ **Steinige, durchlässige** und **magere Böden** sind ideal für Spezialisten aus Steppe und Bergregionen. Aber auch diese Hungerkünstler sind darauf angewiesen, dass nicht alles Wasser mitsamt den Nährstoffen an ihnen vorbeirauscht. »Bentonit« heißt das Zauberwort für magere, nährstoffarme Böden. Bentonit ist ein Tonmehl, das Wasser und Nährstoffe speichert. Auch sandige Erde mit wenig Humusanteil profitiert davon. Bentonit bekommen Sie im Fachhandel oder Baumarkt.

→ Sie können auch den **pH-Wert** verändern. Wenn Sie z. B. den Boden für Hortensien und Azaleen saurer machen wollen, dann sollten Sie Schwefelblüte in den Boden einarbeiten (ca. 50 g pro m^2). Die Schwefelblüte bindet den Kalk und senkt dadurch nachhaltig den pH-Wert.

Mit Hilfe von Lackmuspapier aus der Apotheke können Sie den pH-Wert des Bodens ganz einfach bestimmen.

13

Regeln für
die Beetgestaltung

Beim Besuch des Gartencenters springt Ihnen eine Blütenschönheit ins Auge – spontan greifen Sie zu.

Daheim im Blumenbeet kommt die Pflanze aber gar nicht richtig zur Geltung. Entweder die Blütenfarbe passt

nicht zu den anderen Pflanzen oder der Neuerwerb wird von höheren Stauden oder Gräsern völlig verdeckt.

Bei der Anordnung und Verteilung der Pflanzen im Blumenbeet gibt es einiges zu beachten.

Erst planen, dann pflanzen

Eine gelungene Bepflanzung ist das Ergebnis gründlicher Planung. Diese Planung beginnt im Großen und endet im Kleinen. Der Stil der Gartenanlage sollte genauso berücksichtigt werden wie die Hierarchie von Solitär-, Begleit- und Füllpflanzen sowie deren Verteilung im Beet. Neben der Farbe von Blüten, Blättern und Früchten spielen Wuchs- und Blattformen eine wichtige Rolle. Verschiedene Blühzeiten sorgen dafür, dass immer etwas blüht. Gehen Sie bei der Beetgestaltung also systematisch vor und machen Sie sich einen Plan, dann wird das Werk gelingen.

Stilgerecht pflanzen

Zunächst sollten Sie sich über den Stil der Anlage klar sein. Sie können diesen Stil für den ganzen Garten beibehalten oder aber in den verschiedenen Gartenbereichen variieren. Beziehen Sie den Stil des Hauses in die Planung mit ein.

→ Einem modernen Haus steht z. B. ein Vorgarten in **formalem Stil** gut. Zu gepflasterten Wegen gesellen sich – eventuell symmetrisch gepflanzt – in Form geschnittener Buchs, Eibe oder Ilex. Eine Kugel-Steppenkirsche passt dazu mit ihrer streng architektonischen Form, als Kontrast ein frei in den Raum schwingendes Gras, eine streng geschnittene

Hecke aus Hainbuche. Formal, ordentlich, streng, klar – so kann man diesen Stil beschreiben. Astern, Sonnenhut und Phlox wären hier fehl am Platz, und wenn sie noch so schön blühen.

→ Prachtstauden passen zum Thema »**Bauerngarten**«. Ein ganz anderer Stil, üppig und bunt, ein fröhliches Durcheinander.

→ Zu einem **mediterranen Garten** gehören Lavendel und Säckelblume, Trockenmauern mit Sonnenröschen und Thymian. Orangenblumen im Kübel, die süßen Duft und südliches Flair verbreiten.

→ Ein **asiatischer Garten** ist nach chinesischem oder japanischem Vorbild gestaltet.

Zu Steinen und Wasser werden in Form geschnittene Kiefern, Fächerahorn oder Magnolien gepflanzt. Dazu passen Bambus, Japanische Azaleen und Klassiker wie Zierkirsche oder Baum-Pfingstrose.

→ Junge Eltern wünschen sich einen **»Familiengarten«**, z. B. ein Spalier mit Apfel und Brombeere, unterpflanzt mit Erdbeeren. Da gibt es von Juni bis Oktober etwas zum Naschen. Stauden und Gehölze sollten vor allem pflegeleicht sein. Nichts, was gestützt oder ständig geschnitten werden muss. Hier sind robuste Sträucher wie Kolkwitzie oder Ranunkelstrauch gefragt, unterpflanzt mit Immergrün und anderen Bodendeckern, die nicht gleich in die Knie gehen, wenn sie von einem Ball getroffen werden.

→ Beim **Heidegarten** wiederum ist eine besonders strenge Pflanzenauswahl gefragt: Heidekraut und Schneeheide, Wacholder und Kiefern, zur Auflockerung ein Pfeifengras. Zurückhaltend im Stil, mit gedämpften Farben, aber sehr wirkungsvoll.

Hierarchie im Beet

Ob Garten insgesamt, Vorgarten oder ein Blumenbeet: Jeder Pflanzung tut eine klare Hierarchie der Pflanzen gut, eine Gliederung

in Solitärpflanze, Begleitpflanzen und Füllpflanzen (Bodendecker).

→ **der Solitär:** Die Gartenneuanlage liegt zunächst leer und flach vor uns und wartet darauf, gestaltet zu werden. Für unser Auge sichtbar ist die Fläche, also Länge und Breite. Beschränkt man sich auf niedrige Pflanzen und Rasen, dann bleibt der Garten flach. Es entsteht ein reizloses, fast langweiliges Bild. Es fehlt »die dritte Dimension«, die Höhe, die erst den Raum bildet, in dem wir uns wohlfühlen. Bäume, Sträucher und hohe Stauden gehen in die Höhe, auch eine Kletterpflanze oder ein auf Hochstamm veredeltes Gehölz (❯ Tabelle Seite 16). Sie brauchen also zunächst eine raumbildende Pflanze –

einen Solitär, wie die Profis sagen. Ob kleiner Baum, Strauch oder hohes Gras: Ein Blickfang sollte er sein, der im Einzelstand zur Wirkung kommt. Der Fächerahorn mit seinem grazilen Wuchs und dem schön geformten Laub, die graublau benadelte Silberkiefer, der über Wochen blühende Sommerflieder und die immergrüne Glanzmispel haben z. B. das Zeug zum Solitär. Nicht zu vergessen hohe Gräser wie Chinaschilf, stattliche Stauden wie das Bronzeschaublatt oder auch die Clematis am Spalier!

→ **Begleitpflanzen:** Eine Solitärpflanze allein reicht aber nicht. So wie die Königin ihren Hofstaat hat, so braucht die Solitärpflanze sie unterstützende Begleiter. Diese

In dieser Pflanzung übernimmt die Hochstammrose den Part des Solitärs. Blau blühende Begleiter heben die rosa Blüten besonders hervor.

Auf Stamm veredelte Gehölze

Buchsbaum	*Buxus sempervirens*
Fuchsie	*Fuchsia* 'Eden Rock'
Glanzmispel	*Photinia* 'Red Robin'
Glyzinie	*Wisteria sinensis*
Herbstflieder	*Syringa* 'Superba'
Hibiskus	*Hibiscus* 'Woodbridge'
Ilex	*Ilex crenata* 'Convexa'
Rose	*Rosa* 'The Fairy'
Zierapfel	*Malus* 'Tina'

sollen sich klar unterordnen, dabei die Vorzüge des Solitärs hervorheben. Die weißen Blüten der Apfelbeere z. B. leuchten besonders schön über blauem Storchschnabel und gelbgrünem Frauenmantel. Und Herbstfärbung verlangt nach Gräserblüten.

Die Begleitpflanzen sind deutlich niedriger als der Solitär, allein dadurch ist die Rangordnung bereits zu erkennen. Dazu treten sie zu mehreren auf, entweder in kleinen Gruppen oder Tuffs. Keine Regel ohne Ausnahme: Auch eine Begleitpflanze kann durchaus Solitärcharakter haben. Auf kleiner Fläche wird man z. B. dem Zierapfel 'Tina' ein Lampenputzergras dazugesellen, das sozusagen »auf unterer Ebene« auch wieder als Solitär fungiert – wie ein Abteilungsleiter in einem Unternehmen gewissermaßen.

→ **Bodendecker:** Sie füllen die Lücken zwischen Solitär und Begleitern. Charakteristisch ist der niedrige, zum Teil teppichbildende Wuchs. Bodendeckende Pflanzen werden flächig gepflanzt und in großen Stückzahlen verwendet. Um bei dem Bild zu bleiben: Sie sind das Fußvolk, auf das sich Königin und Hofstaat gründen. Waldsteinie im Schatten, Pflaumenfetthenne in der Sonne bedecken den Boden zuverlässig, bilden einen ruhigen Hintergrund und unterdrücken Unkraut.

Wiederholung und Rhythmus

Ein »Sammelsurium« entsteht, wenn ganz viele verschiedene Pflanzen zusammengepflanzt werden. Setzen Sie Schwerpunkte! Die Solitärpflanze tritt ohnehin solo auf. Und bei den Begleitern gilt die Zauberformel: »Weniger ist mehr.« Lieber weniger Arten, dafür größere Stückzahlen. Und je größer die Pflanzfläche ist, umso wichtiger die Wiederholung. Gräser, Gruppen von Steppensalbei, Duftminze und Schafgarbe – rhythmisch über ein Beet verteilt – lenken und führen das Auge des Betrachters.

Gut gemischt

Eine Pflanzung gelingt am besten, wenn Sie Gehölze, Stauden und Zwiebelblumen mischen. Eine reine Staudenpflanzung erfordert viel Erfahrung, gestalterisches Können und vor allem Pflanzenkenntnisse, um nicht

unordentlich und durcheinander zu wirken. Kombinationen nur mit Gehölzen dagegen fehlt das Leben, das erst Stauden und Zwiebelblumen ihnen einhauchen. Wie frisch wirken Farne und Schaumblüte zwischen Rhododendron und Azaleen, wie locker Steinquendel zu Füßen von Kletterrose und Säckelblume, wie prächtig Tulpen und Narzissen vor einer dunkelgrünen Eibe. Apropos Eibe: Ein gewisser Anteil Ihrer Gartenpflanzen sollte immergrün sein! Im Winter – und das ist in unseren Breiten fast ein halbes Jahr – tut das frische Grün von Buchs, Kirschlorbeer und Glanzmispel unserem Gemüt gut. Immergrüne sind aber auch wichtig als ruhiger Hintergrund für bunte Blüten und filigranes Laub.

Das Spiel mit den Farben

Nachdem nun der größte Teil der »Grobplanung« fertig ist, geht es an die Wahl der Farben. Farbe im Garten, das ist zuallererst einmal Geschmackssache! Manche Gartenbesitzer mögen keine zarten Pastelltöne. Sie brauchen klare, eindeutige Farben um sich herum. Das Blau des Himmels, das Gelb der Rapsfelder, das Rot vom Klatschmohn am Wegrand. Anderen ist das viel zu »laut«. Sie mögen es sanfter, gedeckt in zartem Rosa oder Violett. Manche Gartenfreunde sind ganz radikal und verbannen jede Farbe bis auf das Grün der Blätter und Nadeln aus ihrem Garten. Andere beschränken sich auf ein, zwei Farben wie Weiß und Blau.

Da sich bekanntlich über Geschmack nicht streiten lässt, beschränke ich mich darauf, Ihnen einige Regeln und praktische Erfahrungen zum Umgang mit Blüten- und Blattfarben zu erläutern.

Bedenken Sie, dass Farben je nach Klimazonen unterschiedlich wirken. Unter einer südlichen Sonne verblassen zarte Farben, hier braucht es starke Farben wie Geranienrot. In nördlicheren Gefilden ist das Rot der Geranien vielleicht zu grell, während Rosa wunderbar leuchtet.

Farben und ihre Wirkung

Wenn Sie sich unsicher bei der Kombination mehrerer Farben sind, nehmen Sie den Farbkreis (> Bild) zu Hilfe. Hier sind die Farben wie auf einem Regenbogen nebeneinander angeordnet. Farben, die sich im Kreis gegenüberstehen, wirken als Blütenfarben gut zusammen. Gelbes Fingerkraut zu violettem Sommerflieder oder tiefvioletter Steppensalbei zu strahlend gelber Schafgarbe: Das passt! Auch nebeneinanderliegende Farben bieten ein harmonisches Bild: Rote und orangefarbene Tulpen und gelber Gämswurz unter einem blühenden Apfelbaum wirken wunderschön! Himmelblauer Lein und gelbgrüne Goldwolfsmilch sind ein Traumpaar!

Jede Blütenfarbe besitzt eine bestimmte Wirkung:

→ **Weiß**: Weiß ist im Farbkreis nicht vertreten, denn es ist keine Farbe im eigentlichen Sinne. Als Farbton ist Weiß aber im Garten unverzichtbar. Eine klares, reines Weiß, wie es z. B. manche Fleißigen Lieschen zeigen, hellt schattige Gartenecken auf und wirkt frisch und kühl.

Weiß passt wunderbar zu tiefem Rot. So sind weiße Hohe Glockenblumen ideale Partner der roten Pfingstrose 'Red Charm'. In einem

Übersichtlich liegen die Farben auf dem Farbkreis nebeneinander. Da fällt das Kombinieren nicht schwer.

üppig bunten Blumenbeet vermag Weiß zwischen sich »beißenden« Farbtönen zu vermitteln. Ganz wichtig: Weiß leuchtet in der Dämmerung bis in die Nacht hinein. Vorsicht: Gerade im Frühjahr blühen viele Gehölze weiß oder weißrosa. Das kann schnell langweilig wirken.

→ **Gelb**: Gelb strahlt, Gelb leuchtet. Ein Beet mit vielen gelben Blumen lässt auch an trüben Tagen sonnige Stimmung aufkommen. Das Gelb von Forsythie und Osterglocken wird im Frühjahr heiß ersehnt. Im Spätsommer wärmt das warme Gelb von Sonnenhut und Sonnenbraut, besonders intensiv in der Abenddämmerung.

Gelb passt wunderbar zu Blau und tiefem Violett, zum Grün der Blätter und zu warmem Rot wie dem der roten Zierquitte oder der roten Zwergtulpe. Das »kalte« Rot der Bergenienblüten dagegen »beißt« sich mit sattem Gelb. Helles, zitroniges, cremiges Gelb verträgt sich mit fast allen Farben, mit einer Ausnahme: Zu den rosa Blüten der Rose 'The Fairy' passt überhaupt kein Gelb!

→ **Rot:** Rot beherrscht, zieht alle Blicke auf sich. Rote Tulpen, rote Rosen, rote Dahlien, rote Geranien – diese Pflanzen sind nach wie vor auf der Beliebtheitsskala ganz weit oben. Die starke Wirkung beruht sicher auch auf dem immer vorhandenen Hintergrund aus grünen Blättern, der Gegenfarbe auf dem Farbkreis. Innerhalb der Farbe »Rot« gibt es

17

BEETE GESTALTEN

allerdings warme und kalte Töne, die schwierig zu kombinieren sind. So wirkt z. B. das kühle Magentarot vom Storchschnabel 'Max Frei' äußerst »schräg« zum warmen Rubinrot der Pfingstrose 'Red Charm'.

→ **Rosa/Violett:** Jetzt wird es romantisch. Gefüllte Rosen, mit Blüten übersäte Fleißige Lieschen, zarte Akelei: eben Rosa! Flieder, Lavendel, Veilchen: duftiges Violett. Zwei Farben für den Sitzplatz. Gerne auch halbschattig. Hier zeigen z. B. Rosen wie 'The Fairy' ein leuchtendes Rosa, in der Sonne dagegen wirken sie oft blass.

→ **Blau:** Blau lässt sich so gut kombinieren: Es passt zu Forsythien, Scheinhasel und Narzissen im Frühling; zu Rosen im Sommer; zu Sonnenhut und Gräsern im Herbst. Blausterne, Rittersporn, Storchschnabel 'Rozanne', Steppensalbei und Kissenastern sind beliebte blaue Helden. Zu viel Blau wirkt unter Umständen düster. Da hilft dann eine kräftige Portion Weiß oder Hellgelb.

→ **Grün/Braun:** Egal, ob Sie sich für Rot, Weiß, Gelb, Rosa oder Blau entscheiden: Grün ist schon da. Das Grün der Blätter und Nadeln ist der perfekte Hintergrund für alle Farben. Dabei ist Grün nicht gleich Grün, sondern zeigt ganz unterschiedliche Farbtöne: dunkel, edel, fast düster das Grün der Eibennadeln, hellgrün die Frühlingsspiere und smaragdgrün die Thuja 'Smaragd'. Und Braun? Bräunlich, Ocker, Beige, Silbrig-braun, das sind die Farben der Gräserblüten. Das hört sich unscheinbar an, ist aber in Verbindung mit grazilen, schwingenden, duftigen Blütenständen äußerst reizvoll.

Nicht nur Blüten zeigen Farbe

Die Farbbetrachtungen galten bisher der Blüte, vergessen Sie aber nicht, dass auch Laub und Nadeln unterschiedliche Farben präsentieren.

→ Blätter und Nadeln können auch **grau** sein, silbrig fast. Walzenwolfsmilch, Fetthenne und Lavendel schützen sich mit einer grau wirkenden Wachsschicht vor Verdunstung. Graues Laub tragen die Sonnenkinder unter unseren Gartenpflanzen.

→ Das Gleiche gilt für Pflanzen mit **gelben, gelb oder weiß gerandeten** Blättern, die im Halbschatten Lichtpunkte setzen. Das helle Laub der Funkien und des weißbunten Hartriegel passt ausgezeichnet hierhin, in der sengenden Sonne dagegen würde es verbrennen.

→ **Rotes** Laub lässt sich nicht eindeutig der Sonne oder dem Schatten zuordnen. Auf jeden Fall hat es eine starke optische Wirkung, die nur sparsam eingesetzt werden sollte. Besonders schön wirken weiße Blüten zu dunkelrotem Laub wie bei der Blasenspiere.

Der rotblättrige Japanische Zwergahorn passt gut zu grauem Stein. Der grüne Hintergrund lässt das rote Laub erst richtig leuchten.

Wuchs- und Blattformen

Blüte allein genügt nicht immer. Bestes Beispiel ist die Zierjohannisbeere (*Ribes sanguineum*). Sie hat eine hübsche rosarote Blüte im Frühjahr, zugegeben. Kurz allerdings, je nach Wetter drei, höchstens vier Wochen. Und davor und danach? Weder Wuchs noch Form der Blätter sind attraktiv. Und darum werden Sie die Zierjohannisbeere in der hier vorgestellten Pflanzenauswahl vergeblich suchen. Eine kurze Blütezeit ist dann zu verzeihen, wenn Wuchs oder Blattform auch außerhalb der Blütezeit vorzeigbar sind. Z. B. das Pfaffenhütchen: Die Blüte ist unscheinbar, die Form der Knospen, der Blattaustrieb und der elegante Wuchs machen dieses Manko aber mehr als wett.

TIPP!
Platz zum Schwingen

Einige Stauden und Gräser, die im Porträtteil aufgeführt sind, haben Blütenstände, die in eleganten Bögen ausschwingen. Lampenputzer- und Silberährengras gehören dazu, aber auch die Prachtkerze. Stellen Sie diese Pflanzen unbedingt frei, und achten Sie darauf, dass der dynamische Schwung nicht durch höhere Nachbarpflanzen ausgebremst wird!

Wuchsformen

Durch geschicktes Kombinieren verschiedener Wuchsformen lässt sich der Reiz der Bepflanzung ebenfalls steigern. Neben Höhe, Breite und Blütezeit steht daher auch immer die Wuchsform in den Steckbriefen der Pflanzen. Was bedeuten aber Begriffe wie »horstig« oder »ausladend«?

➜ Bei Bäumen und großen Sträuchern stehen der Kronenumriss und die Stellung und Struktur der Äste und Zweige im Vordergrund (➤ Seite 31).

kugelförmige Baumkrone: Die Krone ist gleichmäßig rund ausgebildet und etwa so breit wie hoch.

schirmförmige Baumkrone: Der Hauptstamm hört mit Beginn der Krone auf. Äste und Zweige sind unterschiedlich lang und stehen in verschiedene Richtungen ab oder hängen herunter.

kegelförmige Baumkrone: Die Krone ist an der Basis am breitesten und verjüngt sich nach oben. Dabei kann der Kegel mehr oder weniger breit sein. Besonders schmal kegelförmig ist die Zierkirsche 'Spire'.

säulenförmiger Baum: Kurze gleichlange Äste oder mehrere aufrechte Triebe bilden eine Säule.

Bäume sind in der Regel ein-, Sträucher mehrstämmig. Die Stämme bzw. Triebe entspringen am Boden. Bei kleineren Sträuchern spricht man von »mehrtriebig«.

Die violetten Kugeln des Zierlauches haben eine starke optische Wirkung. Sie strahlen Ruhe aus und führen das Auge über die Pflanzung.

Auch die Wuchsrichtung der Äste und Triebe ist unterschiedlich:

aufrecht: Die Haupttriebe streben mehr oder weniger senkrecht nach oben (Brombeere 'Navaho').

trichterförmig: Die Haupttriebe wachsen gerade in die Höhe, der Strauch ist unten schmaler als oben.

ausladend: Die Hauptäste wachsen stark in die Breite (z. B. Funkenblatt).

überhängend: Die Haupttriebe wachsen aufrecht, die Triebspitzen biegen sich nach unten (z. B. Weigelie).

Die Baumkrone oder der Strauch sind in der Wirkung unterschiedlich, je nachdem ob sie geschlossen (viele Äste und Zweige bilden eine dichte, geschlossene Krone/Körper) oder offen (Äste und Zweige sind locker angeordnet, der Strauch oder Baum ist

durchschaubar und wirft nur lichten Schatten) aufgebaut sind.
→ Auch niedrigere Sträucher, Stauden und Sommerblumen zeigen unterschiedliche Wuchsformen.
horstig: Die Pflanze wächst kompakt und rundlich und bildet keine Auläufer, z. B. Goldwolfsmilch. Diese Wuchsform wird auch buschig genannt.
Boden deckend: Es gibt verschiedene Formen von Bodendeckern. Die einen lagern mit ihren breiten Kissen auf dem Boden und bedecken so kleine Flächen wie der Steinginster und der Duftsteinrich. Die anderen kriechen flach am Boden entlang und breiten sich mit ihren Ausläufern langsam aus wie die Scheinbeere.
straff aufrecht: Die Pflanzenstiele streben nahezu senkrecht nach oben.

Blattschmuckstauden

Szenenwechsel: Wir befinden uns im tiefen Schatten. Wenige Pflanzen blühen hier, stattdessen fangen große, geschlitzte, gefiederte Blätter so viel wie möglich vom raren Sonnenlicht ein. Im Schatten fällt die Blüte zurückhaltend aus, die Farben sind eher verhalten und blass. Trotzdem muss so ein Schattenbeet nicht langweilig wirken, ganz im Gegenteil! Für Spannung sorgen die unterschiedlichen Blattformen der Schatten liebenden Gehölze und Stauden.

Einheitliches Grün muss nicht langweilig sein: Verschiedene Höhen, aufstrebende, rundliche und breit gefiederte Formen sind sehr reizvoll.

Bereits im Frühjahr rollen sich die Farnwedel wie schmiedeeiserne Kunst langsam aus, begleitet von dem zarten Blattaustrieb der Elfenblume. In straffen Röhren schieben sich die Funkien aus der Erde, um dann im Mai ihre breiten behäbigen Blätter in aller Ruhe auszubreiten. Eher derb, mit gefurchter Oberfläche, aber durchaus majestätisch präsentieren sich die großen handförmig geteilten Blätter des Bronzeschaublattes. Schmal und zierlich der Blattschopf des Japan-Waldgrases. Unverzichtbar bei so vielfältigen Laubformen ist ein ruhender Pol. Die Immergrünen Buchs, Eibe oder auch Ilex bringen die nötige Ruhe ins Beet.

Blüte rund ums Jahr?

»Es soll immer etwas blühen« antworten viele Gartenfreunde auf die Frage, was sie von einer Pflanzung erwarten. Um das zu erreichen, sollten die Blühzeiten sorgfältig aufeinander abgestimmt sein. Eine Hilfe bietet da auch der Blühkalender (❯ Seite 193–196).

Zwiebel- und Knollenblumen

Pflanzen Sie Blumenzwiebeln! Krokus, Tulpen und Narzissen, Präriekerze und Zierlauch überbrücken so manche Blühpause, ohne Platz zu beanspruchen.
Ein Geheimtipp ist der Schnittknoblauch, der erst im Spätsommer anfängt zu blühen. Wunderschön zu Fetthenne, Gräsern und Astern, aber auch einer der wenigen Herbstblüher im Steingarten, dessen Blätter und Blüten sich außerdem noch gut in der Küche verwenden lassen.
Die »Wunderwaffe Blumenzwiebel« wird noch viel zu wenig genutzt, vor allem in schattigen Gartenteilen. Balkananemone, Lerchensporn und Alpenveilchen nutzen ihre Chance und legen Blütenteppiche unter Bäume und Sträucher, bevor deren Laub die Beete schattig und dunkel macht.
Stört Sie das einziehende Laub der Zwiebelblumen? Schneiden Sie es nicht ab, die Zwiebeln brauchen es, um Nährstoffe für das kommende Jahr anzulegen. Pflanzen Sie die

Zwiebeln zwischen Stauden. Sind die Zwiebelblumen verblüht, dann decken die Blätter der Stauden das einziehende Laub ab.

Dauerblüher

Wenn Sie nur wenig Platz zur Verfügung haben, dann pflanzen Sie Dauerblüher. Von den Stauden sind es z. B. Steppensalbei, Storchschnabel 'Rozanne' und Duftnessel, die den ganzen Sommer durch blühen. Bei den Gehölzen öffnen Fingerstrauch, Hibiskus und viele Rosensorten ebenfalls den ganzen Sommer über ihre Blüten. Der Winterschneeball erfreut uns dagegen von November bis März mit seiner weißen Blütenpracht.

Es muss nicht blühen

In kleinen Gärten scheitert die ständige Blüte schlicht am fehlenden Platz. Aber das macht nichts! Es muss nicht ständig etwas blühen, damit eine Pflanzung reizvoll ist. Als Problemlöser bieten sich Gehölze und Stauden an, die auch außerhalb der Blütezeit einiges zu bieten haben.

Begleiten wir zum Beispiel die Felsenbirne durch die Jahreszeiten: Im Frühjahr bezaubert sie mit einer Fülle cremefarbener Blüten zusammen mit dem bronzefarbenen Blattaustrieb. Im Sommer locken süße purpurfarbene Früchte zum Naschen, und leuchtend orangerote Blätter kündigen den Herbst an. Damit nicht genug, bietet die Felsenbirne

mit ihrem grazilen Wuchs auch im Winter einen wunderschönen Anblick, wenn jedes zierliche Ästchen mit Raureif überzogen ist. Oder nehmen wir Lavendel oder Thymian. Die Blüte ist hübsch, viel attraktiver aber das graue bzw. grüne Laub, das einer Pflanzung ganzjährig Struktur gibt. Vergessen Sie die Gräser nicht! Kaum eine andere Pflanzengruppe sieht über so lange Zeit attraktiv aus.

Zu Unrecht beliebt

Es gibt Pflanzen, die in fast allen Pflanzenkatalogen aufgeführt sind, die ich aber nicht empfehlen würde, weil sie dem Gartenfreund auf Dauer nicht viel Freude bereiten und relativ viel Pflege beanspruchen (❯ Tabelle). Selten ist von ihren Nachteilen – extreme

Während die Knospen der Stauden noch in der Erde schlummern, entfalten die Narzissen im Frühjahr schon ihre ganze Blütenpracht.

Krankheitsanfälligkeit, starke Ausläuferbildung oder Versamung, Verdrängung anderer Pflanzen oder schlicht lange Zeit unansehnlicher Anblick – die Rede.

Diese Pflanzen sind nicht empfehlenswert

Deutscher Name	Wissenschaftlicher Name	ungeeignet, weil ...
Echter Schneeball	*Viburnum opulus*	Läusefänger
Efeu	*Hedera helix*	kann Fassaden schädigen
Essigbaum	*Rhus typhina*	wuchert
Gold-Felberich	*Lysimachia punctata*	wuchert
Korkenzieher-Hasel	*Corylus colurna* 'Contorta'	nur unbelaubt schön
Mandelbäumchen	*Prunus triloba*	anfällig für Spitzendürre
Rose 'Schneewittchen'	*Rosa* 'Schneewittchen'	anfällig für Sternrußtau
Teppich-Golderdbeere	*Waldsteinia ternata*	unduldsam, wuchert
Traubenhyazinthe	*Muscari armenicum*	verdrängt andere

So sparen Sie viel
Zeit bei der Pflege

In einem Garten gibt es viel zu tun: gießen, düngen, schneiden, hacken, jäten, pflanzen, mähen, ernten und, und, und ... Das macht Spaß, und Bewegung an der frischen Luft ist ja sehr gesund für Leib und Seele – wenn es nicht in Arbeit ausartet, die einem buchstäblich über den Kopf wächst! Aber keine Sorge, mit ein bisschen Überlegung und den richtigen Pflanzen wird Ihr Garten richtig pflegeleicht!

Die richtige Pflanzenwahl

Da Gartengehölze – einmal gepflanzt – über Jahrzehnte am gleichen Platz bleiben, sollte ihre Wahl besonders gründlich bedacht werden. Informieren Sie sich vor allem über die endgültige Höhe und Breite, bevor Sie einen Baum oder Strauch pflanzen. Vertrauen Sie dabei nicht blind auf Angaben in Katalogen oder Aussagen von Fachpersonal in Baumschulen und Gartencentern. »Den kann man ja schneiden!« ist als Verkaufsargument absolut untauglich. Natürlich kann man jedes Gehölz schneiden. Aber viele Gehölze sehen nach einem Schnitt nicht mehr attraktiv aus,

im schlimmsten Fall ist die ganze Schönheit dahin! Das trifft in besonderem Maße auf Solitärgehölze zu. Daher gilt:

→ Es sollte so viel Platz vorhanden sein, dass sich das Gehölz entsprechend seiner Wuchsform sowohl in die Höhe als auch in die Breite entwickeln kann.

→ Berücksichtigen Sie Fenster, die schnell zugewachsen sind, so dass nur noch wenig Licht ins Haus kommt.

→ Denken Sie daran, dass ein »Bäumchen« spätestens in zehn Jahren groß ist und Ihnen dann vielleicht den Blick versperrt.

→ Pflanzen Sie nicht zu dicht an Wege und Einfahrten, schon gar nichts Stacheliges.

→ Wo wenig Platz vorhanden ist, können Sie auf Säulenformen ausweichen. Oder Sie nehmen statt des Fächerahorns die Zwergform 'Shaina', statt des einfachen Zierapfels den kleinen Zierapfel 'Tina'. Und schon haben Sie jede Menge Arbeit gespart, weil Sie nicht ständig mit der Schere zu groß geratene Bäume und Sträucher im Zaum halten müssen.

Gute Sorten

Seit Jahrhunderten verwenden engagierte Gärtner viel Zeit und Mühe auf die Auslese guter Sorten. Profitieren Sie von diesem Züchterfleiß. Gute Sorten sind vor allem gesund und vital. Dazu winterhärter, trockenresistenter oder standfester als weniger gute Sorten oder die reine Art. Sie machen daher weniger Arbeit, viel Freude und vor allem keinen Gartenärger!

Ordentlich oder wild?

Mögen Sie es gerne ordentlich? Stört es Sie, wenn Pflanzen mit ihren Ausläufern immer mehr Beetfläche einnehmen? Sich aussäen und an Orten erscheinen, wo sie eigentlich gar nicht hingehören? Dann sollten Sie keinen Frauenmantel pflanzen, auch nicht Akelei und Hohe Glockenblume. Alle drei Arten vagabundieren munter durch den Garten. Lassen Sie auch die Finger von Immergrün und Gedenkemein, beide breiten sich mit Hilfe ihrer Ausläufer ohne Rücksicht auf schwächere Nachbarn im Beet aus.
Wenn Sie nicht ständig Sämlinge jäten oder sich ausbreitende Pflanzen mit dem Spaten zurechtstutzen möchten, dann achten Sie bei den im Porträtteil beschriebenen Pflanzen auf den Zusatz »sät sich aus«. »Horstige« Pflanzen dagegen wachsen kompakt und rund und bilden keine Ausläufer.
Immergrüne Laubgehölze wie Buchs, Ilex, Kirschlorbeer kommen dem »ordentlichen« Gärtner entgegen. Sie wachsen auch ohne Schnitt kompakt und verlieren keine gelben oder braunen Blätter. Es ist allerdings ein Irrglaube, dass Nadelgehölze »keinen Dreck« machen. Kiefern, Eibe und Thuja verlieren

jede Menge ältere Nadeln, die dann als dichter Teppich am Boden liegen. Wenn Sie das nicht mögen, sollten Sie auf diese Nadelgehölze lieber verzichten. Wenn Sie es dagegen »wild« mögen, wird es Sie nicht stören, wenn Stauden sich ausbreiten oder aussamen und den Boden im Beet bedecken. Das hat durchaus praktische Vorteile: Samenunkräuter finden immer weniger Platz zum Keimen und bleiben schließlich ganz fort.

Gießen und Düngen

Wenn Sie keine Lust haben, jeden Abend mit der Gießkanne durch den Garten zu wandern, gibt es zwei Möglichkeiten: Entweder Sie installieren eine automatische Bewässerungsanlage, oder Sie wählen Pflanzen, die nicht gegossen werden müssen. Das sind trockenresistente Stauden, Rosen, Gehölze und Blumenzwiebeln, die von ihrem Heimatstandort her an längere Trockenzeiten gewöhnt sind. Bedenken Sie auch: Pflanzen in Kübeln und Kästen müssen häufig gegossen und gedüngt werden. Überlegen Sie sich genau, ob Sie diese Zeit investieren möchten oder ob das schon zu viel Arbeitsaufwand ist!

Besonders pflegeleichte Sträucher

Einige Sträucher unserer Auswahl sind besonders pflegeleicht: Sie bleiben niedrig und müssen nicht geschnitten werden, bedecken den Boden und halten Unkraut fern. Dabei

präsentieren sie sich durchweg ordentlich und adrett, ohne ständig ausgeputzt und gestützt zu werden. Hier die Liste:

Pflegeleichte Sträucher

Buchsbaum	*Buxus sempervirens*
Fingerstrauch	*Potentilla*
Frühlingsspiere	*Spiraea thunbergii*
Japanische Azalee	*Rhododendron* 'Maruschka'
Kirschlorbeer	*Prunus laurocerasus* 'Etna'
Kirschlorbeer	*Prunus* 'Mount Vernon'
Lavendelheide	*Pieris* 'Red Mill'
Mahonie	*Mahonia* 'Apollo'
Mannsblut	*Hypericum* 'Autumn Blaze'
Niedrige Weigelie	*Weigela* 'Purpurea'
Niedriger Berg-Ilex	*Ilex crenata* 'Stokes'
Schleifenblume	*Iberis sempervirens*
Schneeheide	*Erica carnea*
Sommerspiere	*Spiraea* 'Anthony Waterer'
Zierquitte	*Chaenomelis* 'Crimson and Gold'
Zwerg-Hemlock	*Tsuga canadensis* 'Nana'
Zwergspiere	*Spiraea* 'Little Princess'

Pflanzen auswählen

Sie haben gebaut und wollen den Garten anlegen? Oder Sie möchten nur den Vor-

garten umgestalten, ein neues Blumenbeet anlegen oder den Sitzplatz bepflanzen?

Und nun stehen Sie vor der Frage: Welche Pflanzen gedeihen am gewünschten

Standort am besten und sind möglichst auch noch pflegeleicht? In diesem Kapitel

finden Sie eine Auswahl von Gartenpflanzen, die sich in der Praxis gut bewährt hat.

So finden Sie die richtigen Pflanzen

Im Garten gibt es viele verschiedene Bereiche, die in der Regel auch unterschiedlich bepflanzt und gestaltet sind: den einladenden Vorgarten, den gemütlichen Sitzplatz, prachtvolle Blumenbeete und Rabatten, eine blickdichte Abgrenzung zum Nachbarn. Bei der Auswahl der Pflanzen spielen in erster Linie die Licht- und Bodenverhältnisse eine entscheidende Rolle.

Ein übers ganze Jahr hinweg schöner Garten ist kein Hexenwerk, wenn Sie ihn gut planen und mit bewährten Pflanzen bestücken. Die Pflanzenauswahl in diesem Buch hilft Ihnen dabei. Die Gartenblumen und Gehölze erfüllen ein oder mehrere der nachfolgenden Kriterien:

→ **Die Pflanzen sind über Monate hinweg attraktiv.** Sie blühen also entweder über Wochen und Monate hinweg, tragen auffällige Früchte, haben eine attraktive Wuchsform oder verfügen über besonders schön geformtes und gefärbtes Laub.

→ **Die Pflanzen sind wenig krankheitsanfällig.** Hier spielen die neuen Sorten eine

große Rolle. So sind gerade beliebte Rosensorten wie die weiße Strauchrose 'Schneewittchen' besonders anfällig für die Pilzkrankheit Sternrußtau. Neue Sorten wie die Beetrose 'Lions Rose' bleiben von dieser Krankheit verschont und ersparen damit viel Pflegearbeit und Gartenärger. Auch bei den Clematis gibt es empfindliche und robuste Kandidaten. Die frühblühende Sorte 'Nelly Moser' – so schön sie ist – wird unter Umständen von der gefürchteten Clematiswelke dahingerafft. Sorten wie 'Etoile Violet' sind weitgehend resistent gegen diese Krankheit.

→ **Die Pflanzen sind pflegeleicht.** Sie werden in unserer Pflanzenauswahl sicherlich

die eine oder andere bekannte Pflanze vermissen. So finden Sie in der Auswahlliste der Solitärgehölze nur Kleinbäume oder Großsträucher, die für den Hausgarten geeignet sind und nicht ständig zurückgeschnitten werden müssen.

Stauden, die stark wuchern, wie die Goldnessel (*Lamiastrum galeobdolon*) fehlen ebenso wie sich stark aussamende Pflanzen wie Akelei (*Aquilegia vulgaris*) oder Rote Spornblume (*Centranthus ruber*).

Auch die ausgewählten Sommerblumen sind robust und brauchen nicht so viel Pflege wie z. B. die allseits bekannte Strauchmargerite (*Argyranthemum frutescens*).

Pflanzenauswahl – Schritt für Schritt

Damit Sie die richtigen Gehölze und Gartenblumen für Ihren Garten auf Anhieb finden, ist dieses Kapitel nach Gartensituationen und dem Verwendungszweck der Pflanzen in fünf Unterkapitel gegliedert:

1. Solitärgehölze
2. Vorgärten
3. Sitzplätze
4. Blumenbeete
5. Gartengrenzen

Diese Unterkapitel finden Sie auf einen Blick anhand der gestanzten Griffleiste. Die Kennfarbe der einzelnen Unterkapitel erleichtert die Orientierung zusätzlich.
Entscheiden Sie also zuerst, welchen Gartenteil Sie bepflanzen möchten, und schlagen Sie dazu das entsprechende Unterkapitel auf. Die Solitärgehölze nehmen eine Sonderstellung ein. Ihnen ist deshalb ein eigenes Unterkapitel gewidmet. Eine Zierkirsche etwa verändert die Bedingungen im Garten, sprich: die Lichtverhältnisse. Im Laufe der Jahre nimmt die Zierkirsche an Größe zu und wirft vermehrt Schatten. Ein ursprünglich sonniger Standort wird dann halbschattig sein. Berücksichtigen Sie daher das Pflanzenwachstum schon bei der Planung.

Wo?
Das wichtigste Wohlfühl-Kriterium für Pflanzen ist der Standort, also Sonne, Halbschatten oder Schatten. Die Lichtverhältnisse sind deshalb auch das erste Auswahlkriterium für Ihre Pflanzen. Jedes Unterkapitel gliedert sich in Pflanzen für sonnige, halbschattige und schattige Standorte. Wundern Sie sich bitte nicht, wenn manche Pflanzen sowohl in der Sonne als auch im Halbschatten auftauchen. Das sind Allrounder, die sich in beiden Bereichen wohlfühlen.

Farbe
Zur weiteren Eingrenzung geeigneter Pflanzen wählen Sie im nächsten Schritt die Blütenfarbe aus, die Ihnen am besten zusagt. Die Pflanzen sind in folgende Gruppen unterteilt:

○ weiß
● gelb
● rot
● rosa/violett
● blau
● grün/braun

➜ Bei manchen Pflanzen ändert sich die Farbe von der aufgehenden Knospe bis zur vollen Blüte. Der Zierapfel ‘Tina’ z. B. ist in der Knospe rosarot, aufgeblüht dann aber weiß. Solche Pflanzen sind nach der Farbe ihrer aufgeblühten Blüten aufgeführt.

➜ Einige Pflanzen sind nicht eindeutig einer bestimmten Blütenfarbe zuzuordnen. Sie finden sich in der Farbkategorie, der sie am ehesten entsprechen.
➜ In der Farbkategorie »grün/braun« sind sowohl immergrüne Pflanzen zu finden, die nicht oder nur unscheinbar blühen, als auch Gräser, deren Blüten oder Halme z. B. silbrig, bräunlich, ockerfarben oder rötlichbraun gefärbt sind.
➜ Gehölze und Blattschmuckstauden, die v. a. durch zierendes Laub auffallen, sind nach ihrer Laubfarbe einsortiert. Bei Pflanzen mit attraktiven Früchten, ist die Fruchtfarbe entscheidend für die Farbzuordnung.

Wuchshöhe
In einem gekonnt gestalteten Beet finden sich neben einer höheren Leitpflanze, dem Solitär, niedrigere, meist in Gruppen gepflanzte Begleiter, die den Solitär in seiner Wirkung unterstützen. Bodendecker schließen die Lücken dazwischen. Innerhalb der Farbkategorie werden die Pflanzen als weitere Entscheidungshilfe deshalb in drei Wuchshöhen unterteilt, die diese Hierarchie im Beet widerspiegeln:
➜ größer als 120 cm (Leitstaude/Solitär)
➜ 40–120 cm (Begleiter)
➜ bis 40 cm (Bodendecker).
Gibt es in einer Farbkategorie mehrere Pflanzen gleicher Wuchshöhe, sind sie nach

der Blütezeit, in der Kategorie »grün/braun« alphabetisch nach dem wissenschaftlichen Namen sortiert. Die genaue Wuchshöhe der Pflanzen ist im Porträtteil angegeben. Bei den Solitärgehölzen steht statt der Wuchshöhe die Wuchsform.

Pflanzenabbildung

In der vierten Spalte sind alle Pflanzen mit ihrem hervorstechendsten Merkmal, also der Blüte, dem gefärbten Laub oder der Frucht, im Foto abgebildet.

Name/Blütezeit

In der fünften Spalte finden Sie den Pflanzennamen, die Blütezeit und einen Verweis auf die Beschreibung im Porträtteil.

→ Zuerst ist der deutsche **Pflanzenname** genannt. Da dieser aber von Region zu Region unterschiedlich sein kann, steht gleich darunter der (eindeutige) botanische Name. Wenn Sie sich Ihre Einkaufsliste zusammenstellen, schreiben Sie den botanischen Namen unbedingt dazu, damit Sie auch die richtige Pflanze bekommen. Das gilt übrigens auch für die Sorte.

→ Unter dem botanischen Namen steht die **Blütezeit**. Mit ihrer Hilfe können Sie Pflanzen gleicher Blütezeit kombinieren. Die Blütezeiten können allerdings nur ein ungefährer Anhaltspunkt sein, da sie sich je nach Witterung verschieben können.

→ Die **Seitenzahl** gibt an, auf welcher Seite die Pflanze im Porträtteil ausführlicher beschrieben ist.

→ Die **Farbpunkte** neben dem deutschen Pflanzennamen zeigen an, auf welchem Boden die Pflanze am besten wächst. Bei mehreren Bodenpunkten steht der erste für die Bodenart, auf der sich die Pflanze besonders wohlfühlt. Je mehr Punkte angegeben sind, umso anspruchsloser ist die Pflanze in Hinsicht auf die Bodenbeschaffenheit. Die Bodenart in Ihrem Garten können Sie mit Hilfe der Tabelle auf Seite 12 ganz leicht selber bestimmen. Folgende Bodenarten sind unterschieden (diese Einteilung ist stark vereinfacht, reicht aber zur Unterscheidung der Ansprüche der einzelnen Pflanzen aus):

L **lehmiger Boden**

Der Boden ist nährstoffreich, enthält meist genügend Feuchtigkeit und ist leicht sauer bis neutral.

H **humoser Boden**

Der Boden enthält keinen Kalk, dafür viel Humus, ist mehr oder weniger nährstoffreich und meist feucht.

S **steiniger Boden**

Der Boden ist steinig, enthält oft Lehm und Kalk, ist sehr durchlässig, nährstoffarm und im Sommer oft sehr trocken.

Alternativen

In der letzten Spalte finden Sie die Rubrik »Alternativen«. Sollten Sie ein Gehölz oder eine Gartenblume einmal nicht im Gartencenter oder in der Gärtnerei bekommen, sind hier für fast alle Pflanzen Alternativen aufgelistet. Sie setzen sich zusammen aus bekannten Vertretern der Pflanzenauswahl, die auch im Porträtteil ausführlich beschrieben sind, und weiteren empfehlenswerten Pflanzen.

Und so gehen Sie vor

Welche Gartensituation (z. B. Vorgarten, Blumenbeet) möchten Sie gestalten?

1. Schritt: Bestimmen Sie den Standort. Ist er sonnig, halbschattig oder schattig?

2. Schritt: Wählen Sie einen Solitär, dessen Blüte, Früchte oder Laub Ihnen gefällt, der auf Ihrem Boden gut gedeiht und der auch nicht zu groß wird (> Porträtteil).

3. Schritt: Suchen Sie sich jetzt je nach vorhandenem Platz einige oder mehrere Begleiter aus, die mit ihrer (andersfarbigen) Blüte die Vorzüge des Solitärs unterstützen, z. B. kleine Blütensträucher, Stauden, Rosen, Gräser oder Zwiebelblumen.

4. Schritt: Kombinieren Sie weitere Begleiter und Bodendecker dazu, die zu anderen Jahreszeiten blühen.

Achten Sie bei sämtlichen Pflanzen immer auf ähnliche Bodenansprüche.

Hinweise zu den Porträts

Im Porträtteil werden die Pflanzen genau vorgestellt. Er gliedert sich nach den Standortansprüchen in Sonne, Halbschatten und Schatten. Das erleichtert Ihnen die Suche nach den passenden Pflanzen zusätzlich. Wenn Sie z. B. ein Schattenbeet planen, können Sie durchaus auch so vorgehen, dass Sie zunächst im Porträtteil nach den Pflanzen suchen, die gut im Schatten gedeihen. Innerhalb der drei Standortkategorien sind die Pflanzen alphabetisch nach ihrem botanischen Namen sortiert.

Aufbau der Steckbriefe

→ Die Steckbriefe zeigen die Pflanzen noch einmal im **Bild**. Um neben der Blüte noch andere Aspekte der Pflanze hervorzuheben, sind hier zum Teil Früchte, Laub oder Herbstfärbung zu sehen.
→ Unter dem Foto stehen deutscher und botanischer **Pflanzenname**.
→ Danach folgen Angaben zu **Höhe** und **Breite** der Pflanze. Es handelt sich hier um die Endgrößen. Abhängig davon können Sie zum einen entscheiden, ob die Pflanze überhaupt genug Platz in Ihrem Garten hat. Zum andern können Sie von vornherein genügend Abstand einplanen. Häufig wird zu dicht gepflanzt, und die Pflanzung gerät schon nach wenigen Jahren aus dem Ruder.

→ Darunter ist die **Blüte-**, **Frucht-** oder **Erntezeit** angegeben.
→ Die **Seitenangaben** verweisen auf Kapitel 2 und nennen den Verwendungszweck der Pflanze, z. B. › Vorgärten S. 42.
Höhe und Breite, aber auch die Blütezeiten sind nur Anhaltspunkte. Sie können je nach Witterung, Klima und Nährstoffgehalt des Bodens schwanken.
→ Jeder Pflanze sind **Symbole** zugeordnet, die einen raschen Überblick über ihre Verwendung und Eigenschaften ermöglichen. Manche Pflanzen können sowohl sonnig als auch halbschattig stehen. Sie sind dementsprechend mit zwei Lichtsymbolen versehen. Je mehr Lichtsymbole eine Pflanze hat, umso größer ist ihre Standorttoleranz. Das erste Lichtsymbol weist dabei auf den bevorzugten Lichtbereich hin, das folgende auf den Bereich, der auch möglich ist.
Mit dem Symbol für »Blütenschmuck« sind Pflanzen gekennzeichnet, deren Blüte besonders auffällig ist.
→ **Wuchsform:** Hier ist angegeben, zu welcher Pflanzengruppe die Pflanze gehört. Ist sie ein Gehölz, eine Staude, eine Zwiebelblume oder eine Sommerblume. Auch der Wuchs ist beschrieben, z. B. buschig, kompakt, Boden deckend.
→ **Boden:** Der Boden spielt für das Gedeihen der Pflanzen eine wichtige Rolle. Wie soll er am besten sein? Durchlässig oder leh-

mig? Feucht oder trocken? Nährstoffarm oder nährstoffreich? Sauer oder schwach alkalisch?
→ **Verwendung:** Wo und wie im Garten kann die Pflanze eingesetzt werden? Wo wirkt sie am besten? Zu welchem Gartenstil passt sie?
→ **Wert:** Diese Rubrik fasst zusammen, worin der Wert der Pflanze liegt. Blüht sie besonders schön und lange? Eignet sie sich für extreme Standorte? Ist sie außergewöhnlich robust und pflegeleicht?
→ **Gute Partner:** Was sind empfehlenswerte Nachbarpflanzen? Bei Pflanzen mit hoher Standorttoleranz können in dieser Rubrik Pflanzen unterschiedlicher Lebensbereiche aufgeführt sein. Die Goldwolfsmilch z. B. verträgt Sonne und Halbschatten, kann daher sowohl in der Sonne mit Lavendel als auch im Halbschatten mit der Waldaster kombiniert werden. Kontrollieren Sie also immer die Standortansprüche der Partner, die Sie kombinieren möchten.
→ **Mein Tipp:** Erprobte Maßnahmen zur Pflege und Erkenntnisse zum Wachstum der Pflanze aus der Praxis helfen weiter. Muss man sie zurückschneiden? Wie wird gegossen und gedüngt? Samt sie stark aus? Sollte man sie regelmäßig teilen und neu pflanzen?
→ **Weitere Arten/Sorten:** Hier finden Sie weitere empfehlenswerte Arten oder Sorten in anderen Höhen oder Blütenfarben.

Solitärgehölze

Was wäre ein Garten ohne Bäume und Sträucher? Sie bilden das Grundgerüst, an das sich Stauden, Sommer- und Zwiebelblumen dankbar anlehnen. Stamm, Äste und Zweige geben dem winterlich kahlen Garten Struktur, an heißen Sommertagen spendet das Laub wohltuenden Schatten. Gute Gründe, einen Baum oder Strauch zu pflanzen, gibt es also genug. Es sollte nur der richtige sein.

Ganz gleich, ob kleiner Baum oder großer Strauch: Ohne Solitärgehölze wirkt ein Garten leer und flach. Die charakteristische Wuchsform, attraktive Blüten und Blätter, leuchtende Herbstfärbung – all das macht ein Gehölz für den Einzelstand geeignet. Es ist der Hingucker, der in dem ihm zugewiesenen Gartenteil die tragende Rolle spielt.

Die Funktion von Gehölzen

→ Als »Hausbaum« unterstützt der Solitär im Vorgarten die Architektur des Hauses. An den Sitzplatz gepflanzt, trennt er diesen Bereich vom übrigen Garten ab, bietet Sichtschutz und Schatten.

→ Ein schöner großer Strauch gliedert das Blumenbeet und ist ein ganzjährig attraktiver Hintergrund für die bunten Stauden und Zwiebelblumen drum herum.

→ Während Stauden und Zwiebeln im Winter einziehen und eine leere Fläche hinterlassen, bezaubert das Gehölz – jedes Ästchen und Zweiglein mit Raureif überzogen – an frostigen Wintertagen.

→ Eine gemischte Hecke, zusammengestellt aus mehreren Sträuchern einer Größe, wirkt ein bisschen langweilig. Einzeln eingestreute Großsträucher wie Flieder, Holunder oder Goldregen dagegen bringen Abwechslung in die Pflanzung.

Für unsere Vorfahren war ein Hausbaum selbstverständlich. Zu feierlichen Anlässen wie Hochzeit oder Geburt wurde ein Baum gepflanzt, der das Haus vor Wind, Regen, Gewitter und bösen Geistern schützen sollte. Große stattliche Bäume wie Linde, Walnuss, Kastanie, Buche und Eiche breiteten ihre Kronen schützend über die großen Gehöfte aus. Noch heute prägen jahrhundertealte Großbäume den Charakter alter Bauernhöfe.

Kleine Bäume für kleine Gärten

Die Zeiten ändern sich: Große Anwesen und Gärten sind heutzutage eher die Ausnahme. In der Regel müssen sich Hausbesitzer auf

Grundstücke von weniger als 500 m² beschränken. Die Baumschulen haben sich auf die veränderten Verhältnisse eingestellt – selbst für kleinste Gärten gibt es eine Auswahl geeigneter Bäume und Sträucher. Der Kauf eines Solitärgehölzes will gut überlegt sein. Während Stauden und Blumenzwiebeln problemlos umgepflanzt und verjüngt werden können, sollten Bäume und größere Sträucher möglichst am gleichen Standort bleiben, damit sie ihre natürliche Wuchsform entwickeln können. Entsprechend sorgfältig sollten Sie daher den vorgesehenen Standort prüfen und die endgültige Baum- oder Strauchgröße berücksichtigen.

Die Wuchsform

Ganz entscheidend für die Auswahl eines größeren Gehölzes ist seine Wuchsform. Dabei spielen die Höhe und Breite eine Rolle, aber auch die Gestalt – der Habitus, wie die Fachleute sagen.

→ Unter den hier empfohlenen Solitärgehölzen finden Sie ausschließlich Kleinbäume bzw. Großsträucher, die auch für kleinere Hausgärten geeignet sind. Informieren Sie sich im Porträtteil über die endgültige Höhe und Breite, und prüfen Sie, ob das Gehölz an der ihm zugedachten Stelle wirklich genügend Platz hat und die vorgeschriebenen Abstände zur Grundstücksgrenze (bei der Gemeinde erfragen) eingehalten werden.

→ Aber auch die Gestalt ist wichtig. Kugelrunde Kronen passen gut in die Nähe des Hauses, z. B. in den Vorgarten. Sie wirken architektonisch, formal; als Paar symmetrisch aufgestellt, betonen sie einen Eingangsbereich. Auch schmalkronige Bäume wie die Zierkirsche 'Spire' passen sehr gut in Vorgärten. Dagegen ist am Sitzplatz eine eher breite, schattenspendende Krone gefragt. Entweder schirmförmig (Blasenbaum) oder mehrstämmig trichterförmig (Felsenbirne). Als Solitär im Beet eignen sich Gehölze mit malerischer Wuchsform wie Fächerahorn oder Zaubernuss besonders gut.

→ Greifen Sie lieber ein bisschen tiefer in die Tasche und kaufen Sie gleich ein größes Solitärgehölz. So wird bereits mit der Pflanzung die Hierarchie der Pflanzen klar, und es entsteht gleich ein ansprechendes Bild. Preiswerte kleine Solitärgehölze brauchen viele Jahre, bis sie die ihnen zugedachte Rolle übernehmen.

Ein Baum verändert den Standort

In der Regel werden Bäume und Großsträucher als junge Pflanzen in der Baumschule gekauft. Noch sind Stamm und Äste dünn. Junge Bäume werfen noch wenig Schatten, ihr Wurzelwerk muss sich erst ausbreiten. Im Laufe der Jahre aber wird aus einem kleinen Gehölz ein respektabler Baum oder großer Strauch, der sein ganzes Umfeld beeinflusst.

Wo ursprünglich den ganzen Tag die Sonne schien, ist jetzt ein halbschattiger Standort entstanden. Die Wurzeln durchziehen in weitem Umkreis den Boden und entziehen ihm im Sommer viel Feuchtigkeit. In nassen Sommern bleibt es aber unter dem Gehölz durch die Beschattung viel länger feucht als an sonnigen Standorten. Von Jahr zu Jahr fällt mehr Falllaub an, so dass sich in der obersten Bodenschicht Humus bildet. Wenn Sie z. B. einen Blasenbaum an Ihren sonnigen Sitzplatz pflanzen, wird selbst ein größeres Exemplar in den ersten Jahren nur wenig Schatten spenden. Unter dem Baum können daher nur Pflanzen gedeihen, die ebenfalls starke Sonneneinstrahlung vertragen. Nach 5–7 Jahren ist die Baumkrone aber bereits doppelt so groß. Die Pflanzen am Boden beginnen, sich nach dem Licht zu strecken. Spätestens nach zehn Jahren ist es unter dem Baum so schattig, dass die Unterpflanzung den neuen Lichtverhältnissen angepasst werden muss. Um es deutlich zu machen: Der Blasenbaum liebt und braucht die Sonne, lässt den Standort aber nach einigen Jahren halbschattig werden.

In unseren Pflanzideen (> Seite 36/37) sind die Kombinationen so angelegt, dass die Begleitpflanzen auch unter dem ausgewachsenen Gehölz gedeihen. Pflanzen Sie die schattenliebenderen Pflanzen (> Porträtteil) unter die Baumkrone.

SOLITÄRGEHÖLZE FÜR VORGÄRTEN

Solitärgehölze

Wo?	Farbe	Wuchsform	Pflanzen	Name/Blütezeit	Alternativen
Sonne	weiß	Kugel		**Kugel-Steppenkirsche** 🟠🔵 *Prunus fruticosa* 'Globosa' → April › Seite 148	**Kugel-Weißdorn** *Crataegus monogyna* 'Compacta'
	rosa	Hoch-stamm		**Zierkirsche** 🔵 *Prunus hillieri* 'Spire' → April › Seite 148	**Zierkirsche** *Prunus sargentii* 'Rancho'
	grün	Hängeform		**Hängebirke** 🟠🔵 *Betula pendula* 'Youngii' → März – April › Seite 129	
Halb-schatten	weiß	Hoch-stamm		**Felsenbirne** 🔵🟠 *Amelanchier arborea* 'Robin Hill' → April › Seite 127	
	rot	kleiner Baum		**Fächerahorn** 🟠🔵 *Acer palmatum* 'Atropurpureum' › Seite 159	**Japanischer Ahorn** *Acer japonicum* 'Aconitifolium'

Solitärgehölze

Wo?	Farbe	Wuchsform	Pflanzen	Name/Blütezeit	Alternativen
Sonne	weiß	Kugel		**Blumenesche** S L *Fraxinus ornus* 'Meczek' → Mai › Seite 137	**Kugelakazie** *Robinia pseudoacacia* 'Umbraculifera' **Hänge-Schnurbaum** *Sophora japonica* 'Pendula'
	gelb	kleiner Baum		**Blasenbaum** S *Koelreuteria paniculata* → August › Seite 141	**Gelbe Gleditsie** *Gleditsia triacanthos* 'Sunburst'
	rosa	Hängeform		**Hängekirsche** L *Prunus subhirtella* 'Pendula' → April › Seite 149	**Kleine Frühlingskirsche** *Prunus*-Hybride 'Hally Jolivette'
	grün	Kugel		**Kugel-Trompetenbaum** H L *Catalpa bignoides* 'Nana' › Seite 131	**Kleine Kugelesche** *Fraxinus excelsior* 'Nana'
Halb-schatten	rot	Strauch		**Blumenhartriegel** H L *Cornus kousa* var. *chinensis* → Mai – Juni › Seite 164	**Fächerahorn** *Acer palmatum* 'Atropurpureum' › Seite 159

33

Solitärgehölze

Wo?	Farbe	Wuchsform	Pflanzen	Name/Blütezeit	Alternativen
Sonne	weiß	Strauch		**Hängende Silberbirne** ⓢ *Pyrus salicifolia* 'Pendula' → April › Seite 149	**Purpur-Perückenstrauch** *Cotinus coggygria* 'Royal Purple' (rot)
	rosa	Strauch		**Große Sternmagnolie** Ⓛ Ⓗ *Magnolia × loebneri* 'Leonard Messel' → April – Mai › Seite 142	**Zierapfel** *Malus sargentii* › Seite 143 **Eisenholz** *Parrotia persica*
Halb- schatten	weiß	Strauch		**Blumenhartriegel** Ⓗ Ⓛ *Cornus kousa* var. *chinensis* → Mai – Juni › Seite 164	**Glanzmispel** *Photinia villosa* › Seite 146
	gelb	Strauch		**Zaubernuss** Ⓗ Ⓛ *Hamamelis x intermedia* 'Pallida' → Dezember – Februar › Seite 170	**Goldahorn** *Acer shirasawanum* 'Aurea'
	rot	kleiner Baum		**Fächerahorn** Ⓗ Ⓛ *Acer palmatum* 'Atropurpureum' › Seite 159	

Solitärgehölze

Wo?	Farbe	Wuchsform	Pflanzen	Name/Blütezeit	Alternativen
Sonne	weiß	Strauch		**Felsenbirne** L H *Amelanchier lamarckii* → April – Mai › Seite 127	**Sieben-Söhne-Strauch** *Heptacodium miconioides*
	gelb	Strauch		**Kornelkirsche** L H S *Cornus mas* → Februar – März › Seite 133	
	violett	Strauch		**Edelflieder** L H S *Syringa vulgaris* 'Charles Joly' → Mai – Juni › Seite 155	**Bogenflieder** *Syringa reflexa*
Halb-schatten	weiß	Strauch		**Holunder** L H S *Sambucus nigra* → Juni › Seite 181	**Rotlaubiger Holunder** *Sambucus nigra* 'Black Beauty'
	gelb	Strauch		**Goldregen** L S *Laburnum watereri* 'Vossii' → Mai – Juni › Seite 175	

35

Solitärgehölze

Schön unterpflanzt

Ein Solitärgehölz ist immer ein Blickfang im Garten. Richtig abgerundet wird das Bild aber erst durch passende Begleiter, die das Gehölz in seiner Wirkung unterstützen. Wenn Sie z. B. einen rotblättrigen Fächerahorn mit der frisch grünen, weißblühenden Schaum-

blüte kombinieren, kommt das purpurrote Laub des Ahorns besonders gut zur Geltung. Legen Sie der Hängenden Silberbirne einen Teppich aus blaublühender Katzenminze zu Füßen, so wirkt dieser feingliedrige Strauch mit der weißen Blüte noch heller und silbriger.

Sonniger Vorgarten Ⓢ

Name	Blütezeit	Blütenfarbe	Porträt
Wildtulpe	März – April	🔴	› S. 157
Kugel-Steppenkirsche	April	⚪	› S. 148
Goldwolfsmilch	Mai – Juni	🟡	› S. 136
Storchschnabel 'Berggarten'	Juni – Juli	🌸	› S. 139
Präriegras 'Duftwolke'	Aug. – Sept.	🟤	› S. 155
Hohe Fetthenne 'Herbstfreude'	Sept. – Okt.	🔴	› S. 153
Buchsbaum			› S. 162

Sonniger Vorgarten Ⓛ

Name	Blütezeit	Blütenfarbe	Porträt
Blaustern	März – April	🔵	› S. 182
Zierkirsche 'Spire'	April	🌸	› S. 148
Zwergnarzisse 'Jetfire'	April	🟡	› S. 144
Bergenie 'Rotblum'	April – Mai	🌸	› S. 162
Mahonie 'Apollo'	April – Mai	🟡	› S. 177
Sonnenhut 'Goldsturm'	Juli – Okt.	🟡	› S. 151
Chinaschilf 'Adagio'	Aug. – Sept.	🟤	› S. 143

Sonniger Vorgarten Ⓗ

Name	Blütezeit	Blütenfarbe	Porträt
Hängebirke	März – April	🟤	› S. 129
Mahonie 'Apollo'	April – Mai	🟡	› S. 177
Scheinbeere	Juli – Aug.	⚪	› S. 138
Pfeifengras 'Edith Dudzus'	Aug. – Okt.	🟤	› S. 143
Preiselbeere 'Koralle'	September	⚪	› S. 184
Heidekraut	Sept. – Nov.	🌸	› S. 130
Kissenkiefer 'Mops'			› S. 147

Halbschattiger Vorgarten Ⓗ

Name	Blütezeit	Blütenfarbe	Porträt
Hundszahn 'Pagode'	April	🟡	› S. 165
Japanische Azalee 'Maruschka'	Mai	🔴	› S. 179
Schaumblüte	Mai – Juni	⚪	› S. 191
Funkie 'June'	Juli – Aug.	🌸	› S. 172
Pfeifengras 'Variegata'	Aug. – Sept.	🟤	› S. 143
Herbststeinbrech	Sept. – Okt.	⚪	› S. 182
Roter Fächerahorn			› S. 159

Solitärgehölze

Halbschattiger Vorgarten H L

Name	Blütezeit	Blütenfarbe	Porträt
Schneeglöckchen	Jan. – März	⚪	› S. 168
Japansegge 'Variegata'	März – April	🔴	› S. 187
Rhododendron 'Fantastica'	Mai	🔴	› S. 180
Herbsteisenhut 'Arendsii'	Sept. – Okt.	🔵	› S. 159
Herbststeinbrech	Sept. – Okt.	⚪	› S. 182
Zaubernuss 'Pallida'	Dez. – Feb.	🟡	› S. 170
Kirschlorbeer 'Mount Vernon'			› S. 179

Sonniger Sitzplatz L

Name	Blütezeit	Blütenfarbe	Porträt
Narzisse 'Golden Harvest'	März – April	🟡	› S. 144
Duftsteinrich	Mai – Okt.	⚪	› S. 142
Storchschnabel 'Rozanne'	Juni – Okt.	🔵	› S. 169
Lampenputzergras 'Hameln'	Aug. – Sept.	🔴	› S. 145
Sonnenbraut 'Kanaria'	Aug. – Sept.	🟡	› S. 139
Kugel-Trompetenbaum 'Nana'			› S. 131
Jap. Stechpalme 'Convexa'			› S. 174

Halbschattiger Sitzplatz H

Name	Blütezeit	Blütenfarbe	Porträt
Märzenbecher	März – April	⚪	› S. 189
Schaumblüte	Mai – Juni	⚪	› S. 191
Fleißiges Lieschen	Mai – Oktober	🔴	› S. 174
Blumenhartriegel 'Satomi'	Juni – Juli	🌸	› S. 164
Funkie 'Royal Standard'	Aug. – Sept.	⚪	› S. 172
Pfauenradfarn			› S. 185
Niedriger Berg-Ilex 'Stokes'			› S. 174

Sonniges Blumenbeet S

Name	Blütezeit	Blütenfarbe	Porträt
Silberbirne 'Pendula'	April	⚪	› S. 149
Sonnenröschen 'Sterntaler'	Mai – Juli	🟡	› S. 140
Katzenminze	Mai – Sept.	🔵	› S. 144
Steppensalbei 'Caradonna'	Mai – Okt.	🔵	› S. 152
Zierlauch 'Mount Everest'	Juni	⚪	› S. 127
Pflaumenfetthenne 'Robustum'	Sept. – Okt.	🔴	› S. 152
Blaue Kriechkiefer 'Glauca'			› S. 147

Vorgärten

Der Vorgarten ist der Gartenteil, der sich am offensten nach außen präsentiert. Er ist eine Herausforderung für jeden Gartenbesitzer, denn er sollte durch ein gepflegtes Äußeres überzeugen, sich mit dem Haus zu einer Einheit verbinden und jeden Besucher freundlich willkommen heißen. Hier sind zum einen attraktive, zum andern robuste und pflegeleichte Pflanzen gefragt.

Anders als die Gartenbereiche hinter dem Haus liegt der Vorgarten das ganze Jahr über im Blickfeld. Nicht nur für diejenigen, die daran vorübergehen. Auch die Hausbewohner sehen ihn von Januar bis Dezember in der Regel täglich. Er ist die Visitenkarte des Hauses, sollte also repräsentativ und ganzjährig attraktiv sein.

Vorgärten sind oft nicht sehr groß, zudem braucht auch der Weg zum Eingang seinen Platz, und viele Gartenbesitzer haben auch noch einen Zaun oder ein Mäuerchen als Abgrenzung zur Straße hin – trotzdem gibt es viele Möglichkeiten, ihn zu einem richtigen Schmuckstück zu machen.

Das gilt immer

Egal, welche Stilrichtung Sie bevorzugen und welche Pflanzen Sie einsetzen möchten – beachten Sie folgende Regeln:

➜ Halten Sie Ihren Vorgarten nach außen hin offen. Pflanzen Sie ihn nicht ohne Not mit hohen Hecken oder Sträuchern zu. Das wirkt wenig einladend, ja fast abweisend. Zudem nimmt dies von der ohnehin kleinen Fläche viel Platz weg. Eine Bepflanzung wird schwierig, da eine hohe Hecke viel Licht, Wasser und Nährstoffe wegnimmt.

➜ Sorgen Sie ganzjährig für Hingucker. Anders als den Sitzplatz oder ein Beet im hinteren Garten haben Sie Ihren Vorgarten ständig im Auge. Von März bis September blüht es sehr schön – aber dann? Bedenken Sie, dass in unseren Breiten fast die Hälfte des Jahres Winter ist. Da sind Immergrüne gefragt wie Kirschlorbeer, Buchs und Rhododendren, die diese Zeit mit ihrem Grün überbrücken.

➜ Verlängern Sie die Blütezeit mit Frühjahrs- oder Winterblühern. Pflanzen Sie z. B. Alpenveilchen (*Cyclamen coum*). Sie strecken die ersten leuchtend rosa Blüten bereits im Januar der Wintersonne entgegen. Schneeglöckchen, Krokus, Schneeheide, Christ- und Lenzrosen folgen auf dem Fuße und läuten den Beginn der Gartensaison ein.

Ein tapferer Geselle und wie geschaffen für den Vorgarten ist der Winterschneeball: Von schlanker, aufrechter Statur beginnt er oft schon im November zu blühen, bald nachdem er sein weinrot gefärbtes Herbstlaub abgeworfen hat. Zartrosa, angenehm duftende Blüten trotzen von nun an bis in den April hinein Schnee und Kälte. Pflanzen Sie ein paar Gräser dazu. Ihre grazilen Blütenstände sind – besonders mit Raureif überzogen – ein herrlicher Anblick.

➜ Ein Vorgarten wirkt besonders gelungen, wenn er zum Stil des Hauses passt. Zu einem modernen Haus mit Glasfassaden und klaren, reduzierten Formen gehört eher ein formaler Vorgarten, der symmetrisch links und rechts vom Eingangsweg angelegt ist. Hier fügen sich formierte Gehölze wie Buchs, Eibe oder Ilex und leuchtend rot blühende Azaleenbüsche gut ein.
Zu einem Bauernhaus passt besser ein rustikaler Vorgarten. Hier zieren Fingerstrauch, Zierkirsche, Rosen, Tulpen, Sonnenhut und Lampenputzergras den Garten.

Weniger ist mehr

Dieser Grundsatz gilt ganz besonders im Vorgarten, und das in zweifacher Hinsicht:
➜ Beschränken Sie sich in der Anzahl der Arten. Ein Vorgarten ist schnell überblickt. Viele verschiedene Arten auf kleinem Platz ergeben oftmals ein unruhiges Sammelsurium, das Auge kann nicht ausruhen. Besser sind da ein Hausbaum oder Großstrauch als Blickfang, unterpflanzt mit kleineren oder größeren Gruppen aus 4–5 Arten.
➜ »Weniger ist mehr« gilt auch für die Größe der Pflanzen. Breit ausladende Gehölze und Stauden sowie sich stark ausbreitende Bodendecker führen früher oder später zu Platzproblemen.
Einige Pflanzideen für Vorgärten verschiedener Größe finden Sie auf den Seiten 60/61.

Der Arbeitsaufwand

Natürlich können Sie Rittersporn oder Lilien in Ihren Vorgarten pflanzen, sich und alle Vorübergehenden mit deren üppiger Blütenpracht erfreuen. Sie müssen sich aber darüber klar sein, dass diese Schönheiten einige Aufmerksamkeit beanspruchen, um immer ansprechend auszusehen. Diese Zeit sollten Sie einplanen, denn nirgendwo sonst im Garten fällt Unansehnliches so sehr auf wie im Vorgarten, an dem Sie mehrmals am Tag vorbeigehen!
Damit Ihr Vorgarten auch ohne viel Aufwand immer schön aussieht, sollten die Pflanzen möglichst pflegeleicht sein.
➜ Rosen im sonnigen Vorgarten sollten am besten selbst zurechtkommen. Kleinstrauchrosen wie 'Heidefeuer' oder 'Aspirin' tun das auch. Auch ohne Ausputzen blühen sie den ganzen Sommer durch. Der Schnitt beschränkt sich auf gelegentliches Auslichten alle 3–5 Jahre. Sie müssen auch lange nicht so oft gedüngt werden wie Beetrosen.
➜ Kleinsträucher wie Frühlingsspire, Sommerspire, Rosa Zwergspire und Fingerstrauch brauchen nur alle paar Jahre ausgelichtet oder zurückgeschnitten zu werden – ansonsten ist jede weitere Pflege überflüssig. Überhaupt keine Pflege brauchen Kissenkiefer und Herbstflieder – sofern sie standortgerecht gepflanzt werden.
➜ Das Gleiche gilt übrigens auch für etliche Kandidaten im halbschattigen und schattigen Vorgarten. Der Flache Kirschlorbeer z. B. ist an Pflegeleichtigkeit nicht zu überbieten: Einmal gepflanzt, wächst er schön langsam vor sich hin, ohne zu wuchern. Er muss nicht geschnitten werden. Es gibt keine Blüten zum Abschneiden, keine welken Blätter, die aufgekehrt werden müssen.

Liebevolle Details

Je nach Stil können Sie Ihren Vorgarten noch mit liebevollen nicht pflanzlichen Details zum Hingucker machen: leuchtende Rosenkugeln im Rosenbeet, ein Quellstein zwischen niedrigen, formal geschnittenen Buchseinfassungen, ein oder mehrere Findlinge im Heidegarten. Auch der Weg zur Haustür und der abgrenzende Zaun lassen sich gekonnt in die Pflanzung integrieren und als Stilelement einsetzen.

Wo?	Farbe	Wuchshöhe	Pflanzen	Name/Blütezeit	Alternativen
Sonne	weiß	über 120 cm	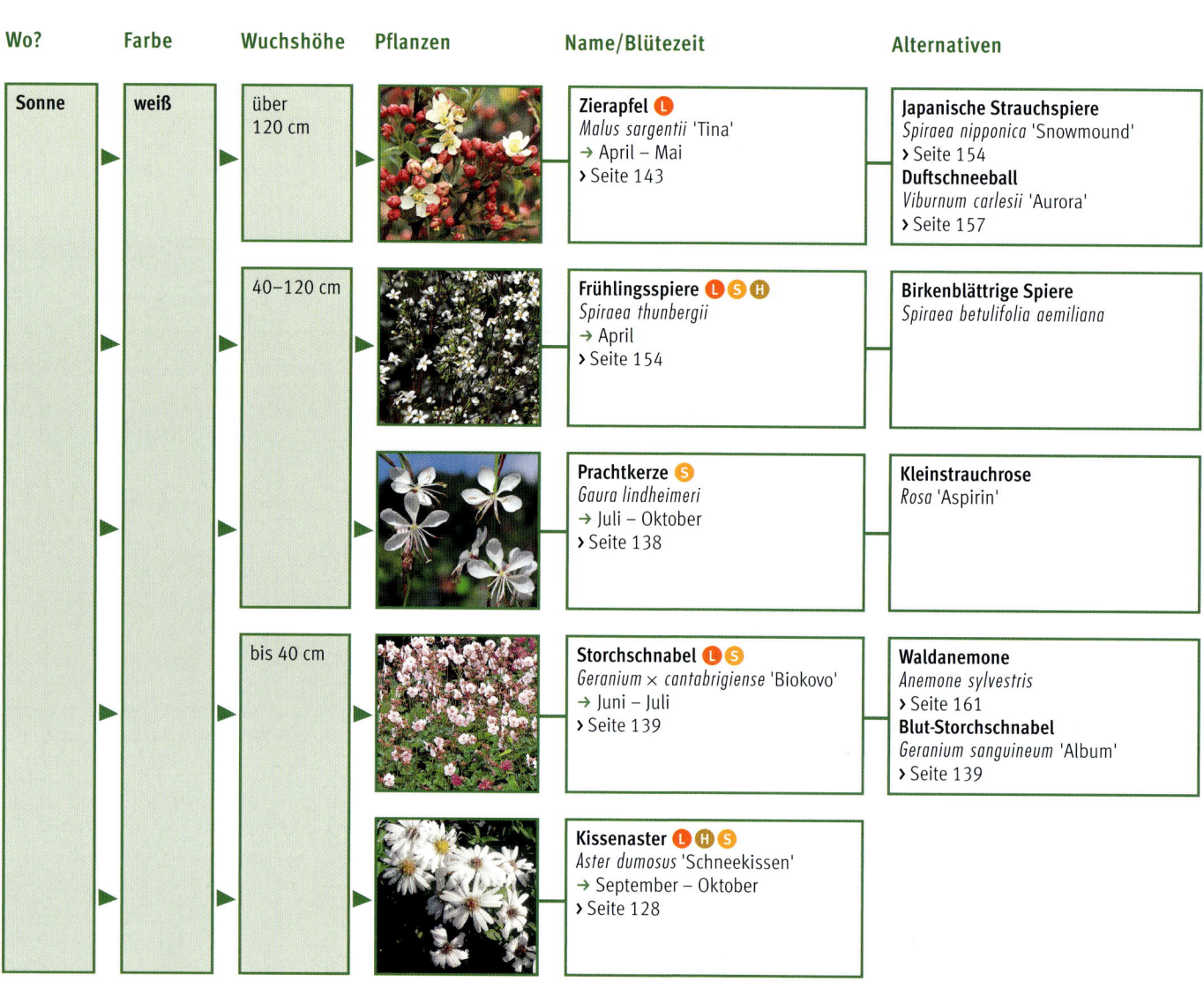	**Zierapfel** ⓛ *Malus sargentii* 'Tina' → April – Mai › Seite 143	**Japanische Strauchspiere** *Spiraea nipponica* 'Snowmound' › Seite 154 **Duftschneeball** *Viburnum carlesii* 'Aurora' › Seite 157
		40–120 cm		**Frühlingsspiere** ⓛ ⓢ ⓗ *Spiraea thunbergii* → April › Seite 154	**Birkenblättrige Spiere** *Spiraea betulifolia aemiliana*
				Prachtkerze ⓢ *Gaura lindheimeri* → Juli – Oktober › Seite 138	**Kleinstrauchrose** *Rosa* 'Aspirin'
		bis 40 cm		**Storchschnabel** ⓛ ⓢ *Geranium × cantabrigiense* 'Biokovo' → Juni – Juli › Seite 139	**Waldanemone** *Anemone sylvestris* › Seite 161 **Blut-Storchschnabel** *Geranium sanguineum* 'Album' › Seite 139
				Kissenaster ⓛ ⓗ ⓢ *Aster dumosus* 'Schneekissen' → September – Oktober › Seite 128	

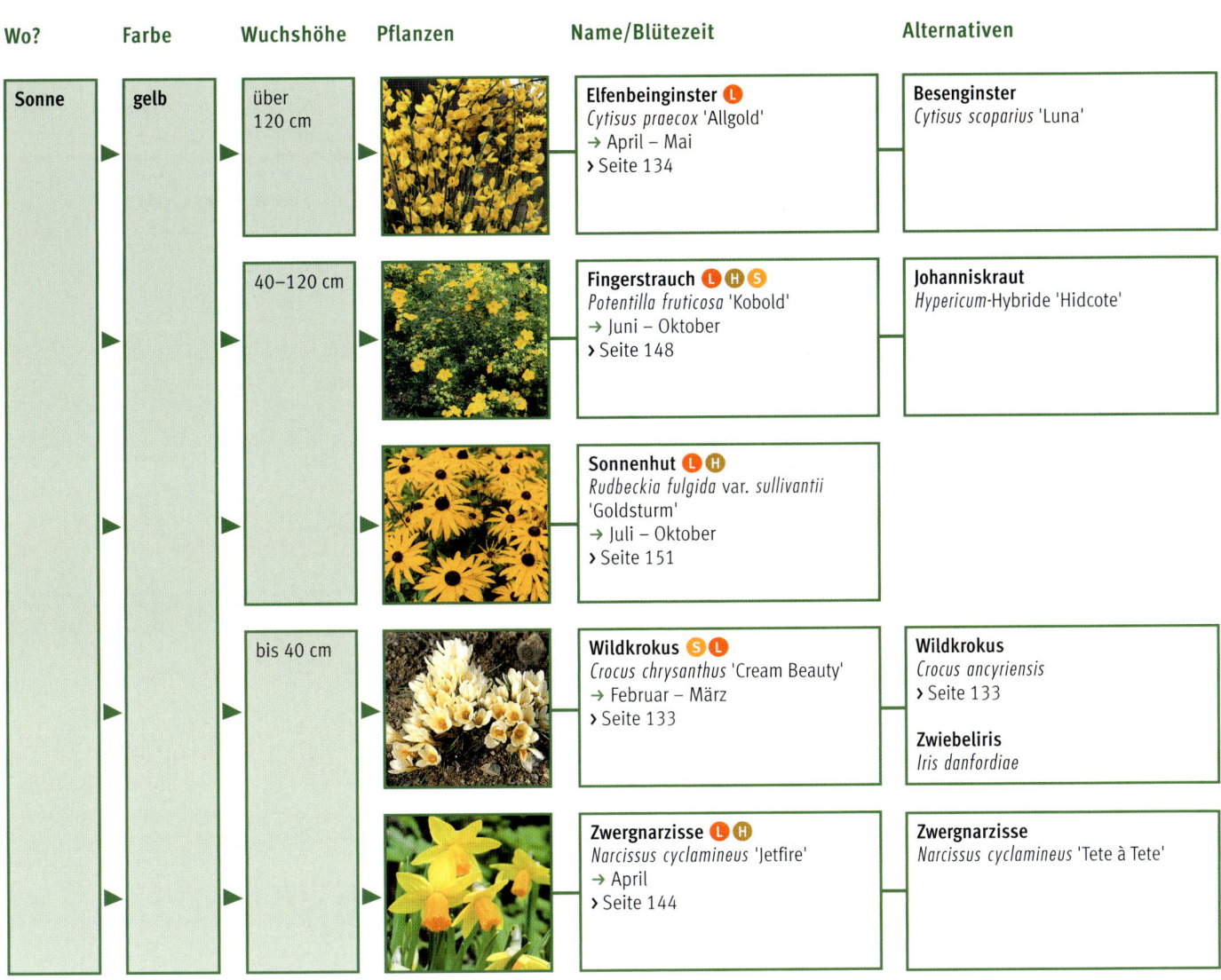

Wo?	Farbe	Wuchshöhe	Pflanzen	Name/Blütezeit	Alternativen
Sonne	gelb	über 120 cm		**Elfenbeinginster** L *Cytisus praecox* 'Allgold' → April – Mai › Seite 134	**Besenginster** *Cytisus scoparius* 'Luna'
		40–120 cm		**Fingerstrauch** L H S *Potentilla fruticosa* 'Kobold' → Juni – Oktober › Seite 148	**Johanniskraut** *Hypericum*-Hybride 'Hidcote'
				Sonnenhut L H *Rudbeckia fulgida* var. *sullivantii* 'Goldsturm' → Juli – Oktober › Seite 151	
		bis 40 cm		**Wildkrokus** S L *Crocus chrysanthus* 'Cream Beauty' → Februar – März › Seite 133	**Wildkrokus** *Crocus ancyriensis* › Seite 133 **Zwiebeliris** *Iris danfordiae*
				Zwergnarzisse L H *Narcissus cyclamineus* 'Jetfire' → April › Seite 144	**Zwergnarzisse** *Narcissus cyclamineus* 'Tete à Tete'

Vorgärten

41

Vorgärten

Wo?	Farbe	Wuchshöhe	Pflanzen	Name/Blütezeit	Alternativen
Sonne	gelb	bis 40 cm	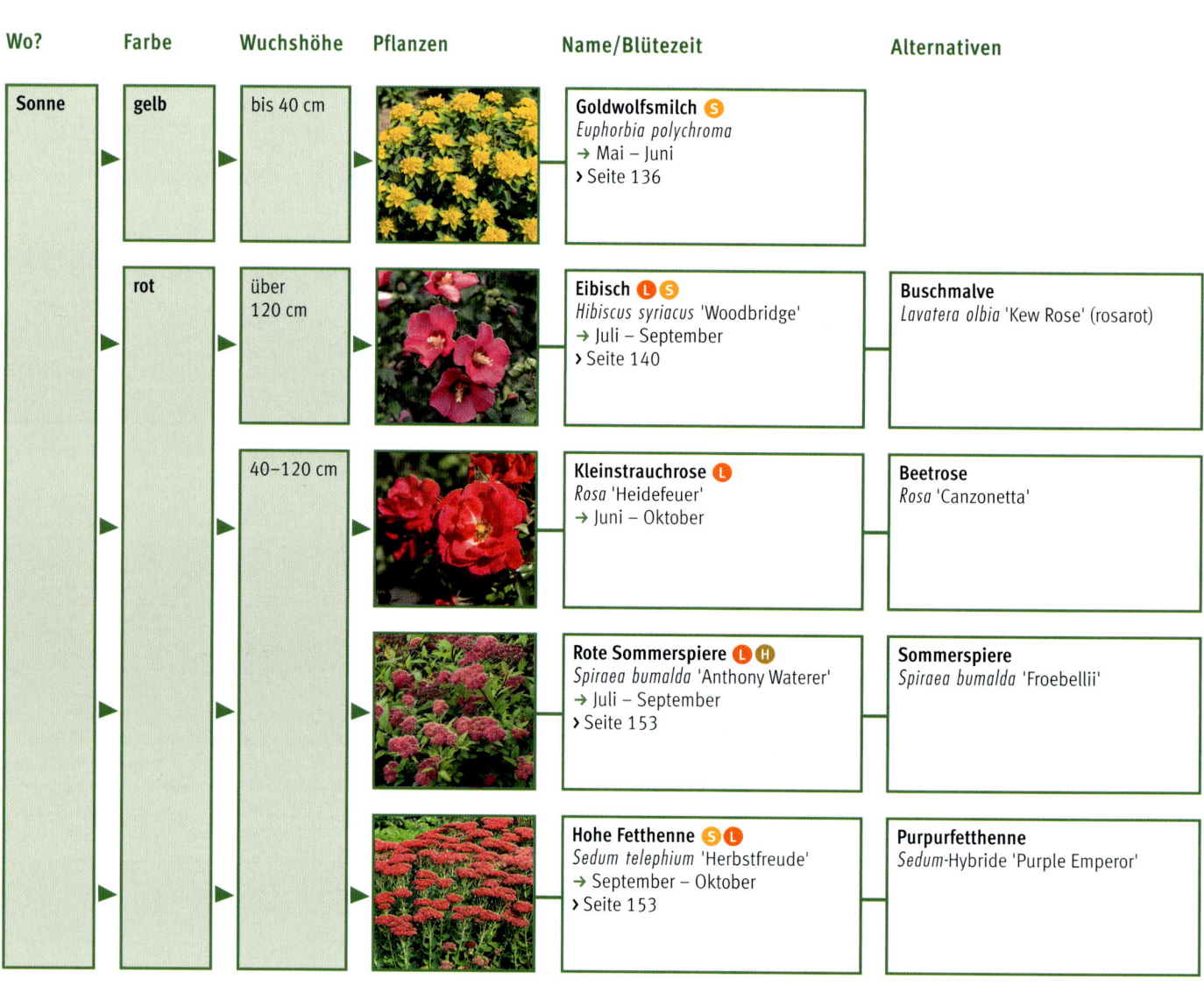	**Goldwolfsmilch** 🅢 *Euphorbia polychroma* → Mai – Juni › Seite 136	
	rot	über 120 cm		**Eibisch** 🅛 🅢 *Hibiscus syriacus* 'Woodbridge' → Juli – September › Seite 140	**Buschmalve** *Lavatera olbia* 'Kew Rose' (rosarot)
		40–120 cm		**Kleinstrauchrose** 🅛 *Rosa* 'Heidefeuer' → Juni – Oktober	**Beetrose** *Rosa* 'Canzonetta'
				Rote Sommerspiere 🅛 🅗 *Spiraea bumalda* 'Anthony Waterer' → Juli – September › Seite 153	**Sommerspiere** *Spiraea bumalda* 'Froebellii'
				Hohe Fetthenne 🅢 🅛 *Sedum telephium* 'Herbstfreude' → September – Oktober › Seite 153	**Purpurfetthenne** *Sedum*-Hybride 'Purple Emperor'

Wo?	Farbe	Wuchshöhe	Pflanzen	Name/Blütezeit	Alternativen
Sonne	rot	bis 40 cm	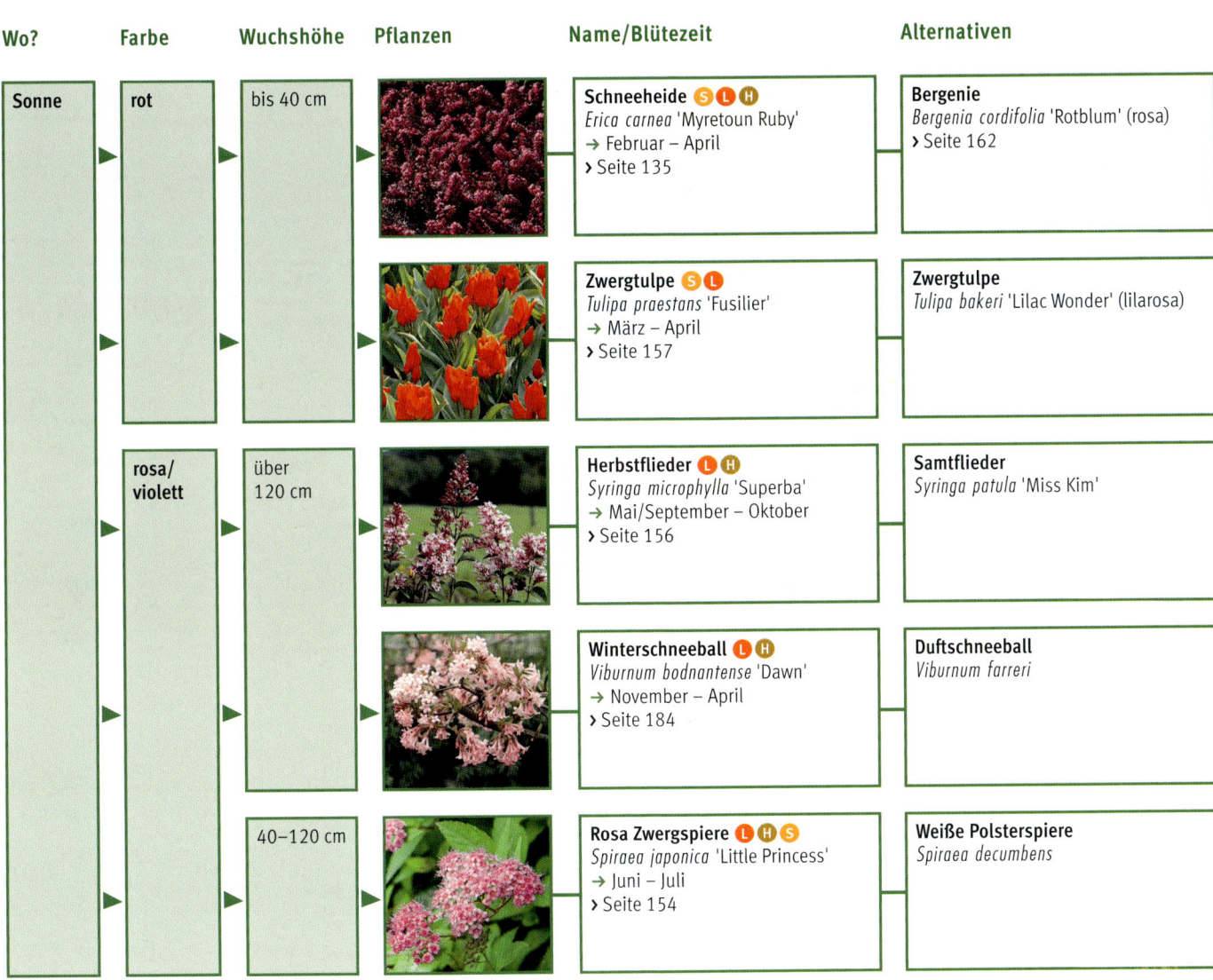	**Schneeheide** S L H *Erica carnea* 'Myretoun Ruby' → Februar – April › Seite 135	**Bergenie** *Bergenia cordifolia* 'Rotblum' (rosa) › Seite 162
				Zwergtulpe S L *Tulipa praestans* 'Fusilier' → März – April › Seite 157	**Zwergtulpe** *Tulipa bakeri* 'Lilac Wonder' (lilarosa)
	rosa/ violett	über 120 cm		**Herbstflieder** L H *Syringa microphylla* 'Superba' → Mai/September – Oktober › Seite 156	**Samtflieder** *Syringa patula* 'Miss Kim'
				Winterschneeball L H *Viburnum bodnantense* 'Dawn' → November – April › Seite 184	**Duftschneeball** *Viburnum farreri*
		40–120 cm		**Rosa Zwergspiere** L H S *Spiraea japonica* 'Little Princess' → Juni – Juli › Seite 154	**Weiße Polsterspiere** *Spiraea decumbens*

Vorgärten

Wo?	Farbe	Wuchshöhe	Pflanzen	Name/Blütezeit	Alternativen
Sonne	rosa/violett	40–120 cm	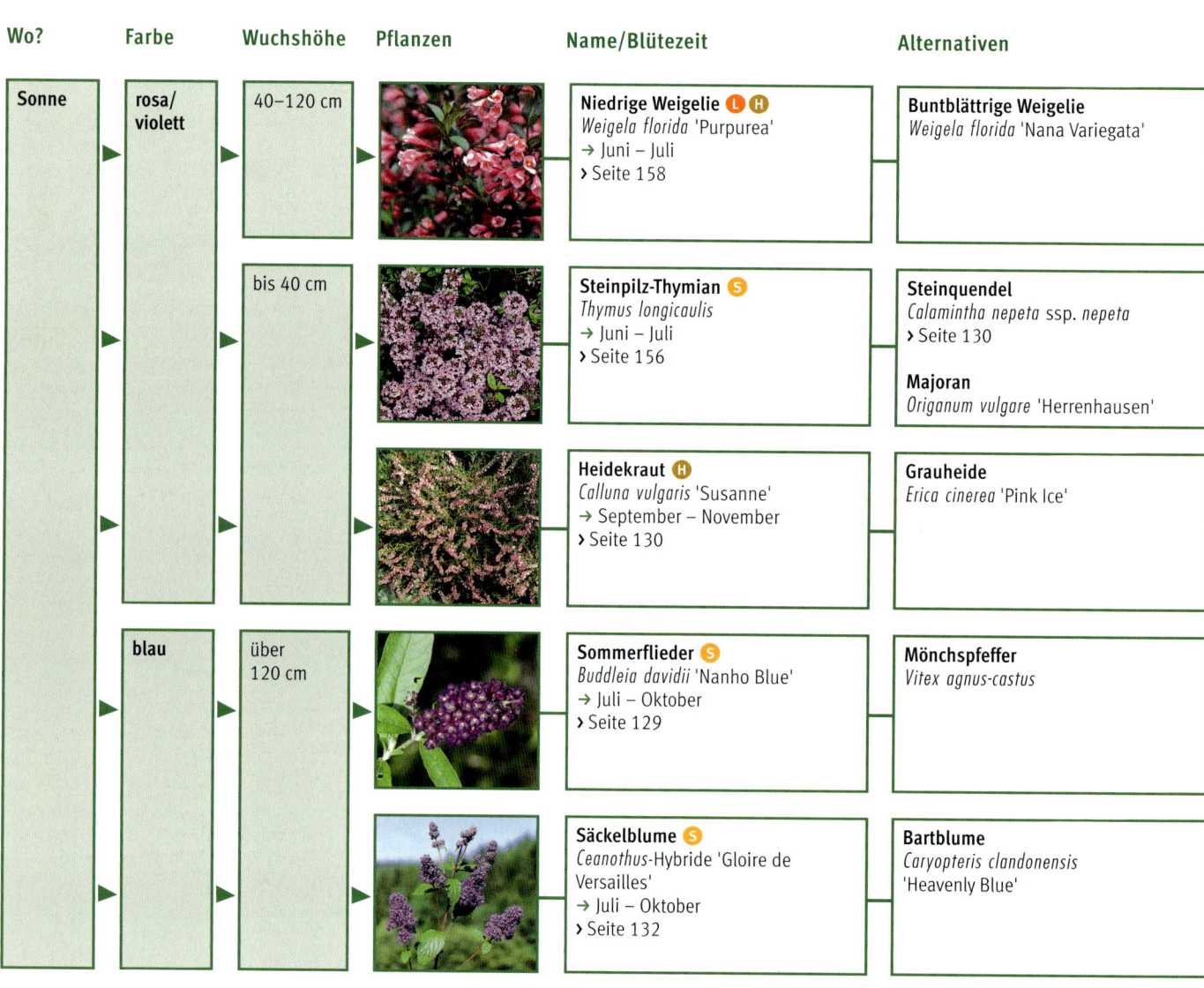	**Niedrige Weigelie** L H *Weigela florida* 'Purpurea' → Juni – Juli › Seite 158	**Buntblättrige Weigelie** *Weigela florida* 'Nana Variegata'
		bis 40 cm		**Steinpilz-Thymian** S *Thymus longicaulis* → Juni – Juli › Seite 156	**Steinquendel** *Calamintha nepeta* ssp. *nepeta* › Seite 130 **Majoran** *Origanum vulgare* 'Herrenhausen'
				Heidekraut H *Calluna vulgaris* 'Susanne' → September – November › Seite 130	**Grauheide** *Erica cinerea* 'Pink Ice'
	blau	über 120 cm		**Sommerflieder** S *Buddleia davidii* 'Nanho Blue' → Juli – Oktober › Seite 129	**Mönchspfeffer** *Vitex agnus-castus*
				Säckelblume S *Ceanothus*-Hybride 'Gloire de Versailles' → Juli – Oktober › Seite 132	**Bartblume** *Caryopteris clandonensis* 'Heavenly Blue'

Wo?	Farbe	Wuchshöhe	Pflanzen	Name/Blütezeit	Alternativen
Sonne	blau	40–120 cm		**Steppensalbei** Ⓢ Ⓛ *Salvia nemorosa* 'Caradonna' → Mai – Oktober › Seite 152	**Schönaster** *Kalimeris incisa* 'Madiva' **Skabiose** *Scabiosa caucasica* 'Fama'
				Bartblume Ⓛ *Caryopteris clandonensis* 'Grand Bleu' → August – Oktober › Seite 131	**Bleibusch** *Amorpha canescens*
		bis 40 cm		**Lavendel** Ⓢ *Lavandula angustifolia* 'Hidcote Blue' → Juli – August › Seite 141	**Wilde Zwergaster** *Aster sedifolius* 'Nanus' **Katzenminze** *Nepeta × faassenii* › Seite 144
				Kissenaster Ⓛ Ⓗ Ⓢ *Aster dumosus* 'Augenweide' → September – Oktober › Seite 128	
	grün/ braun	über 120 cm		**Blaue Kriechkiefer** Ⓢ Ⓛ *Pinus pumila* 'Glauca' › Seite 147	**Silberkiefer** *Pinus sylvestris* 'Watereri' › Seite 147

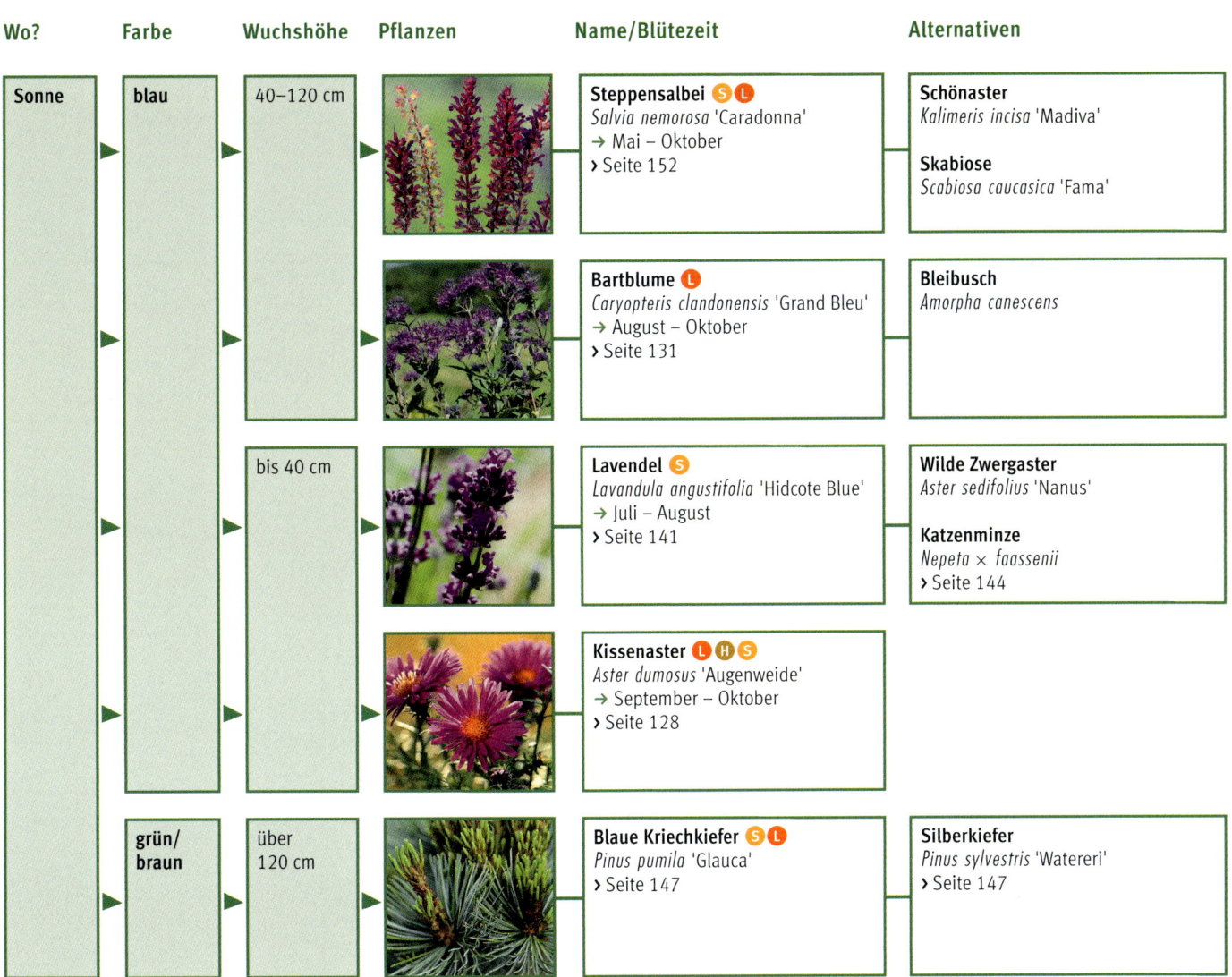

Vorgärten

45

Vorgärten

Wo?	Farbe	Wuchshöhe	Pflanzen	Name/Blütezeit	Alternativen
Sonne	grün/braun	40–120 cm	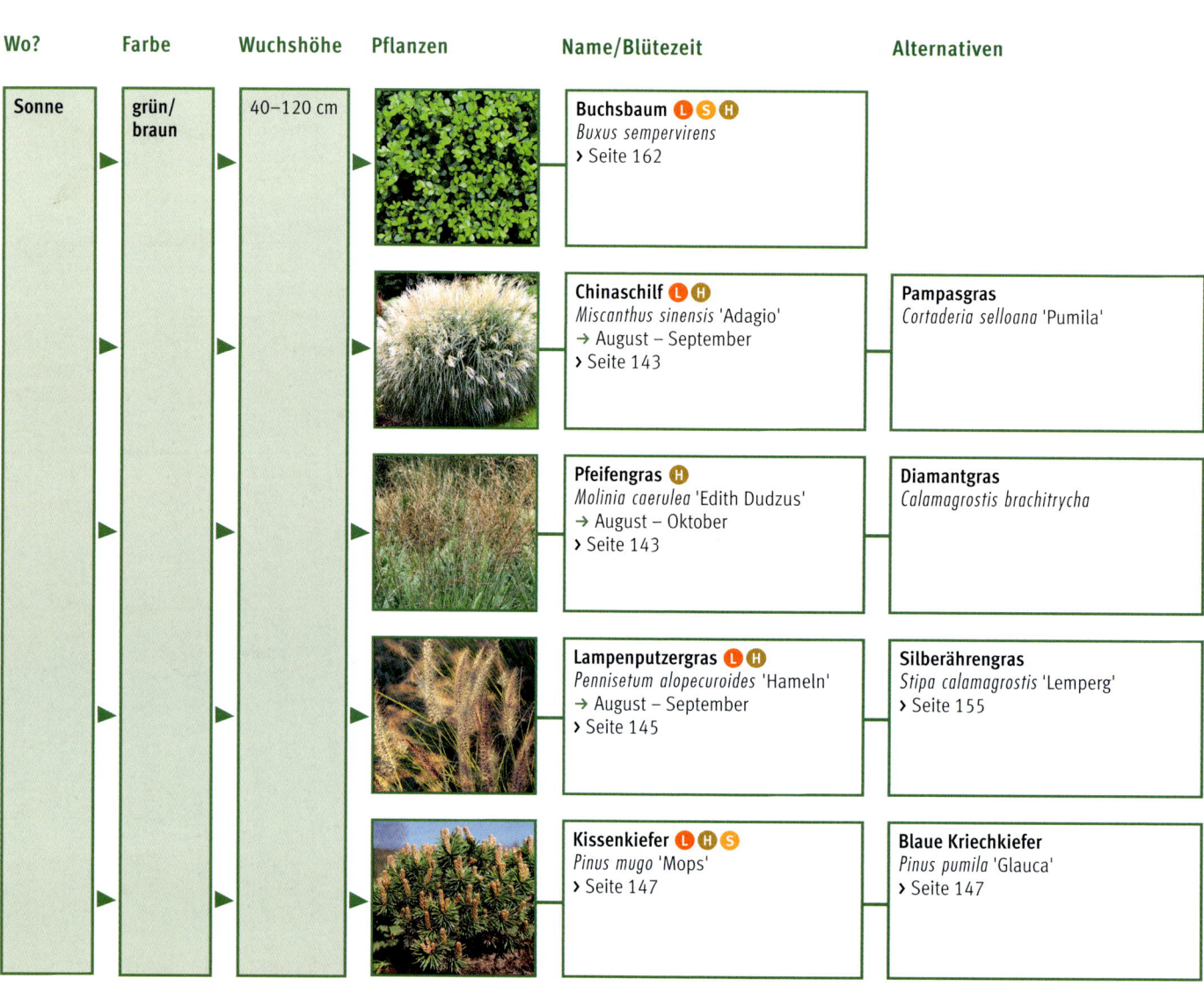	**Buchsbaum** L S H *Buxus sempervirens* › Seite 162	
				Chinaschilf L H *Miscanthus sinensis* 'Adagio' → August – September › Seite 143	**Pampasgras** *Cortaderia selloana* 'Pumila'
				Pfeifengras H *Molinia caerulea* 'Edith Dudzus' → August – Oktober › Seite 143	**Diamantgras** *Calamagrostis brachitrycha*
				Lampenputzergras L H *Pennisetum alopecuroides* 'Hameln' → August – September › Seite 145	**Silberährengras** *Stipa calamagrostis* 'Lemperg' › Seite 155
				Kissenkiefer L H S *Pinus mugo* 'Mops' › Seite 147	**Blaue Kriechkiefer** *Pinus pumila* 'Glauca' › Seite 147

Wo?	Farbe	Wuchshöhe	Pflanzen	Name/Blütezeit	Alternativen
Halb-schatten	weiß	über 120 cm		**Lavendelheide** H *Pieris japonica* 'Red Mill' → März – April › Seite 189	**Lorbeerrose** *Kalmia latifolia* (zartrosa)
				**Kirschlorbeer** L H S *Prunus laurocerasus* 'Etna' → Mai › Seite 178	
				**Eichenblättrige Hortensie** L S *Hydrangea quercifolia* → Juli – August › Seite 173	**Korkflügelstrauch** *Euonymus alatus*
		bis 40 cm		**Schneeglöckchen** L H S *Galanthus elwesii* → Januar – März › Seite 168	**Sternhyazinthe** *Scilla mischtschenkoana* 'Zwanenburg'
				**Blut-Storchschnabel** S L *Geranium sanguineum* 'Album' → Mai – Juni › Seite 139	**Storchschnabel** *Geranium × cantabrigiense* 'Biokovo' › Seite 139

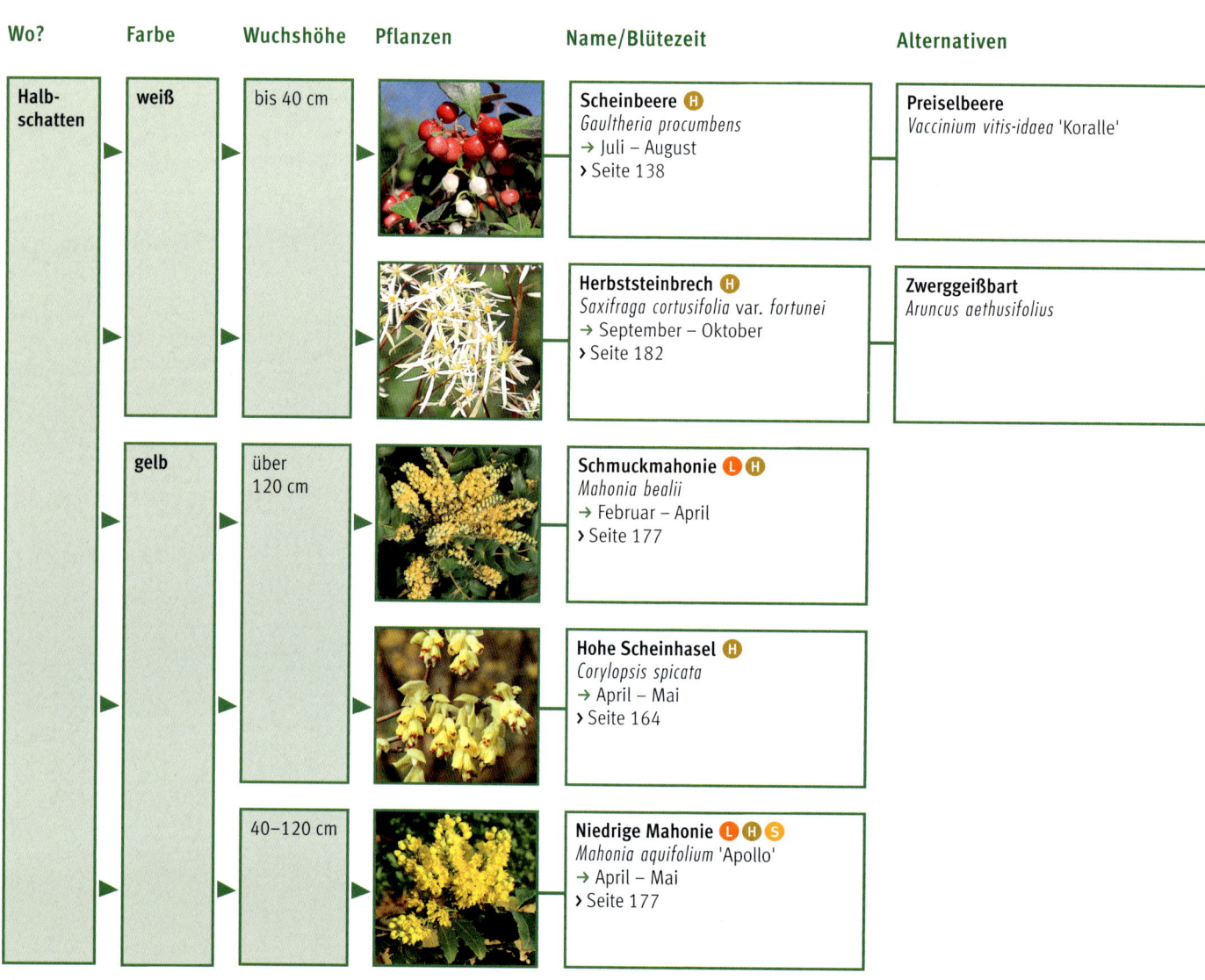

Wo?	Farbe	Wuchshöhe	Pflanzen	Name/Blütezeit	Alternativen
Halb-schatten	weiß	bis 40 cm		**Scheinbeere** Ⓗ *Gaultheria procumbens* → Juli – August › Seite 138	**Preiselbeere** *Vaccinium vitis-idaea* 'Koralle'
				Herbststeinbrech Ⓗ *Saxifraga cortusifolia* var. *fortunei* → September – Oktober › Seite 182	**Zwerggeißbart** *Aruncus aethusifolius*
	gelb	über 120 cm		**Schmuckmahonie** Ⓛ Ⓗ *Mahonia bealii* → Februar – April › Seite 177	
				Hohe Scheinhasel Ⓗ *Corylopsis spicata* → April – Mai › Seite 164	
		40–120 cm		**Niedrige Mahonie** Ⓛ Ⓗ Ⓢ *Mahonia aquifolium* 'Apollo' → April – Mai › Seite 177	

Wo?	Farbe	Wuchshöhe	Pflanzen	Name/Blütezeit	Alternativen
Halb-schatten	**gelb**	40–120 cm		**Mannsblut** Ⓛ Ⓢ *Hypericum androsaemum* 'Autumn Blaze' → Juni – September › Seite 173	**Johanniskraut** *Hypericum*-Hybride 'Hidcote' › Seite 173
		bis 40 cm		**Hundszahn** Ⓗ Ⓛ *Erythronium*-Hybride 'Pagode' → April › Seite 165	**Zwergnarzisse** *Narcissus cyclamineus* 'Jetfire' › Seite 144
				Goldwolfsmilch Ⓢ *Euphorbia polychroma* → Mai – Juni › Seite 136	**Mandelblättrige Wolfsmilch** *Euphorbia amygdaloides* 'Purpurea'
				Waldsteinie Ⓛ Ⓗ *Waldsteinia geoides* → April – Mai › Seite 191	**Elfenblume** *Epimedium versicolor* 'Sulphureum' › Seite 188
	rot	über 120 cm		**Rhododendron** Ⓗ *Rhododendron yakushimanum* 'Fantastica' → Mai › Seite 180	**Lorbeerrose** *Kalmia latifolia* 'Olympic Fire'

Vorgärten

Wo?	Farbe	Wuchshöhe	Pflanzen	Name/Blütezeit	Alternativen
Halb-schatten	rot	über 120 cm	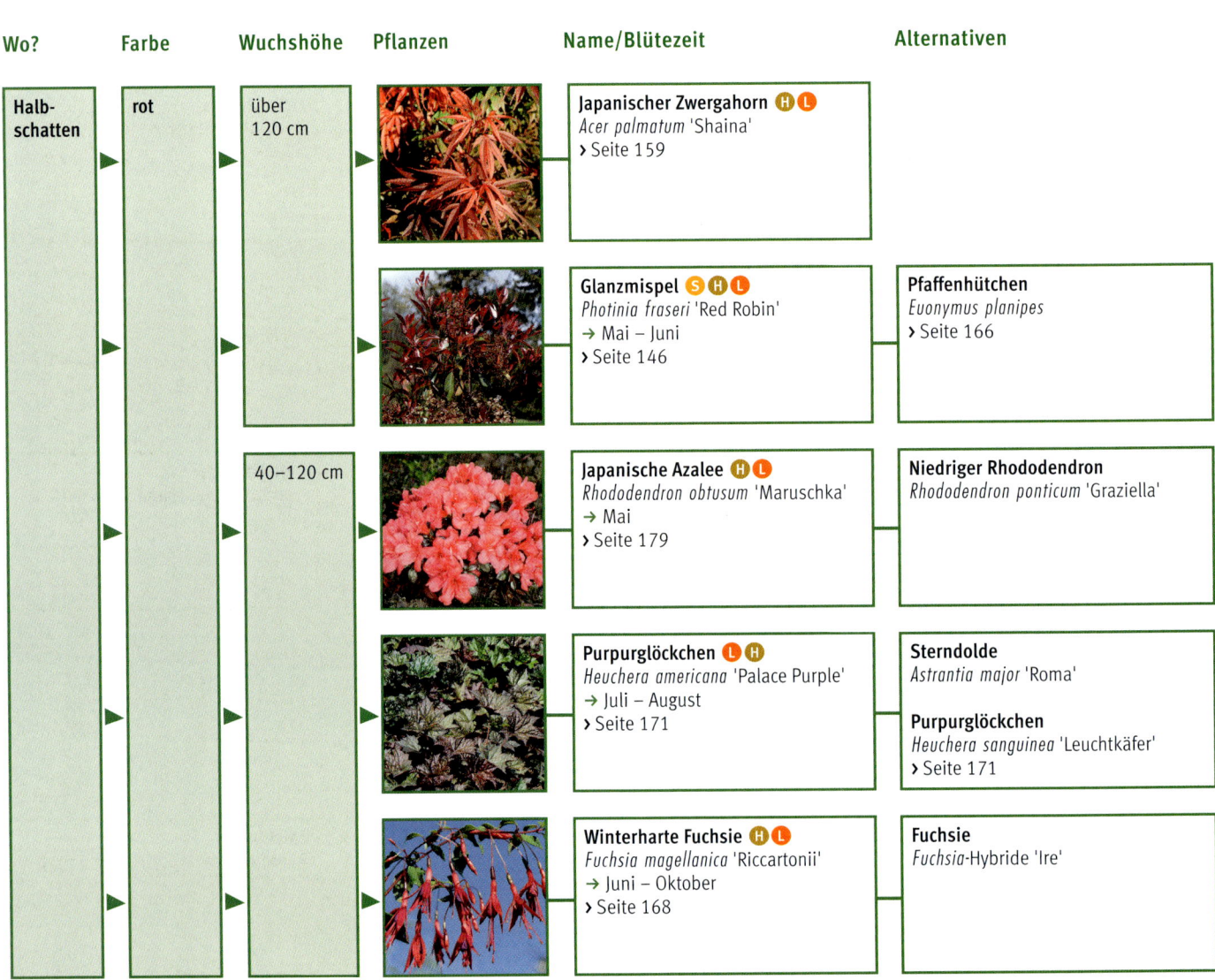	**Japanischer Zwergahorn** 🅗🅛 *Acer palmatum* 'Shaina' › Seite 159	
				Glanzmispel 🆂🅗🅛 *Photinia fraseri* 'Red Robin' → Mai – Juni › Seite 146	**Pfaffenhütchen** *Euonymus planipes* › Seite 166
		40–120 cm		**Japanische Azalee** 🅗🅛 *Rhododendron obtusum* 'Maruschka' → Mai › Seite 179	**Niedriger Rhododendron** *Rhododendron ponticum* 'Graziella'
				Purpurglöckchen 🅛🅗 *Heuchera americana* 'Palace Purple' → Juli – August › Seite 171	**Sterndolde** *Astrantia major* 'Roma' **Purpurglöckchen** *Heuchera sanguinea* 'Leuchtkäfer' › Seite 171
				Winterharte Fuchsie 🅗🅛 *Fuchsia magellanica* 'Riccartonii' → Juni – Oktober › Seite 168	**Fuchsie** *Fuchsia*-Hybride 'Ire'

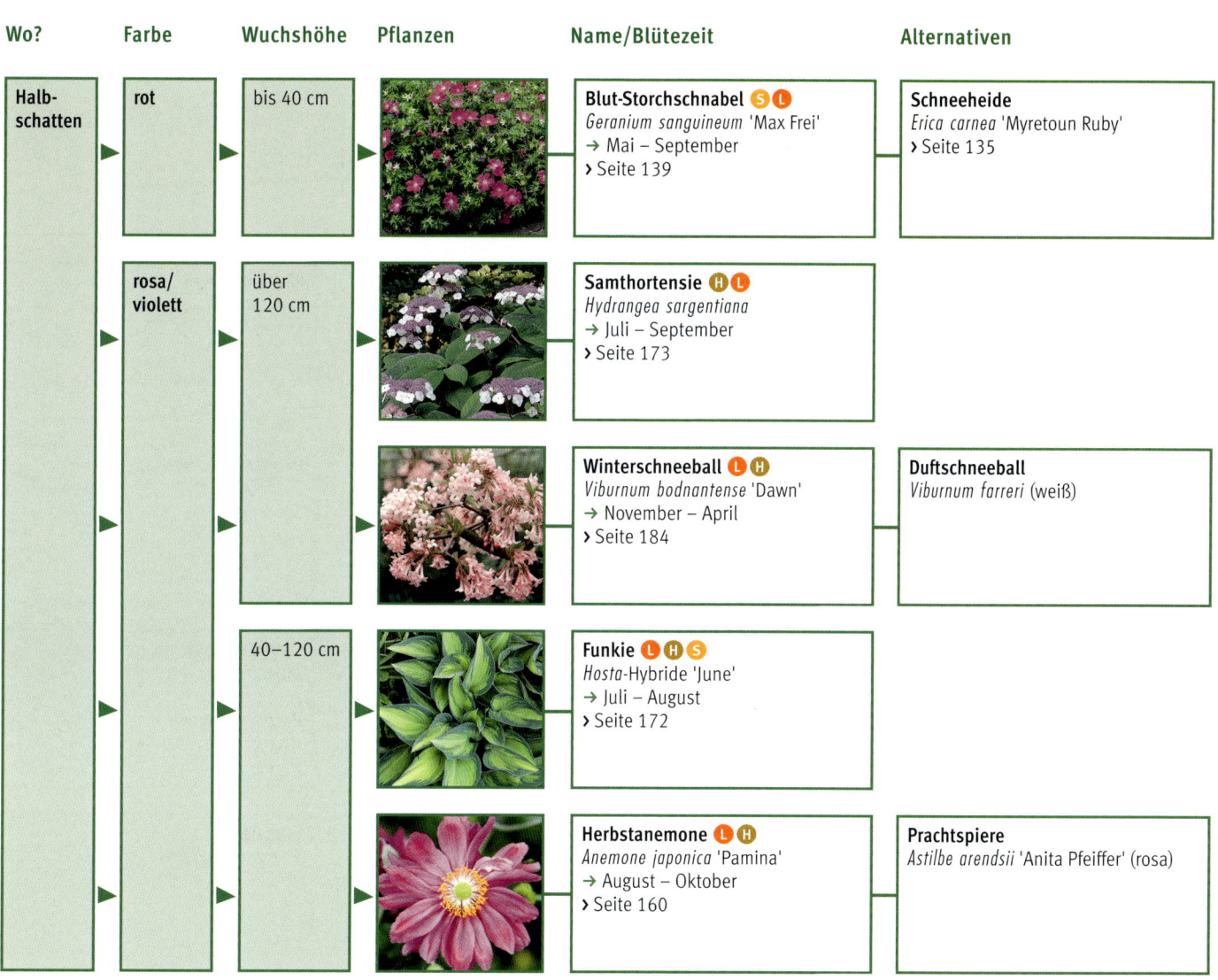

Wo?	Farbe	Wuchshöhe	Pflanzen	Name/Blütezeit	Alternativen
Halb-schatten	rot	bis 40 cm		**Blut-Storchschnabel** S L *Geranium sanguineum* 'Max Frei' → Mai – September › Seite 139	**Schneeheide** *Erica carnea* 'Myretoun Ruby' › Seite 135
	rosa/violett	über 120 cm		**Samthortensie** H L *Hydrangea sargentiana* → Juli – September › Seite 173	
				Winterschneeball L H *Viburnum bodnantense* 'Dawn' → November – April › Seite 184	**Duftschneeball** *Viburnum farreri* (weiß)
		40–120 cm		**Funkie** L H S *Hosta*-Hybride 'June' → Juli – August › Seite 172	
				Herbstanemone L H *Anemone japonica* 'Pamina' → August – Oktober › Seite 160	**Prachtspiere** *Astilbe arendsii* 'Anita Pfeiffer' (rosa)

Vorgärten

Wo?	Farbe	Wuchshöhe	Pflanzen	Name/Blütezeit	Alternativen

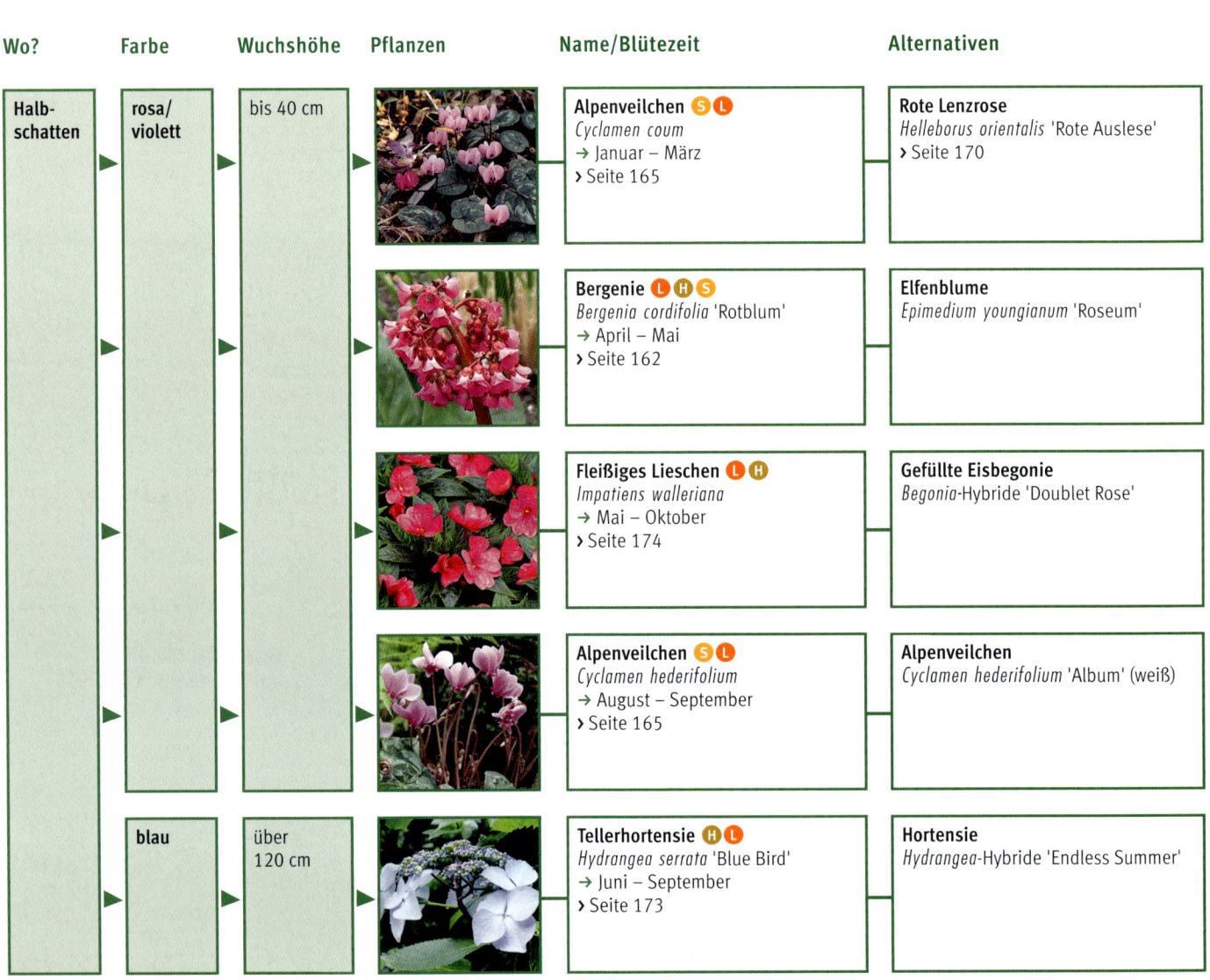

Wo?	Farbe	Wuchshöhe	Pflanzen	Name/Blütezeit	Alternativen
Halb-schatten	rosa/violett	bis 40 cm		**Alpenveilchen** S L *Cyclamen coum* → Januar – März › Seite 165	**Rote Lenzrose** *Helleborus orientalis* 'Rote Auslese' › Seite 170
				Bergenie L H S *Bergenia cordifolia* 'Rotblum' → April – Mai › Seite 162	**Elfenblume** *Epimedium youngianum* 'Roseum'
				Fleißiges Lieschen L H *Impatiens walleriana* → Mai – Oktober › Seite 174	**Gefüllte Eisbegonie** *Begonia*-Hybride 'Doublet Rose'
				Alpenveilchen S L *Cyclamen hederifolium* → August – September › Seite 165	**Alpenveilchen** *Cyclamen hederifolium* 'Album' (weiß)
	blau	über 120 cm		**Tellerhortensie** H L *Hydrangea serrata* 'Blue Bird' → Juni – September › Seite 173	**Hortensie** *Hydrangea*-Hybride 'Endless Summer'

Vorgärten

Wo?	Farbe	Wuchshöhe	Pflanzen	Name/Blütezeit	Alternativen
Halb-schatten	blau	bis 40 cm		**Leberblümchen** Ⓛ Ⓗ *Hepatica nobilis* → März – April › Seite 171	
				Gedenkemein Ⓛ Ⓗ *Omphalodes verna* → März – April › Seite 178	**Immergrün** *Vinca minor* 'Marie' › Seite 191
				Blaustern Ⓛ Ⓗ Ⓢ *Scilla siberica* → März – April › Seite 182	**Balkananemone** *Anemone blanda* 'Blue Shades' › Seite 185
				Männertreu Ⓛ Ⓗ *Lobelia erinus* → Mai – Oktober › Seite 176	**Schneeflockenblume** *Sutera diffusus* 'Snowflake' (weiß)
	grün/ braun	über 120 cm		**Japanische Zwergeibe** Ⓛ Ⓗ *Taxus cuspidata* 'Nana' › Seite 183	**Muschelzypresse** *Chamaecyparis obtusa* 'Nana Gracilis'

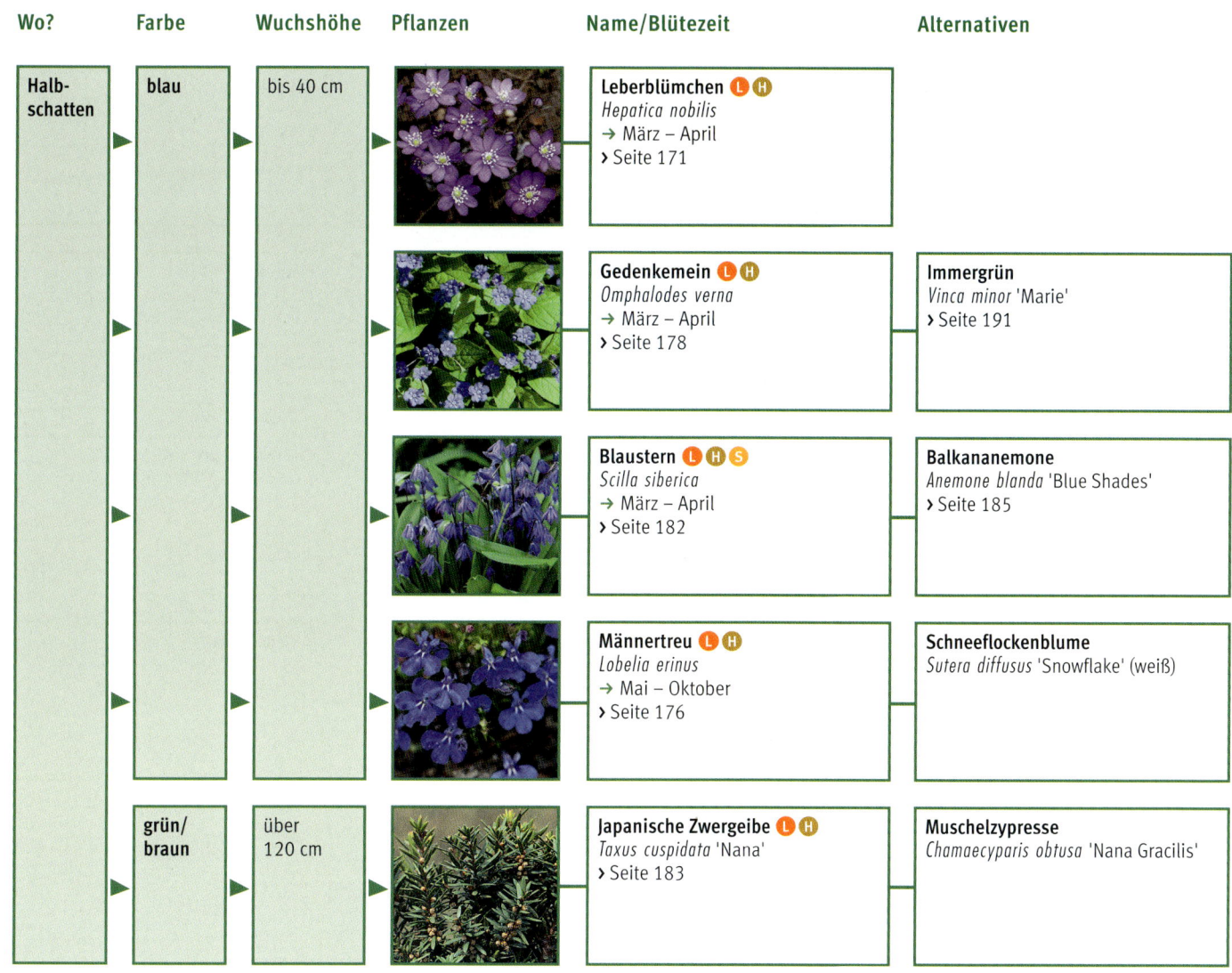

Vorgärten

Wo?	Farbe	Wuchshöhe	Pflanzen	Name/Blütezeit	Alternativen
Halb-schatten	grün/braun	40–120 cm	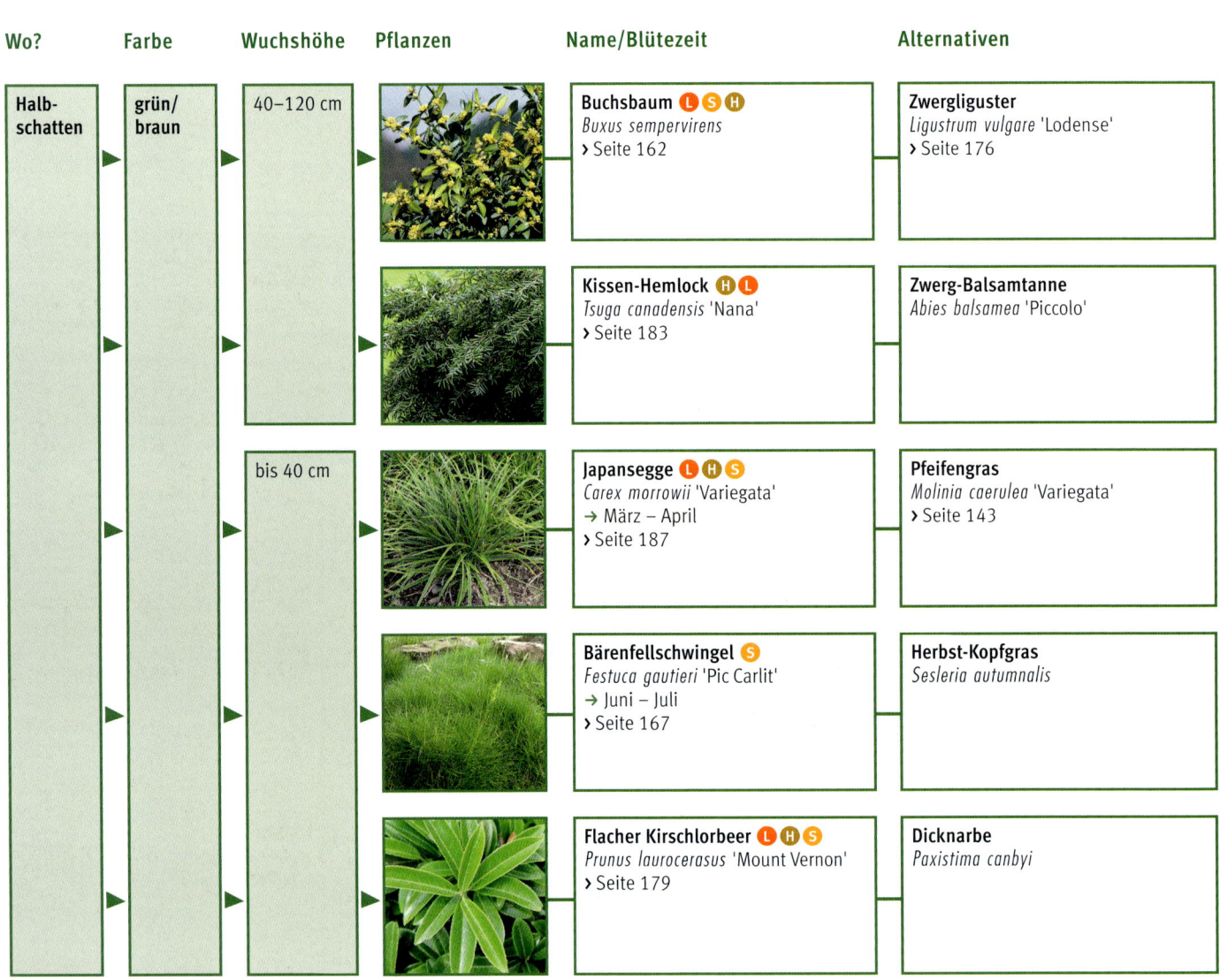	**Buchsbaum** L S H *Buxus sempervirens* › Seite 162	**Zwergliguster** *Ligustrum vulgare* 'Lodense' › Seite 176
				Kissen-Hemlock H L *Tsuga canadensis* 'Nana' › Seite 183	**Zwerg-Balsamtanne** *Abies balsamea* 'Piccolo'
		bis 40 cm		**Japansegge** L H S *Carex morrowii* 'Variegata' → März – April › Seite 187	**Pfeifengras** *Molinia caerulea* 'Variegata' › Seite 143
				Bärenfellschwingel S *Festuca gautieri* 'Pic Carlit' → Juni – Juli › Seite 167	**Herbst-Kopfgras** *Sesleria autumnalis*
				Flacher Kirschlorbeer L H S *Prunus laurocerasus* 'Mount Vernon' › Seite 179	**Dicknarbe** *Paxistima canbyi*

Wo?	Farbe	Wuchshöhe	Pflanzen	Name/Blütezeit	Alternativen
Schatten	weiß	über 120 cm		**Lavendelheide** H *Pieris japonica* 'Red Mill' → März – April › Seite 189	**Aufrechte Lavendelheide** *Pieris floribunda*
				**Kirschlorbeer** L H S *Prunus laurocerasus* 'Etna' → Mai › Seite 178	**Rhododendron** *Rhododendron*-Hybride 'Mme Carvalho'
		40–120 cm		**Lorbeerkrüglein** H *Leucothoe walteri* 'Scarletta' → Mai – Juni › Seite 175	**Kissen-Schneeball** *Viburnum davidii*
		bis 40 cm		**Märzenbecher** L H *Leucojum vernum* → März – April › Seite 189	**Hundszahn** *Erythronium revolutum* 'White Beauty'
				**Schaumblüte** H L *Tiarella cordifolia* ssp. *collina* → Mai – Juni › Seite 191	**Lungenkraut** *Pulmonaria angustifolia* 'Azurea' (blau) › Seite 179

Vorgärten

Wo?	Farbe	Wuchshöhe	Pflanzen	Name/Blütezeit	Alternativen

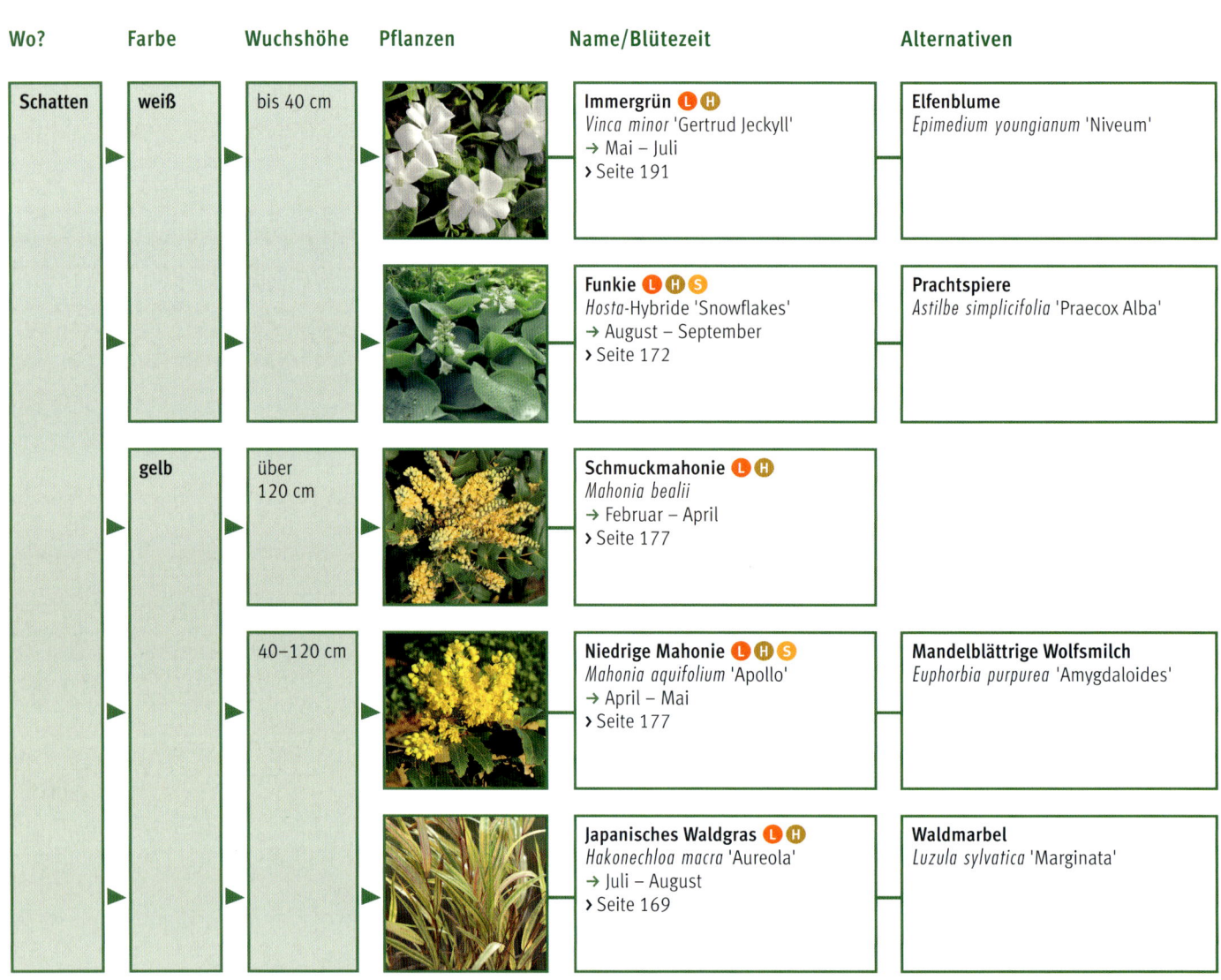

Wo?	Farbe	Wuchshöhe	Pflanzen	Name/Blütezeit	Alternativen
Schatten	weiß	bis 40 cm		**Immergrün** L H	**Elfenblume**
				Vinca minor 'Gertrud Jeckyll'	*Epimedium youngianum* 'Niveum'
				→ Mai – Juli	
				› Seite 191	
				Funkie L H S	**Prachtspiere**
				Hosta-Hybride 'Snowflakes'	*Astilbe simplicifolia* 'Praecox Alba'
				→ August – September	
				› Seite 172	
	gelb	über 120 cm		**Schmuckmahonie** L H	
				Mahonia bealii	
				→ Februar – April	
				› Seite 177	
		40–120 cm		**Niedrige Mahonie** L H S	**Mandelblättrige Wolfsmilch**
				Mahonia aquifolium 'Apollo'	*Euphorbia purpurea* 'Amygdaloides'
				→ April – Mai	
				› Seite 177	
				Japanisches Waldgras L H	**Waldmarbel**
				Hakonechloa macra 'Aureola'	*Luzula sylvatica* 'Marginata'
				→ Juli – August	
				› Seite 169	

Vorgärten

Wo?	Farbe	Wuchshöhe	Pflanzen	Name/Blütezeit	Alternativen
Schatten	gelb	40–120 cm	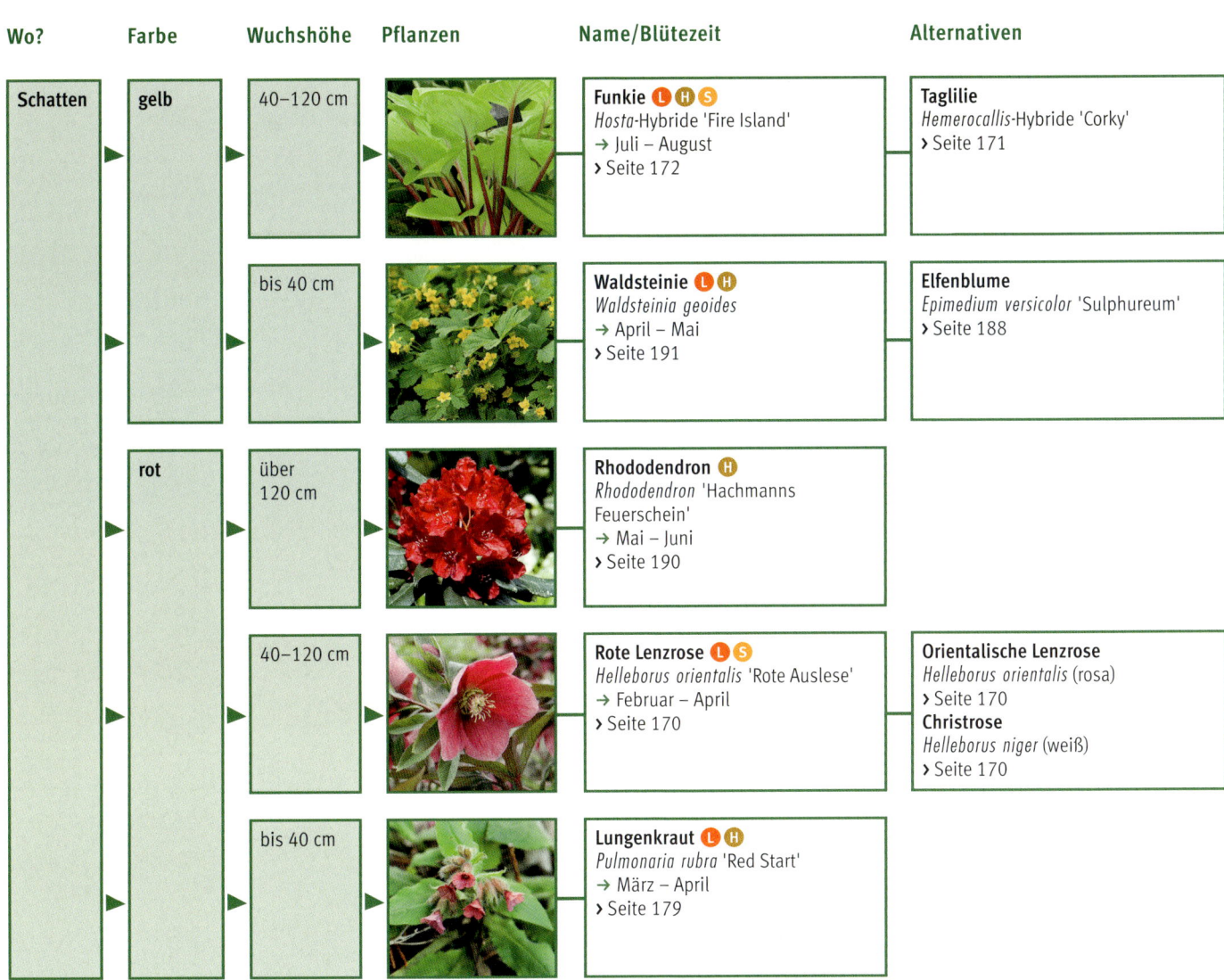	**Funkie** L H S *Hosta*-Hybride 'Fire Island' → Juli – August > Seite 172	**Taglilie** *Hemerocallis*-Hybride 'Corky' > Seite 171
		bis 40 cm		**Waldsteinie** L H *Waldsteinia geoides* → April – Mai > Seite 191	**Elfenblume** *Epimedium versicolor* 'Sulphureum' > Seite 188
	rot	über 120 cm		**Rhododendron** H *Rhododendron* 'Hachmanns Feuerschein' → Mai – Juni > Seite 190	
		40–120 cm		**Rote Lenzrose** L S *Helleborus orientalis* 'Rote Auslese' → Februar – April > Seite 170	**Orientalische Lenzrose** *Helleborus orientalis* (rosa) > Seite 170 **Christrose** *Helleborus niger* (weiß) > Seite 170
		bis 40 cm		**Lungenkraut** L H *Pulmonaria rubra* 'Red Start' → März – April > Seite 179	

Vorgärten

Wo?	Farbe	Wuchshöhe	Pflanzen	Name/Blütezeit	Alternativen

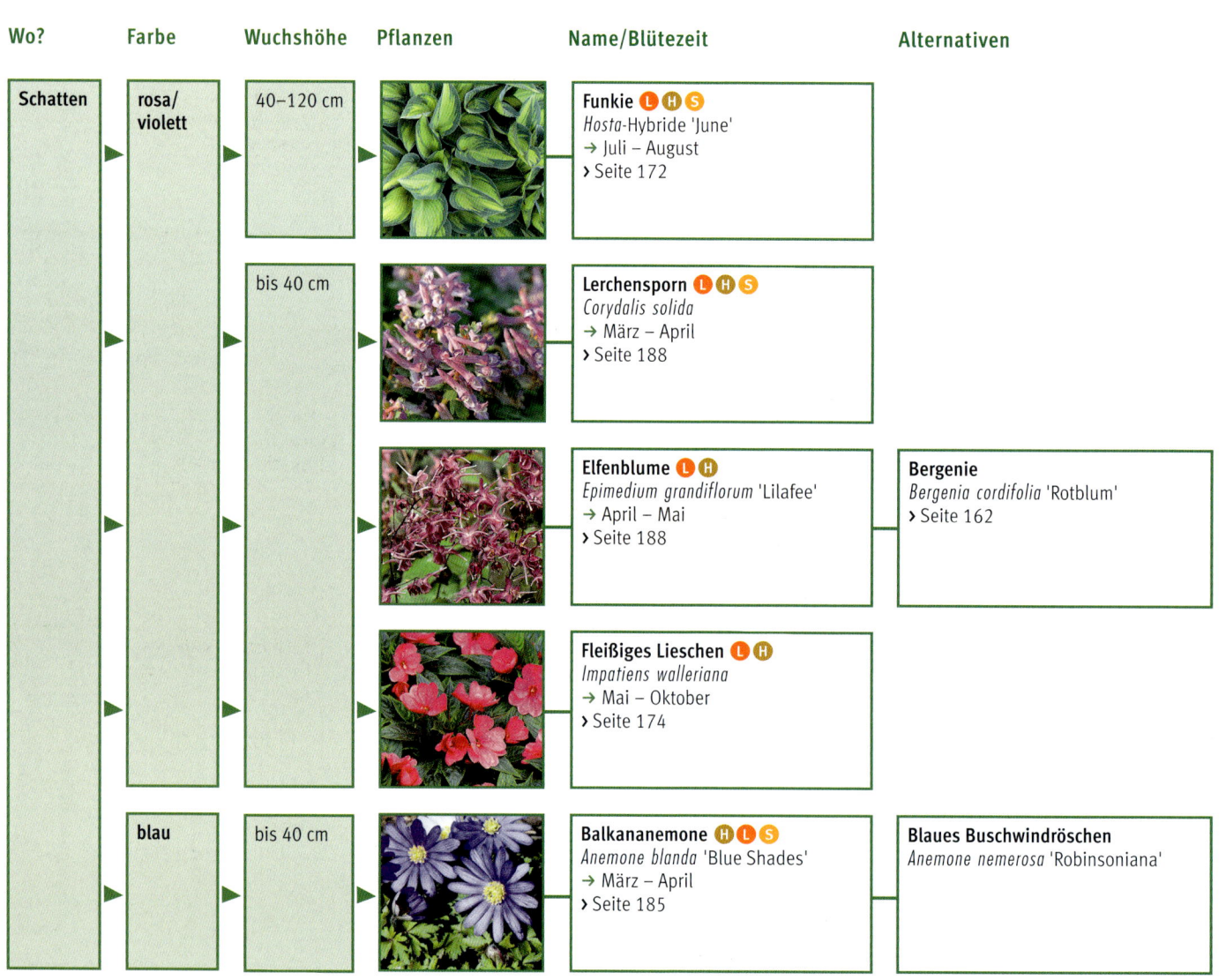

Schatten

rosa/violett

40–120 cm

Funkie L H S
Hosta-Hybride 'June'
→ Juli – August
› Seite 172

bis 40 cm

Lerchensporn L H S
Corydalis solida
→ März – April
› Seite 188

Elfenblume L H
Epimedium grandiflorum 'Lilafee'
→ April – Mai
› Seite 188

Bergenie
Bergenia cordifolia 'Rotblum'
› Seite 162

Fleißiges Lieschen L H
Impatiens walleriana
→ Mai – Oktober
› Seite 174

blau

bis 40 cm

Balkananemone H L S
Anemone blanda 'Blue Shades'
→ März – April
› Seite 185

Blaues Buschwindröschen
Anemone nemorosa 'Robinsoniana'

Wo?	Farbe	Wuchshöhe	Pflanzen	Name/Blütezeit	Alternativen
Schatten	blau	bis 40 cm	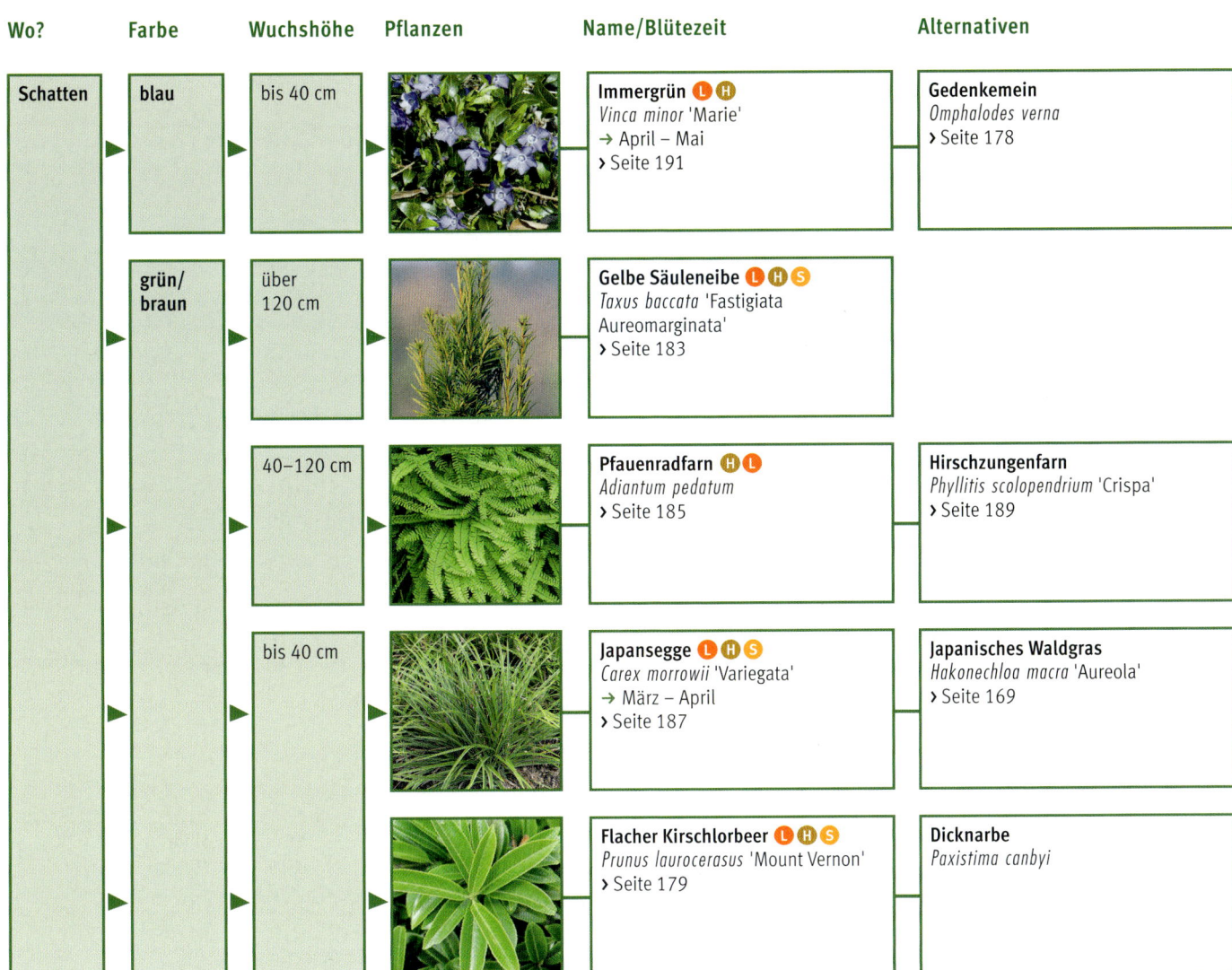	**Immergrün** Ⓛ Ⓗ *Vinca minor* 'Marie' → April – Mai › Seite 191	**Gedenkemein** *Omphalodes verna* › Seite 178
	grün/ braun	über 120 cm		**Gelbe Säuleneibe** Ⓛ Ⓗ Ⓢ *Taxus baccata* 'Fastigiata Aureomarginata' › Seite 183	
		40–120 cm		**Pfauenradfarn** Ⓗ Ⓛ *Adiantum pedatum* › Seite 185	**Hirschzungenfarn** *Phyllitis scolopendrium* 'Crispa' › Seite 189
		bis 40 cm		**Japansegge** Ⓛ Ⓗ Ⓢ *Carex morrowii* 'Variegata' → März – April › Seite 187	**Japanisches Waldgras** *Hakonechloa macra* 'Aureola' › Seite 169
				Flacher Kirschlorbeer Ⓛ Ⓗ Ⓢ *Prunus laurocerasus* 'Mount Vernon' › Seite 179	**Dicknarbe** *Paxistima canbyi*

Vorgärten

59

Vorgärten

Attraktive Vorgärten

Je nach Licht- und Bodenverhältnissen sind auf diesen Seiten verschiedene Kombinationen für den Vorgarten zusammengestellt. Im Mittelpunkt steht jeweils ein kleineres Solitärgehölz (farbig unterlegt), das mit der angegebenen Anzahl von Begleitern wirkungsvoll umpflanzt wird. Wie auf einer Einkaufsliste sind für verschieden große Flächen die Stückzahlen der Begleiter angegeben. Zusätzlich finden Sie in Klammern noch einen Hinweis, wie Sie die Pflanzen gruppenweise optisch ansprechend im Beet verteilen (z. B. 3 x 10).

Sonnig L Fläche ca. 10 m²

Anzahl	Name	Blütezeit	Blütenfarbe	Porträt
30	Wildkrokus (3 x 10)	Feb. – März	●	› S. 133
20	Zwergnarzisse (4 x 5)	April	●	› S. 144
9	Bergenie (3 x 3)	April – Mai	●	› S. 162
	Zierapfel 'Tina'	April – Mai	●	› S. 143
5	Präriekerze	Mai	●	› S. 130
6	Steppensalbei (2 x 3)	Mai – Okt.	●	› S. 152
3	Rose 'Heidefeuer'	Juni – Okt.	●	› S. 150
1	Lampenputzergras	Aug. – Sept.	●	› S. 145
6	Kissenaster (2 x 3)	Sept. – Okt.	●	› S. 128

Sonnig S Fläche ca. 12 m²

Anzahl	Name	Blütezeit	Blütenfarbe	Porträt
30	Wildkrokus 'Cream Beauty' (10 x 3)	Feb. – März	●	› S. 133
3	Schneeheide	Feb. – April	●	› S. 135
1	Frühlingsspiere	April – Mai	●	› S. 154
9	Goldwolfsmilch (3 x 3)	Mai – Juni	●	› S. 136
6	Steinpilz-Thymian (2 x 3)	Juni – Juli	●	› S. 156
3	Lavendel	Juli – Aug.	●	› S. 141
2	Silberährengras	Juli – Sept.	●	› S. 155
	Sommerflieder	Juli – Okt.	●	› S. 129
1	Prachtkerze	Juli – Okt.	●	› S. 138

Sonnig H Fläche ca. 15 m²

Anzahl	Name	Blütezeit	Blütenfarbe	Porträt
6	Schneeheide (2 x 3)	Feb. – April	●	› S. 135
6	Bergenie (2 x 3)	April – Mai	●	› S. 162
	Elfenbeinginster	April – Mai	●	› S. 134
6	Rosa Zwergspiere	Juni – Juli	●	› S. 154
9	Scheinbeere (3 x 3)	Juli – Aug.	●	› S. 138
3	Pfeifengras	Aug. – Sept.	●	› S. 143
9	Heidekraut (3 x 3)	Sept. – Nov.	●	› S. 130
2	Kissenkiefer			› S. 147

Halbschattig L Fläche ca. 10 m²

Anzahl	Name	Blütezeit	Blütenfarbe	Porträt
30	Schneeglöckchen (10 x 3)	Jan. – März	●	› S. 168
3	Rote Lenzrose	Feb. – April	●	› S. 170
1	Japansegge	März – April	●	› S. 187
3	Fleißiges Lieschen (Gefäß)	Mai – Okt.	●	› S. 174
3	Funkie 'June'	Juli – Aug.	●	› S. 172
6	Purpurglöckchen (3 x 2)	Juli – Aug.	●	› S. 171
3	Herbstanemone	Aug. – Okt.	●	› S. 160
	Winterschneeball	Nov. – April	●	› S. 184
2	Flacher Kirschlorbeer			› S. 179

Halbschattig H Fläche ca. 10 m²

Anzahl	Name	Blütezeit	Blütenfarbe	Porträt
6	Gedenkemein (2 x 3)	März – April	🔵	› S. 178
30	Blaustern (6 x 5)	März – April	🔵	› S. 182
	Hohe Scheinhasel	April – Mai	🟡	› S. 164
1	Japanische Azalee	Mai	🔴	› S. 179
3	Japanisches Waldgras	Juli – Aug.	🟤	› S. 169
6	Scheinbeere (2 x 3)	Juli – Aug.	⚪	› S. 138
3	Funkie 'Snowflakes'	Aug. – Sept.	⚪	› S. 172
3	Herbststeinbrech	Sept. – Okt.	⚪	› S. 182
1	Eibe			› S. 183

Halbschattig S Fläche ca. 12 m²

Anzahl	Name	Blütezeit	Blütenfarbe	Porträt
3	Schneeheide (1 x 3)	Feb. – April	🔴	› S. 135
1	Frühlingsspiere	April – Mai	⚪	› S. 154
6	Goldwolfsmilch (2 x 3)	Mai – Juni	🟡	› S. 136
	Glanzmispel 'Red Robin'	Mai – Juni	⚪	› S. 146
6	Storchschnabel 'Max Frei' (2 x 3)	Mai – Sept.	🔴	› S. 139
3	Storchschnabel 'Biokovo' (1 x 3)	Juni – Juli	⚪	› S. 139
6	Bärenfellschwingel (2 x 3)	Juni – Juli	🟤	› S. 167
2	Mannsblut	Juni – Sept.	🟡	› S. 173
3	Buchsbaum (Kugel)			› S. 162

Schattig L Fläche ca. 5 m²

Anzahl	Name	Blütezeit	Blütenfarbe	Porträt
	Schmuckmahonie	Feb. – April	🟡	› S. 177
6	Lungenkraut (2 x 3)	März – April	🔵	› S. 179
3	Bergenie	April – Mai	🌸	› S. 162
2	Elfenblume	April – Mai	🌸	› S. 188
2	Japanisches Waldgras	Juli – Aug.	🟤	› S. 169
1	Flacher Kirschlorbeer			› S. 179

Schattig H Fläche ca. 10 m²

Anzahl	Name	Blütezeit	Blütenfarbe	Porträt
30	Balkananemone (3 x 10)	März – April	🔵	› S. 185
	Lavendelheide 'Red Mill'	März – April	⚪	› S. 189
9	Schaumblüte (3 x 3)	Mai – Juni	⚪	› S. 191
3	Winterharte Fuchsie	Juni – Okt.	🔴	› S. 168
5	Funkie 'Fire Island'			› S. 172
3	Flacher Kirschlorbeer			› S. 179

Schattig L S Fläche ca. 6 m²

Anzahl	Name	Blütezeit	Blütenfarbe	Porträt
3	Orientalische Lenzrose	Feb. – April	🌸	› S. 170
	Kirschlorbeer	Mai	⚪	› S. 178
5	Gelber Lerchensporn	Mai – Sept.	🟡	› S. 187
5	Fleißiges Lieschen (Gefäß)	Mai – Okt.	⚪	› S. 174
1	Buchsbaum (Stämmchen)			› S. 162
3	Japansegge	März – April	🟤	› S. 187

Sitzplätze

Ein schöner Sitzplatz am Haus oder im Garten ist der Traum aller Gartenbesitzer, die sich auch gerne einmal zurücklehnen und die Hände im Schoß ruhen lassen. Auf der Sonnenterrasse zwischen blühenden und duftenden Pflanzen genießt man die ersten und letzten Sonnenstrahlen an warmen Sommertagen. Ein schattenspendender Baum an einer Bank genügt schon – fertig ist ein kühler Platz für Schattenliebhaber.

Der Sitzplatz – für uns heute selbstverständlich – ist eine Erfindung neuerer Zeit. Während die Gärten früher dem Anbau von Obst und Gemüse, dem Wandeln zwischen großen Baum- und Strauchgruppen vorbehalten waren, ist heute ein Garten ohne einen gemütlichen Sitzplatz gar nicht mehr denkbar.

→ In der Regel gibt es einen **Hauptsitzplatz** auf der dem Wohnhaus angegliederten Terrasse – meist nach Süden ausgerichtet. Hier können im Frühjahr die ersten warmen Sonnenstrahlen, im Hochsommer laue Sommerabende genossen werden. In der Mittagshitze ist es hier aber meist selbst unter Sonnenschirm und Markise zu warm.

→ Sehen Sie sich darum nach einem »**Zweitsitzplatz**« im Halbschatten oder Schatten um, der auch an heißen Sommertagen angenehm kühl ist. Auch im kleinsten Garten findet sich ein schattiges Eckchen, gut beschirmt vom Blätterdach eines Baumes oder Strauches. Ein Quellstein oder ein Wasserspiel sorgen für Erfrischung. Da der Zweitsitzplatz vornehmlich im Sommer genutzt wird, sollten Sie hier neben Blattschmuckpflanzen wie Farnen und Funkien Blumen und Gehölze pflanzen, die im Juni, Juli und August blühen wie Hortensien, Prachtspieren und Taglilien. Über Monate blühen Fuchsien und Fleißige Lieschen, die so man-

che Blühpause überbrücken und Farbe in die schattige Oase bringen. Besonders schön sind Fuchsien-Hochstämmchen, unterpflanzt mit Männertreu und den neuen gefüllten oder miniaturblütigen Sorten der Fleißigen Lieschen. Die Fuchsie können Sie im Schuppen oder der Garage überwintern. Richtig kombiniert, hält sich auch der Pflegeaufwand in Grenzen (› Pflanzideen für Sitzplätze, Seite 78/79).

Der sonnige Sitzplatz

Zurück zum sonnigen Sitzplatz. An den ersten warmen Frühlingstagen werden Sie hier die Sonne vielleicht bei einer Tasse Tee oder Kaffee im Freien genießen und Wärme tanken. Je nach Standort blühen nun schon Narzissen, Zierlauch, Prärierkerze, Katzenminze oder auch Rhododendron und Azaleen. Danach übernehmen die zahlreichen Sommerblüher das Regiment. Sonnige Sitzplätze können bis weit in den Herbst hinein genutzt werden. Ja, selbst im November gibt es noch milde Tage, die ins Freie locken. Wogende Gräser, überreich blühende Astern und buntes Herbstlaub versüßen den Abschied vom Sommer.

Welche Pflanzen eignen sich am besten für einen Sitzplatz? Worauf sollten Sie achten? Gibt es Regeln, an die Sie sich halten können? Abgesehen von den Standortansprüchen für die einzelnen Pflanzen sollten Sie speziell am Sitzplatz auf Blütezeit und Dauer der Blüte achten. Wenn Sie z. B. regelmäßig im Juli mehrere Wochen in Urlaub fahren, sollten Sie nicht gerade Phlox verwenden, der in dieser Zeit seine Hauptblüte hat.

➜ **Dauerblüher** sind am Sitzplatz wichtig. Hierzu gehören Hortensien, Rosen, Säckelblume und Steppensalbei, vor allem aber Sommerblumen und Knollenpflanzen wie Inka- und Schmucklilie. Abgeblühte Stauden und Gehölze sind ein unbefriedigender Anblick, den Sie sich möglichst ersparen sollten. Schließlich wollen Sie sich ja am Sitzplatz entspannen! Eine Blütezeit von zwei bis drei Wochen ist nur dann zu vertreten, wenn

die Pflanzen vor bzw. nach der Blüte auch ansehnlich sind. Das trifft z. B. auf Astern, Federbuschstrauch, Gräser, Rhododendren und Schaumblüte zu.

➜ Die Blüte, das Laub, der Wuchs. All das erfreut unser Auge. Die Pflanzen am Sitzplatz sollten aber auch andere Sinne ansprechen. Zuallererst ist da der Geruchssinn zu nennen. **Blütenduft** können wir am Sitzplatz am besten genießen, weil wir hier zur Ruhe kommen und Zeit haben. Der Duftende Schneeball sei hier besonders empfohlen. Aber auch Lilien, Rosen, Duftsteinrich, Orangenblume, Rispenhortensie und – viel zu wenig verwendet – Waldphlox! Für laue Sommerabende empfehle ich Ihnen »Abendduter« wie Taglilien oder Vanilleblume (*Heliotropium arborescens*).

➜ Auch den **Gaumen** sollten Sie zwischendurch verwöhnen. Pflanzen Sie ein paar Erdbeeren, eine Tomate, Heidelbeeren oder Weintrauben an den Sitzplatz. Und genießen Sie es, zwischendurch einmal aufzustehen und ein paar Früchte zu naschen.

➜ Und vergessen Sie nicht den **Ohrenschmaus**. Hängende Silberbirne, Katzenminze, Steinquendel, aber auch Fuchsien und die Rispenhortensie sind Insektenmagneten. Lauschen Sie einmal dem eifrigen Brummen und Summen von Bienen und Hummeln. Es wirkt ungemein beruhigend – manchmal kann man darüber sogar einnicken.

➜ Oft wird in Zusammenhang mit Sitzplätzen das Wort »**romantisch**« gebraucht: geschwungene Formen, Skulpturen, ein Wasserspiel, dazu üppiges Laub. Der Wechsel von Licht und Schatten lässt eine romantische Stimmung aufkommen. Dazu passen natürlich Rosen in sämtlichen Wuchsformen, aber auch Clematis, Hortensien und Farne.

Gut abgeschirmt

Oft sitzt man auf der Terrasse wie auf dem »Präsentierteller«. Gerade in den Mußestunden will man aber nicht das Gefühl haben, beobachtet zu werden. Hier bieten sich leichte Spaliere an, die mit Kletterrosen oder Clematis berankt sind. Dieser »lebende« Sichtschutz ist nicht zu dicht, hält jedoch allzu neugierige Blicke fern und sorgt zudem für weitere Farbenpracht und Blütenduft.

Tiefer gelegt

Wie wäre es mit einem abgesenkten Sitzplatz? Auf einer Fläche ca. 30 cm unter Niveau, umgeben von einer Trockenmauer, werden Sie sich sicher und geborgen fühlen. Ein paar niedrige Sträucher wie Eibisch, Herbstflieder und Tellerhortensie reichen für den nötigen Sichtschutz völlig aus. Die niedrige Trockenmauer (➤ Gartengrenzen, Seite 116–123) bietet Pflanzplätze für üppige Polsterstauden und Zwerggehölze wie Sonnenröschen und Rosmarin-Seidelbast.

Sitzplätze

Wo?	Farbe	Wuchshöhe	Pflanzen	Name/Blütezeit	Alternativen
Sonne	weiß	über 120 cm	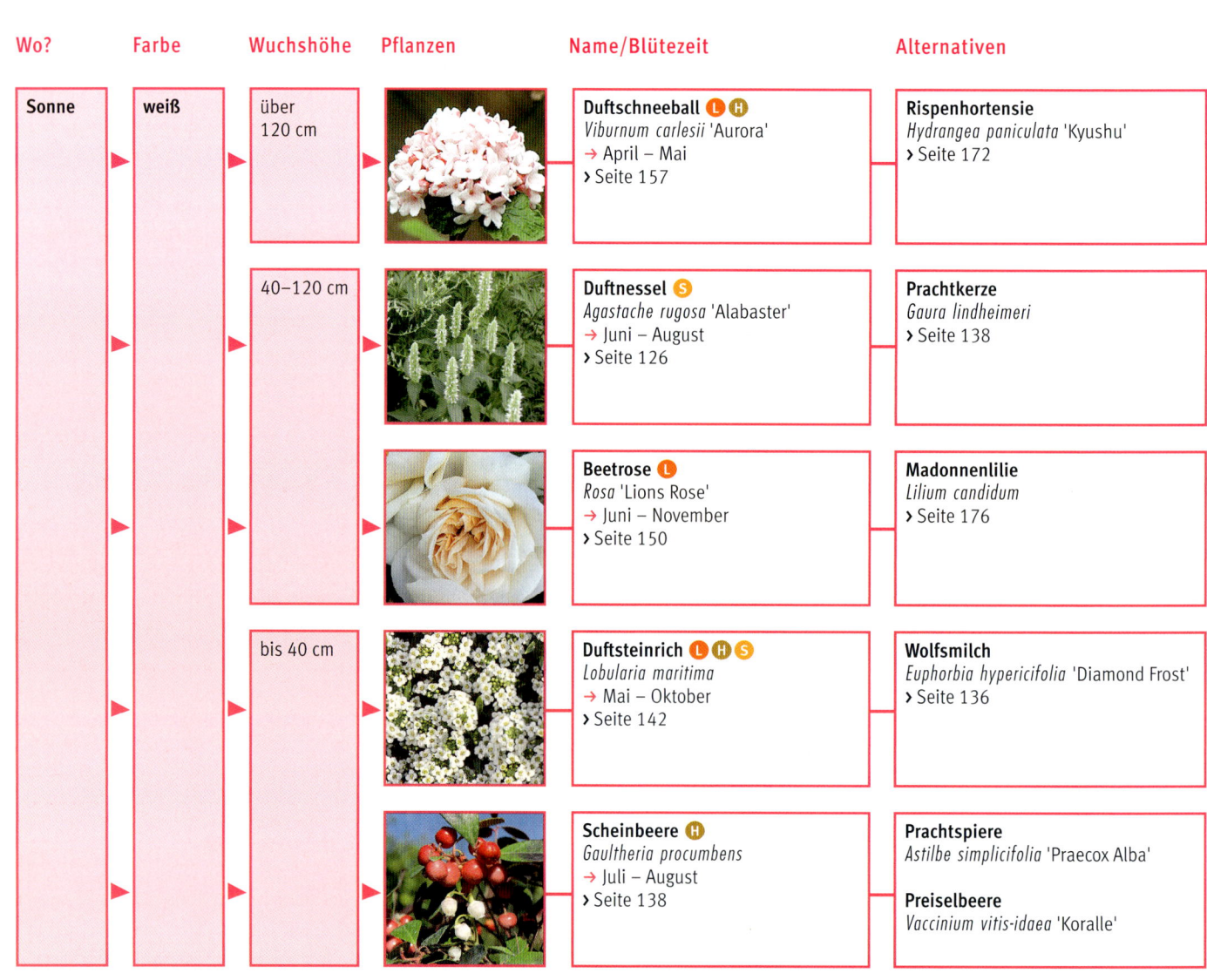	**Duftschneeball** 🅛 🅗 *Viburnum carlesii* 'Aurora' → April – Mai › Seite 157	**Rispenhortensie** *Hydrangea paniculata* 'Kyushu' › Seite 172
		40–120 cm		**Duftnessel** 🅢 *Agastache rugosa* 'Alabaster' → Juni – August › Seite 126	**Prachtkerze** *Gaura lindheimeri* › Seite 138
				Beetrose 🅛 *Rosa* 'Lions Rose' → Juni – November › Seite 150	**Madonnenlilie** *Lilium candidum* › Seite 176
		bis 40 cm		**Duftsteinrich** 🅛 🅗 🅢 *Lobularia maritima* → Mai – Oktober › Seite 142	**Wolfsmilch** *Euphorbia hypericifolia* 'Diamond Frost' › Seite 136
				Scheinbeere 🅗 *Gaultheria procumbens* → Juli – August › Seite 138	**Prachtspiere** *Astilbe simplicifolia* 'Praecox Alba' **Preiselbeere** *Vaccinium vitis-idaea* 'Koralle'

Sitzplätze

Wo?	Farbe	Wuchshöhe	Pflanzen	Name/Blütezeit	Alternativen
Sonne	weiß	bis 40 cm	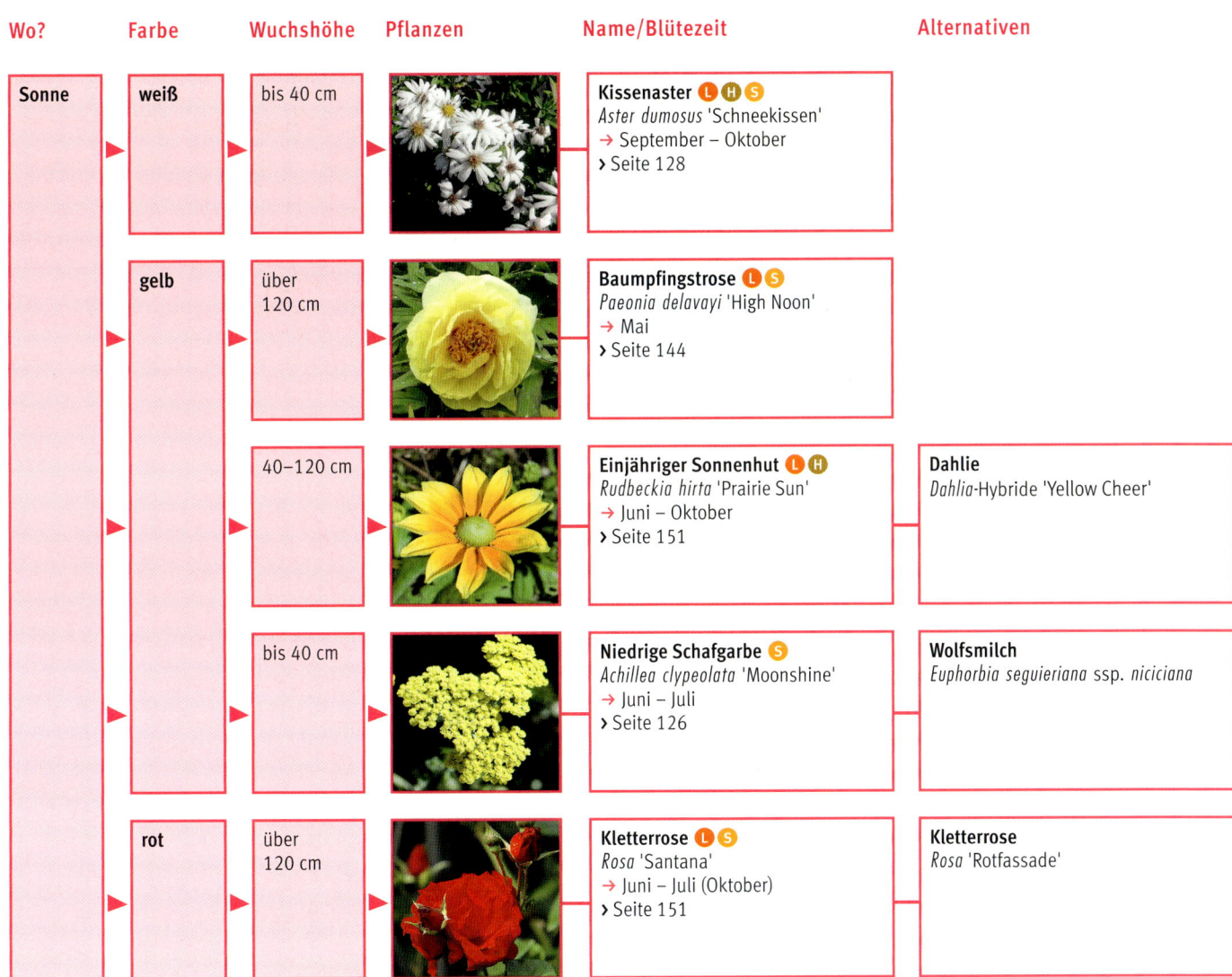	**Kissenaster** L H S *Aster dumosus* 'Schneekissen' → September – Oktober › Seite 128	
	gelb	über 120 cm		**Baumpfingstrose** L S *Paeonia delavayi* 'High Noon' → Mai › Seite 144	
		40–120 cm		**Einjähriger Sonnenhut** L H *Rudbeckia hirta* 'Prairie Sun' → Juni – Oktober › Seite 151	**Dahlie** *Dahlia*-Hybride 'Yellow Cheer'
		bis 40 cm		**Niedrige Schafgarbe** S *Achillea clypeolata* 'Moonshine' → Juni – Juli › Seite 126	**Wolfsmilch** *Euphorbia seguieriana* ssp. *niciciana*
	rot	über 120 cm		**Kletterrose** L S *Rosa* 'Santana' → Juni – Juli (Oktober) › Seite 151	**Kletterrose** *Rosa* 'Rotfassade'

Sitzplätze

Wo?	Farbe	Wuchshöhe	Pflanzen	Name/Blütezeit	Alternativen
Sonne	rot	40–120 cm		**Beetrose** L *Rosa* 'Red Leonardo da Vinci' → Juni – Oktober › Seite 150	**Beetrose** *Rosa* 'Gebrüder Grimm' (orange)
				**Tomate** L H *Solanum lycopersicum* 'Philovita' → August – September › Seite 153	**Mangold** *Beta vulgaris* 'Rhubarb Chard'
		bis 40 cm		**Zwergtulpe** S L *Tulipa praestans* 'Fusilier' → März – April › Seite 157	
	rosa/ violett	über 120 cm		**Herbstflieder** L S *Syringa microphylla* 'Superba' → Mai, September – Oktober › Seite 156	
				**Eibisch** L S *Hibiscus syriacus* 'Hamabo' → Juli – September › Seite 140	**Buschmalve** *Lavatera olbia* 'Barnsley' › Seite 142

Wo?	Farbe	Wuchshöhe	Pflanzen	Name/Blütezeit	Alternativen

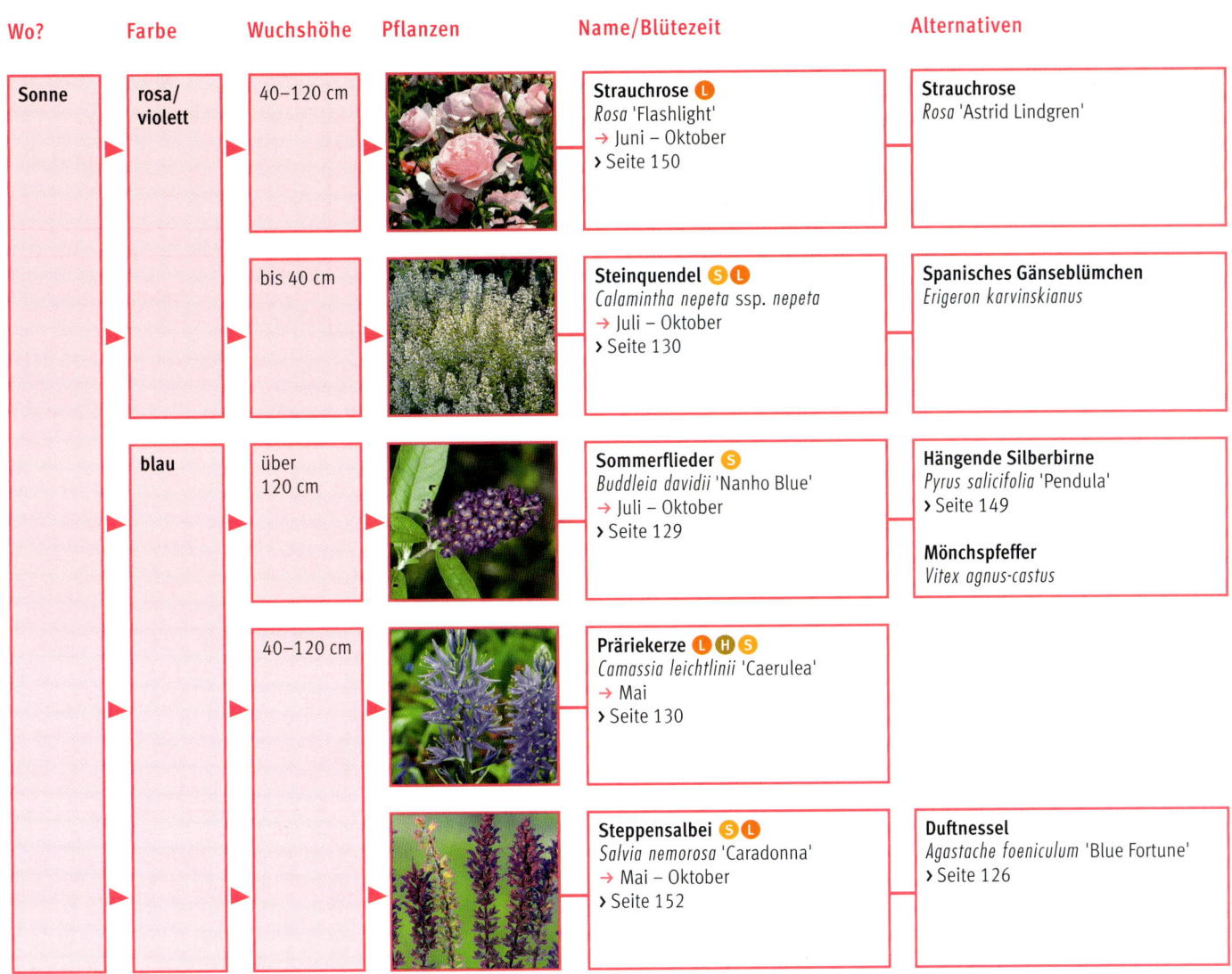

Sonne

rosa/ violett

40–120 cm

Strauchrose 🇱
Rosa 'Flashlight'
→ Juni – Oktober
› Seite 150

Strauchrose
Rosa 'Astrid Lindgren'

bis 40 cm

Steinquendel 🇸🇱
Calamintha nepeta ssp. *nepeta*
→ Juli – Oktober
› Seite 130

Spanisches Gänseblümchen
Erigeron karvinskianus

blau

über 120 cm

Sommerflieder 🇸
Buddleia davidii 'Nanho Blue'
→ Juli – Oktober
› Seite 129

Hängende Silberbirne
Pyrus salicifolia 'Pendula'
› Seite 149

Mönchspfeffer
Vitex agnus-castus

40–120 cm

Präriekerze 🇱🇭🇸
Camassia leichtlinii 'Caerulea'
→ Mai
› Seite 130

Steppensalbei 🇸🇱
Salvia nemorosa 'Caradonna'
→ Mai – Oktober
› Seite 152

Duftnessel
Agastache foeniculum 'Blue Fortune'
› Seite 126

Sitzplätze

67

Sitzplätze

Wo?	Farbe	Wuchshöhe	Pflanzen	Name/Blütezeit	Alternativen
Sonne	blau	40–120 cm		**Säckelblume** Ⓢ *Ceanothus*-Hybride 'Gloire de Versailles' → Juli – Oktober › Seite 132	**Blauraute** *Perovskia abratonoides* **Bartblume** *Caryopteris clandonensis* 'Heavenly Blue'
		bis 40 cm		**Katzenminze** Ⓢ *Nepeta × faassenii* → Mai – September › Seite 144	**Lavendel** *Lavandula angustifolia* 'Hidcote Blue' › Seite 141
	grün/ braun	über 120 cm		**Chinaschilf** Ⓛ Ⓗ *Miscanthus sinensis* 'Kleine Fontäne' → Juli – Oktober › Seite 143	**Gartensandrohr** *Calamagrostis acutiflora* 'Karl Förster'
		40–120 cm		**Blaue Kriechkiefer** Ⓢ Ⓛ *Pinus pumila* 'Glauca' › Seite 147	**Zwerg-Libanonzeder** *Cedrus libani* 'Nana' **Kissenkiefer** *Pinus mugo* 'Mops' › Seite 147
				**Silberährengras** Ⓢ Ⓛ *Stipa calamagrostis* 'Lemperg' → Juli – September › Seite 155	**Federgras** *Nassella tenuifolia* 'Pony Tails'

Wo?	Farbe	Wuchshöhe	Pflanzen	Name/Blütezeit	Alternativen
Halb-schatten	weiß	über 120 cm		**Federbuschstrauch** ⓗⓛ *Fothergilla major* → Mai › Seite 167	**Rispenhortensie** *Hydrangea paniculata* 'Kyushu' › Seite 172
				**Eichenblättrige Hortensie** ⓛⓢ *Hydrangea quercifolia* → Juli – August › Seite 173	**Orangenblume** *Choysia ternata* › Seite 187
		40–120 cm		**Tulpe** ⓢⓛ *Tulipa viridiflora* 'Spring Green' → April – Mai › Seite 157	**Narzisse** *Narcissus*-Hybride 'Golden Harvest' (gelb)
		bis 40 cm		**Schaumblüte** ⓗⓛ *Tiarella cordifolia* ssp. *collina* → Mai – Juni › Seite 191	**Teppichhartriegel** *Cornus canadensis* › Seite 164 **Polsterprimel** *Primula juliae* 'Schneewittchen'
				**Wolfsmilch** ⓛⓗⓢ *Euphorbia hypericifolia* 'Diamond Frost' → Mai – Oktober › Seite 136	**Inkalilie** *Alstroemeria*-Hybride 'Princess Lilies'

69

Sitzplätze

Wo?	Farbe	Wuchshöhe	Pflanzen	Name/Blütezeit	Alternativen
Halb-schatten	gelb	über 120 cm		**Hohe Azalee** 🇭 🇱 *Rhododendron*-Genter-Hybride 'Daviesii' → Mai › Seite 180	**Hohe Azalee** *Rhododendron*-Genter-Hybride 'Goldtopaz'
				**Lilie** 🇱 🇸 *Lilium regale* 'Royal Gold' → Juli – August › Seite 176	
		40–120 cm		**Taglilie** 🇱 🇭 *Hemerocallis citrina* → Juni – Juli › Seite 171	**Taglilie** *Hemerocallis*-Hybride 'Corky' › Seite 171
				**Mannsblut** 🇱 🇸 *Hypericum androsaemum* 'Autumn Blaze' → Juni – September › Seite 173	**Johanniskraut** *Hypericum*-Hybride 'Hidcote' › Seite 173
	rot	40–120 cm		**Pfingstrose** 🇱 🇸 *Paeonia lactiflora* 'Red Charm' → Mai – Juni › Seite 145	

Wo?	Farbe	Wuchshöhe	Pflanzen	Name/Blütezeit	Alternativen
Halb-schatten	rot	40–120 cm		**Tellerhortensie** H L *Hydrangea serrata* 'Preziosa' → Juni – September › Seite 173	**Tellerhortensie** *Hydrangea serrata* 'Blue Bird' (blau) › Seite 173
		bis 40 cm		**Erdbeere** L H *Fragaria vesca* var. *semperflorens* 'Alexandria' → Mai – Oktober › Seite 167	
		40–120 cm		**Fuchsie** H *Fuchsia*-Hybride 'Eden Rock' → Mai – Oktober › Seite 168	**Begonie** *Begonia*-Hybride 'Dragon Wings'
	rosa/ violett	über 120 cm		**Kletterrose** L *Rosa* 'New Dawn' → Juni – Juli/Sept. – Nov. › Seite 151	**Kletterrose** *Rosa* 'Fassadenzauber'
		40–120 cm		**Phlox** L H *Phlox paniculata* 'Bright Eyes' → Juni – Juli › Seite 146	**Prachtspiere** *Astilbe arendsii* 'Fanal' (rot) › Seite 162 **Breitblatt-Phlox** *Phlox amplifolia* 'David' (weiß)

Sitzplätze

71

Sitzplätze

Wo?	Farbe	Wuchshöhe	Pflanzen	Name/Blütezeit	Alternativen
Halb-schatten	rosa/violett	40–120 cm		**Kleinstrauchrose** Ⓛ Ⓢ *Rosa* 'The Fairy' → Juli – November › Seite 150	
		bis 40 cm		**Storchschnabel** Ⓢ Ⓛ *Geranium × cantabrigiense* 'Berggarten' → Juni – Juli › Seite 139	**Blut-Storchschnabel** *Geranium sanguineum* 'Max Frei' (rot) › Seite 139
	blau	über 120 cm		**Clematis** Ⓛ Ⓢ *Clematis*-Hybride 'Etoile Violet' → Juni – Juli (Oktober) › Seite 163	**Clematis** *Clematis viticella* 'Polish Spirit'
		40–120 cm		**Schmucklilie** Ⓛ Ⓗ *Agapanthus campanulatus* → Juni – September › Seite 159	
				**Storchschnabel** Ⓛ Ⓗ *Geranium*-Hybride 'Rozanne' → Juni – Oktober › Seite 169	**Storchschnabel** *Geranium magnificum* 'Rosemoor'

Wo?	Farbe	Wuchshöhe	Pflanzen	Name/Blütezeit	Alternativen
Halb-schatten	blau	bis 40 cm		**Waldphlox** Ⓛ *Phlox divaricata* 'Clouds of Perfume' → April – Mai › Seite 178	
				**Männertreu** Ⓛ Ⓗ *Lobelia erinus* → Mai – Oktober › Seite 176	**Schneeflockenblume** *Sutera diffusus*
	grün/ braun	über 120 cm		**Bambus** Ⓛ Ⓗ *Fargesia murielae* 'Simba' › Seite 166	
		40–120 cm		**Niedriger Berg-Ilex** Ⓗ Ⓛ *Ilex crenata* 'Stokes' › Seite 174	**Buchsbaum** *Buxus sempervirens* (Hochstamm) › Seite 162
		bis 40 cm		**Pfeifengras** Ⓗ *Molinia caerulea* 'Edith Dudzus' → August – Oktober › Seite 143	**Japansegge** *Carex morrowii* 'Variegata' › Seite 187

Sitzplätze

73

Sitzplätze

Wo?	Farbe	Wuchshöhe	Pflanzen	Name/Blütezeit	Alternativen
Schatten	weiß	über 120 cm		**Orangenblume** L H *Choysia ternata* → Mai – Juni › Seite 187	**Lavendelheide** *Pieris japonica* 'Red Mill' › Seite 189
		40–120 cm		**Lorbeerkrüglein** H *Leucothoe walteri* 'Scarletta' → Mai – Juni › Seite 175	**Weißbunte Lavendelheide** *Pieris japonica* 'Variegata'
				Bronzeschaublatt L H *Rodgersia podophylla* 'Rotlaub' → Juni – Juli › Seite 190	**Purpur-Silberkerze** *Cimicifuga ramosa* 'Atropurpurea'
		bis 40 cm		**Fleißiges Lieschen** L H *Impatiens walleriana* → Mai – Oktober › Seite 174	
				Teppichhartriegel H *Cornus canadensis* → Juni – August › Seite 164	**Schaumblüte** *Tiarella cordifolia* ssp. *collina* › Seite 191

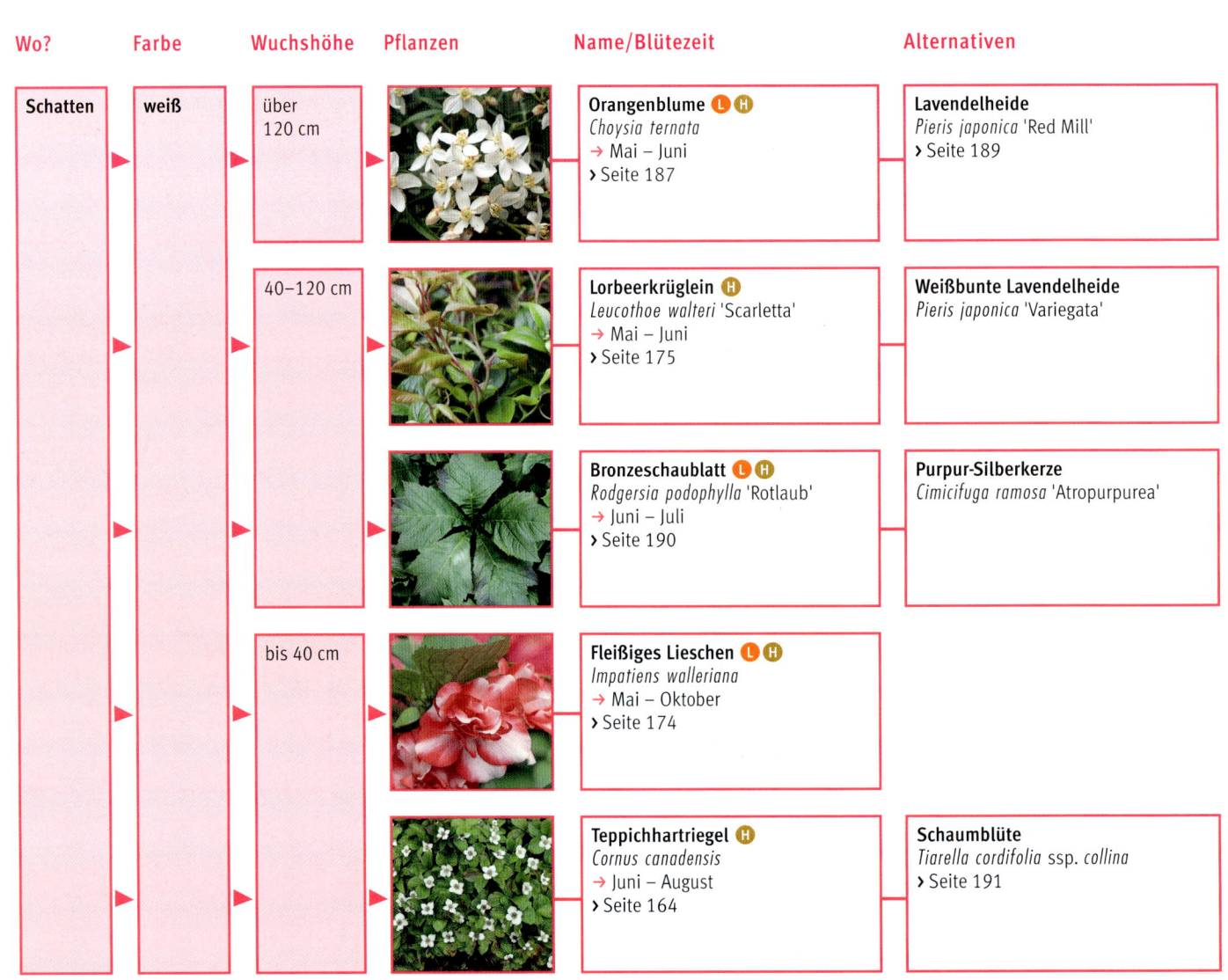

Wo?	Farbe	Wuchshöhe	Pflanzen	Name/Blütezeit	Alternativen
Schatten	weiß	bis 40 cm		**Funkie** Ⓛ Ⓗ Ⓢ *Hosta*-Hybride 'Snowflakes' → August – September › Seite 172	**Wolfsmilch** *Euphorbia hypericifolia* 'Diamond Frost' › Seite 136
	gelb	bis 40 cm		**Gelber Lerchensporn** Ⓛ Ⓗ Ⓢ *Corydalis lutea* → Mai – September › Seite 187	
				**Japanisches Waldgras** Ⓛ Ⓗ *Hakonechloa macra* 'Aureola' → Juli – August › Seite 169	**Waldmarbel** *Luzula sylvatica* 'Marginata'
	rot	über 120 cm		**Rhododendron** Ⓗ *Rhododendron*-Hybride 'Hachmanns Feuerschein' → Mai – Juni › Seite 190	**Rhododendron** *Rhododendron*-Hybride 'Junisonne'
				**Funkenblatt** Ⓛ Ⓗ Ⓢ *Stranvesia davidiana* › Seite 182	

Sitzplätze

Sitzplätze

Wo?	Farbe	Wuchshöhe	Pflanzen	Name/Blütezeit	Alternativen
Schatten	rot	40–120 cm		**Prachtspiere** L H *Astilbe arendsii* 'Fanal' → Juli – August › Seite 162	**Prachtspiere** *Astilbe japonica* 'Köln'
		bis 40 cm		**Fuchsie** H L *Fuchsia*-Hybride 'Eden Rock' → Mai – Oktober › Seite 168	**Begonie** *Begonia boliviensis* 'Bonfire'
	rosa/ violett	40–120 cm		**Funkie** L H S *Hosta sieboldiana* 'Elegans' → Juli – August › Seite 172	**Funkie** *Hosta*-Hybride 'Royal Standard' (weiß) › Seite 172
		bis 40 cm		**Fleißiges Lieschen** L H *Impatiens walleriana* → Mai – Oktober › Seite 174	
	blau	bis 40 cm		**Polster-Glockenblume** S *Campanula poscharskyana* 'Blauranke' → Juni – September › Seite 186	**Schwarzblättriges Veilchen** *Viola labradorica*

Wo?	Farbe	Wuchshöhe	Pflanzen	Name/Blütezeit	Alternativen
Schatten	grün/braun	40–120 cm		**Pfauenradfarn** H L *Adiantum pedatum* › Seite 185	**Schmaler Filigranfarn** *Polystichum setiferum* 'Plumosum Densum'
				**Niedriger Berg-Ilex** H L *Ilex crenata* 'Stokes' › Seite 174	**Buchsbaum** *Buxus sempervirens* › Seite 162 **Heckenmyrthe** *Lonicera nitida* 'Elegant'
		bis 40 cm		**Japansegge** L H S *Carex morrowii* 'Variegata' → März – April › Seite 187	**Waldmarbel** *Luzula sylvatica* 'Marginata'
				**Hirschzungenfarn** H L *Phyllitis scolopendrium* 'Crispa' › Seite 189	**Schmaler Filigranfarn** *Polystichum setiferum* 'Plumosum Densum'
				**Flacher Kirschlorbeer** L H S *Prunus laurocerasus* 'Mount Vernon' › Seite 179	**Flache Heckenmyrte** *Lonicera nitida* 'Tibet'

Sitzplätze

77

Gemütliche Sitzplätze

Sommerblüte und Duft – darauf sollten Sie bei der Bepflanzung Ihres Sitzplatzes achten. Im Halbschatten und Schatten ist das gar nicht so einfach. Die meisten Schattenstauden und Blumenzwiebeln blühen bereits im Frühjahr. Darum finden Sie in den Kombinations-listen für den Halbschatten Sommerblumen, die von Mai bis Oktober durchblühen. Der Hinweis »Gefäß« bedeutet, dass Sie diese Blumen nicht direkt ins Beet, sondern in ein schönes Gefäß pflanzen. Auch hier scharen sich mehrere Begleiter um eine Solitärpflanze.

Sonnig L Fläche ca. 12 m²

Anzahl	Name	Blütezeit	Blütenfarbe	Porträt
	Duftschneeball	April – Mai	○	› S. 184
10	Präriekerze (2 x 5)	Mai – Okt.	●	› S. 130
9	Steppensalbei (3 x 3)	Mai – Okt.	●	› S. 152
6	Storchschnabel 'Rozanne' (3 x 2)	Juni – Sept.	●	› S. 169
1	Rose 'Lions Rose'	Juni – Okt.	○	› S. 150
2	Rose 'Red Leonardo da Vinci'	Juni – Okt.	●	› S. 150
1	Chinaschilf 'Adagio'	Juli – Okt.	●	› S. 143
9	Kissenaster (3 x 3)	Sept. – Okt.	○	› S. 128
1	Buchsbaum (Kugel)			› S. 162

Sonnig S L Fläche ca. 10 m²

Anzahl	Name	Blütezeit	Blütenfarbe	Porträt
30	Zwergtulpe (6 x 5)	März – April	●	› S. 157
6	Katzenminze (3 x 2)	Mai – Sept.	●	› S. 144
6	Duftsteinrich (3 x 2)	Mai – Okt.	○	› S. 142
6	Niedrige Schafgarbe (3 x 2)	Juni – Juli	●	› S. 126
	Kletterrose (Spalier)	Juni – Juli	●	› S. 151
1	Säckelblume	Juli – Sept.	●	› S. 132
2	Silberährengras	Juli – Sept.	●	› S. 155
1	Blaue Kriechkiefer			› S. 147

Sonnig H Fläche ca. 10 m²

Anzahl	Name	Blütezeit	Blütenfarbe	Porträt
30	Zwergnarzisse (6 x 5)	April	●	› S. 144
1	Hohe Azalee 'Daviesii'	Mai	●	› S. 180
1	Japanische Azalee	Mai	●	› S. 179
10	Präriekerze (2 x 5)	Mai – Okt.	●	› S. 130
3	Wolfsmilch (Gefäß)	Mai – Okt.	○	› S. 136
2	Schmucklilie	Juni – Sept.	●	› S. 159
9	Scheinbeere (3 x 3)	Juli – Aug.	○	› S. 138
	Rispenhortensie	Juli – Sept.	○	› S. 172
3	Niedriger Berg-Ilex 'Stokes'			› S. 174

Halbschattig L Fläche ca. 10 m²

Anzahl	Name	Blütezeit	Blütenfarbe	Porträt
30	Zwergnarzisse (6 x 5)	April	●	› S. 144
15	Tulpe (3 x 5)	April – Mai	○	› S. 157
6	Waldphlox (2 x 3)	April – Mai	●	› S. 178
3	Pfingstrose	Mai – Juni	●	› S. 145
9	Schaumblüte (3 x 3)	Mai – Juni	○	› S. 191
6	Erdbeere (2 x 3)	Mai – Okt.	○	› S. 167
	Kletterrose	Juni – Juli	◔	› S. 151
3	Storchschnabel 'Rozanne' (1 x 3)	Juni – Okt.	●	› S. 169
3	Buchsbaum (Kugel)			› S. 162

Halbschattig H Fläche ca. 10 m²

Anzahl	Name	Blütezeit	Blütenfarbe	Porträt
10	Hundszahn (2 x 5)	April	🟡	› S. 165
1	Japanische Azalee	Mai	🔴	› S. 179
6	Fuchsie (2 Gefäße à 3)	Mai – Okt.	🔴	› S. 168
6	Schaumblüte (2 x 3)	Mai – Juni	⚪	› S. 191
3	Funkie 'Fire Island'			› S. 172
6	Scheinbeere	Juli – Aug.	⚪	› S. 138
1	Pfeifengras	Aug. – Okt.	🟤	› S. 143
1	Japanische Stechpalme			› S. 174
	Japanischer Zwergahorn			› S. 159

Halbschattig S L Fläche ca. 10 m²

Anzahl	Name	Blütezeit	Blütenfarbe	Porträt
15	Tulpe (3 x 5)	April – Mai	⚪	› S. 157
3	Pfingstrose	Mai – Juni	🔴	› S. 145
6	Männertreu (2 Gefäße à 3)	Mai – Okt.	🔵	› S. 176
3	Wolfsmilch (Gefäß)	Mai – Okt.	⚪	› S. 136
1	Clematis	Juni – Juli	🔵	› S. 163
9	Storchschnabel 'Berggarten' (3 x 3)	Juni – Juli	⚪	› S. 139
	Eichenblättrige Hortensie	Juli – Aug.	⚪	› S. 173
3	Lilie	Juli – Aug.	🟡	› S. 176
2	Buchsbaum			› S. 162

Schattig L H Fläche ca. 6 m²

Anzahl	Name	Blütezeit	Blütenfarbe	Porträt
	Orangenblume	Mai – Juni	⚪	› S. 187
3	Fleißiges Lieschen (Gefäß)	Mai – Okt.	🔴	› S. 174
1	Bronzeschaublatt	Juni – Juli	⚪	› S. 190
3	Japanisches Waldgras	Juli – Aug.	🟤	› S. 169
2	Funkie 'Snowflakes'	Aug. – Sept.	⚪	› S. 172
3	Hirschzungenfarn			› S. 189

Schattig H Fläche ca. 12 m²

Anzahl	Name	Blütezeit	Blütenfarbe	Porträt
6	Lorbeerkrüglein (3 x 2)	Mai – Juni	⚪	› S. 175
	Rhododendron	Mai – Juni	🔴	› S. 190
12	Schaumblüte (4 x 3)	Mai – Juni	⚪	› S. 191
1	Fuchsie Hochstamm (Gefäß)	Mai – Okt.	🔴	› S. 168
3	Funkie 'Royal Standard'	Aug. – Sept.	⚪	› S. 172
3	Niedriger Berg-Ilex			› S. 174

Schattig S Fläche ca. 10 m²

Anzahl	Name	Blütezeit	Blütenfarbe	Porträt
2	Japansegge	März – April	🟤	› S. 187
3	Polster-Glockenblume	Juni – Sept.	🔵	› S. 186
3	Funkie 'Snowflakes' (1 x 3)	Aug. – Sept.	⚪	› S. 172
3	Waldaster (1 x 3)	Aug. – Sept.	⚪	› S. 161
	Funkenblatt			› S. 182
3	Flacher Kirschlorbeer			› S. 179

Sitzplätze

Blumenbeete

Ein üppig blühendes Beet mit vielen bunten Blumen gehört zum Schönsten, was der Garten zu bieten hat. Ein Traum aus Farben und Formen. In sonnigen Lagen mit gutem Boden geben Prachtstauden und Rosen den Ton an. Auf kargem Boden bieten sich Steppenpflanzen an. In schattigen Bereichen können Sie mit Gräsern und Blattschmuckstauden eindrucksvolle Beete zaubern.

Blumenbeet – dieser Begriff umfasst eine Vielzahl von Beettypen. Je nach Sonneneinstrahlung und Bodenart gibt es Prachtstaudenbeete, Steppenpflanzungen oder Kiesbeete, Schattenbeete und Rabatten am Gehölzrand. Rosen können Schwerpunkt sein, Bauerngartenpflanzen oder Präriestauden. Jeder Beettyp erfordert eine andere Pflanzenzusammenstellung.

Die Klassiker

Prachtstauden-, Rosen- und Schattenbeete haben eine lange Tradition und gehören zu den klassischen Beettypen. Trotzdem sind sie immer noch hochaktuell.

➜ **Prachtstaudenbeet:** Herbstastern, Phlox, Pfingstrosen, Rittersporn und Sonnenbraut sind typische Prachtstauden. Gärtner kümmern sich seit Generationen um die Züchtung besonders großblütiger Sorten. Pracht- oder Beetstauden möchten unter sich bleiben. Sie vertragen die Konkurrenz von Bäumen oder Sträuchern nur schlecht. Der Standort sollte sonnig sein, der Boden lehmig, gerne auch mit Kompost angereichert. Auf jeden Fall nährstoffreich und nie zu trocken. Auch bei besten Bedingungen benötigen Prachtstauden viel Pflege wie Unkraut jäten, düngen, gießen, stützen, zurückschneiden. Es gibt immer etwas zu tun. Da

die meisten Prachtstauden erst relativ spät im Jahr zu voller Blüte auflaufen, sollten Sie die Blütezeit durch dazwischengesetzte Zwiebel- und Knollenblumen wie Krokusse, großblumige Tulpen, Narzissen und Kaiserkronen verlängern.

➜ **Rosenbeet:** Rosen gehören ebenfalls zu den Stars im Gartenbeet. Auch sie brauchen viel Aufmerksamkeit, wollen geschnitten, gedüngt und von lästiger Konkurrenz befreit werden. Volle Sonne und ein gut durchlässiger, humoser und nährstoffreicher Boden sind selbstverständlich.

Die Begleiter sollen sich unterordnen, der Rosenschönheit dienen, mit ihren Standortansprüchen zurechtkommen und die Farbe der Blüte unterstreichen. Steppensalbei, Storchschnabel 'Rozanne', Lampenputzergras und kleinere Chinaschilf-Sorten sind als Rosenbegleiter zu empfehlen. Sowohl ihre lange Blütezeit als auch ähnliche Bodenansprüche machen sie zu idealen Partnern. Lange Jahre standen Blüte und Duft der Rosen im Mittelpunkt der Aufmerksamkeit. Sternrußtau und Mehltau an Blättern – dafür gab es Pflanzenschutzmittel. Das ist heute anders. Hochwirksame Fungizide gegen Pilzkrankheiten sind im Hausgarten nicht mehr zugelassen. Darum sind jetzt Sorten gefragt, die schön blühen, aber auch gesunde Blätter haben wie 'Lions Rose', 'Flashlight' oder 'Heidefeuer'.

➔ **Schattenbeet:** Auch im Schatten müssen Sie auf üppige Blüte nicht verzichten. Wenn es genug regnet, gibt es nichts Besseres als Hortensien. Neben der bekannten Bauern- und Tellerhortensie sind neue schöne Sorten der Rispenhortensie dazugekommen. 'Kyushu' z. B. ist wegen der langen Blütezeit, den großen schlanken, cremeförmigen Blüten und dem starken Duft zu empfehlen. Der Boden sollte humos und leicht sauer bis neutral sein, Kalk wird nicht vertragen. Als Partner eignen sich der Eisenhut, aber auch Narzissen und Hundszahn. Schöne Schattenpflanzen sind auch Elfenblume, Herbstanemone und Wachsglocke.

Die Modernen

Die Pflanzen in den Gärten ändern sich im Laufe der Zeit. Moden und Trends sowie der Züchterfleiß engagierter Gärtner bringen frischen Wind in die Sortimente der Baumschulen und Staudengärtnereien. Prachtstaudenbeete treten zunehmend in Konkurrenz zu trendigen Prärie- und Kiesbeeten.

➔ **Präriebeet:** Bunte Blüten mit natürlichem Charakter – so präsentiert sich das Präriebeet. Stauden und Gräser aus der nordamerikanischen Prärie geben sich hier ein Stelldichein. Neben Sonnenhut, Sonnenbraut, Mädchenauge und Kissenaster prägen Chinaschilf und Präriegras die Szenerie. Im Frühsommer setzt die Prärielilie himmelblaue Akzente. Präriebeete benötigen einen sonnigen Standort. Der Boden sollte lehmig bis lehmig-sandig, nährstoffreich und mäßig trocken bis frisch sein.

➔ **Kiesbeet:** Trockene Gartenecken, die von morgens bis abends der Sonne ausgesetzt sind, Rabatten vor Südwänden, womöglich noch unter einem Dachvorsprung – unwirtliche Pflanzplätze? Für viele Pflanzen ja. Nicht aber für Steppenpflanzen wie Duftnessel, Hohe und Niedrige Fetthenne, Goldwolfsmilch, Niedrige Schafgarbe, Steinquendel und Steppensalbei. Diese Pflanzen sind derart karge Plätze von Haus aus gewöhnt. Auch Prachtkerze und Silberährengras laufen hier zu großer Form auf. Dazwischen emp-

fehlen sich zur Überbrückung von Blühpausen Krokus, Wildtulpen und Zierlauch.

Neu im Trend

Viel mehr als früher wird heute bei der Beet- und Gartengestaltung auf die Struktur einer Pflanze geschaut. Und damit rücken zwei Pflanzengruppen besonders ins Blickfeld: Gräser und Blattschmuckstauden.

➔ Bei den **Gräsern** kommen zu alten Bekannten wie Pampasgras und Japansegge Neulinge wie Präriegras und Japanisches Waldgras hinzu. Auch das gute alte Chinaschilf hat eine Wandlung durchgemacht. Gute Staudengärtnereien bieten mittlerweile eine Vielzahl von Sorten an, niedrige und hohe, eine schöner als die andere.

➔ Eine noch stürmischere Entwicklung ist bei den **Blattschmuckstauden** zu beobachten. In den letzten Jahren ist ein regelrechtes »Hosta-Fieber« aufgetreten. Immer mehr neue Sorten mit unterschiedlicher Blattform und -färbung erobern den Markt.

➔ Auch die **veränderten Klimabedingungen** lassen die Blumenbeete heute anders aussehen als noch vor Jahren. Orangenblume, Prachtkerze, Buschmalve, Montbretie und Schmucklilie überstanden früher den Winter im Freien nicht. Sie wurden in Gefäßen gehalten und im Haus überwintert. Bei inzwischen recht mildem Winter können Sie diese Pflanzen nun auch ins Beet setzen.

Blumenbeete

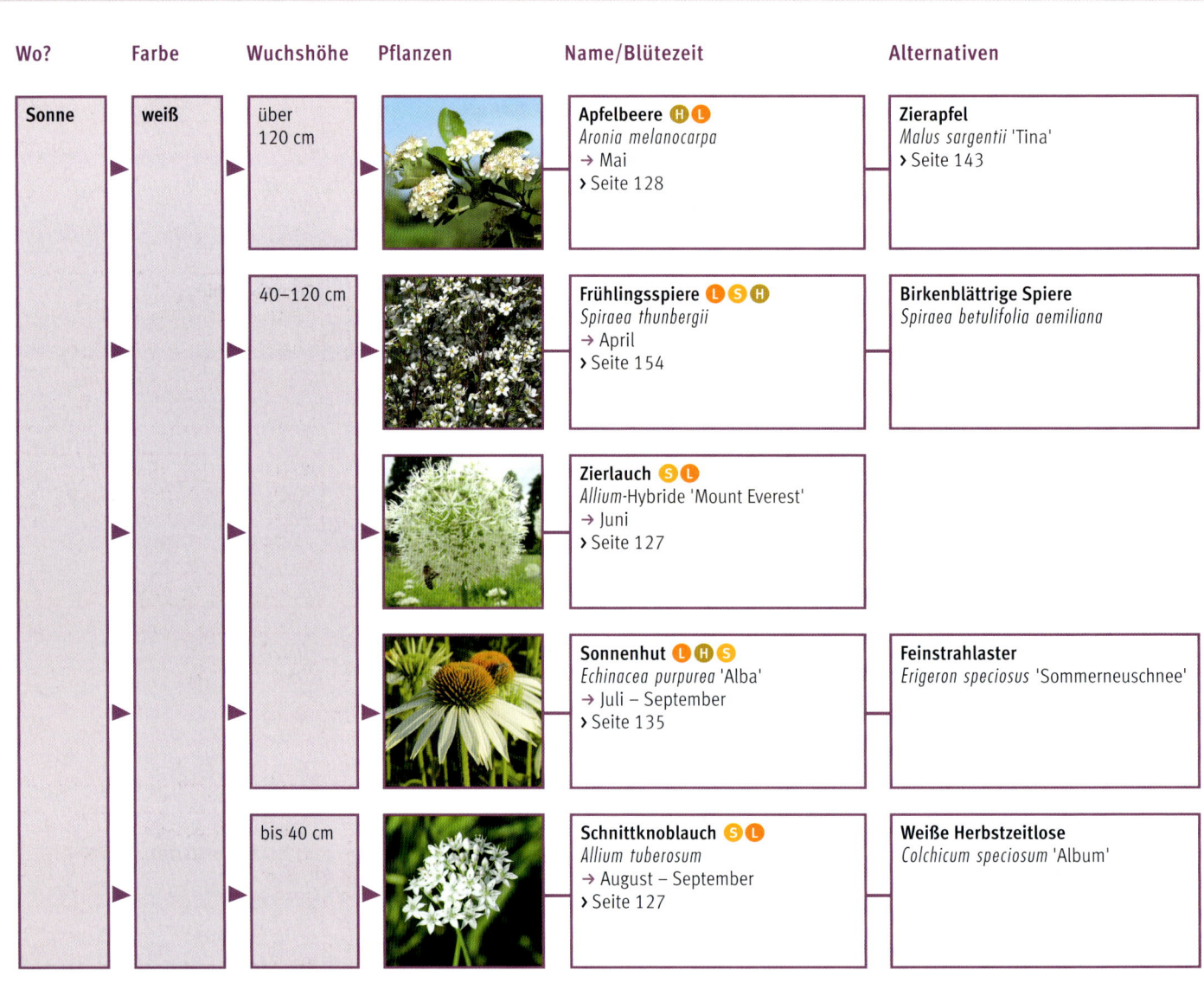

Wo?	Farbe	Wuchshöhe	Pflanzen	Name/Blütezeit	Alternativen
Sonne	weiß	über 120 cm		**Apfelbeere** H L *Aronia melanocarpa* → Mai › Seite 128	**Zierapfel** *Malus sargentii* 'Tina' › Seite 143
		40–120 cm		**Frühlingsspiere** L S H *Spiraea thunbergii* → April › Seite 154	**Birkenblättrige Spiere** *Spiraea betulifolia aemiliana*
				Zierlauch S L *Allium*-Hybride 'Mount Everest' → Juni › Seite 127	
				Sonnenhut L H S *Echinacea purpurea* 'Alba' → Juli – September › Seite 135	**Feinstrahlaster** *Erigeron speciosus* 'Sommerneuschnee'
		bis 40 cm		**Schnittknoblauch** S L *Allium tuberosum* → August – September › Seite 127	**Weiße Herbstzeitlose** *Colchicum speciosum* 'Album'

Wo?	Farbe	Wuchshöhe	Pflanzen	Name/Blütezeit	Alternativen
Sonne	weiß	bis 40 cm		**Kissenaster** L H S *Aster dumosus* 'Schneekissen' → September – Oktober › Seite 128	
	gelb	40–120 cm		**Zwergforsythie** L H *Forsythia*-Hybride 'Melee d'Or' → April › Seite 137	**Zwergforsythie** *Forsythia*-Hybride 'Marée d'Or'
				**Fingerstrauch** L H S *Potentilla fruticosa* 'Kobold' → Juni – Oktober › Seite 148	**Mannsblut** *Hypericum androsaemum* 'Autumn Blaze' › Seite 173
				**Hohe Schafgarbe** S L *Achillea*-Hybride 'Credo' → Juli – September › Seite 126	**Brandkraut** *Phlomis russeliana*
				**Sonnenbraut** L H *Helenium*-Hybride 'Kanaria' → August – September › Seite 139	**Stauden-Sonnenblume** *Helianthus microcephalus* 'Lemon Queen'

Blumenbeete

83

Wo?	Farbe	Wuchshöhe	Pflanzen	Name/Blütezeit	Alternativen
Sonne	gelb	bis 40 cm	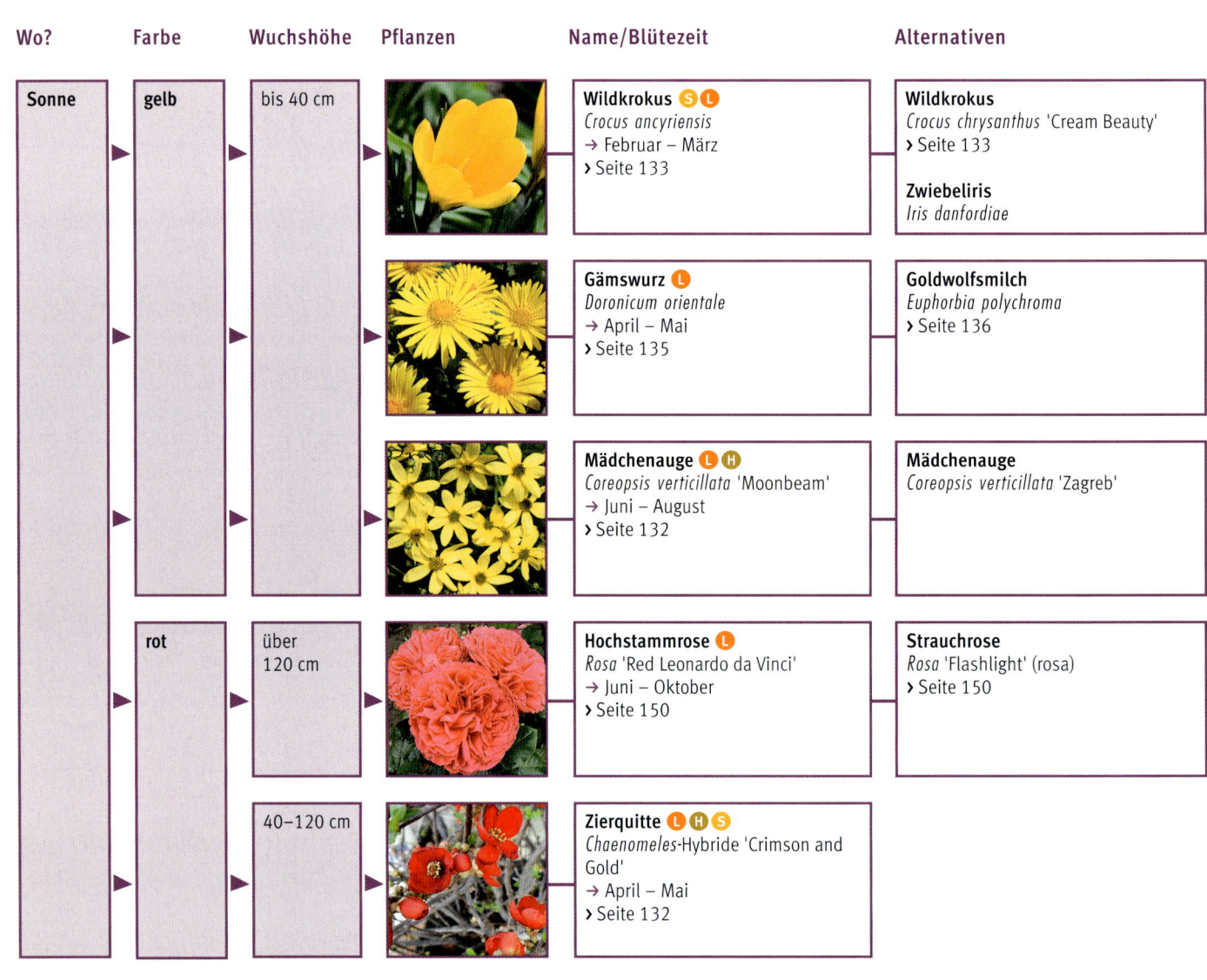	**Wildkrokus** ⓢ Ⓛ *Crocus ancyriensis* → Februar – März › Seite 133	**Wildkrokus** *Crocus chrysanthus* 'Cream Beauty' › Seite 133 **Zwiebeliris** *Iris danfordiae*
				Gämswurz Ⓛ *Doronicum orientale* → April – Mai › Seite 135	**Goldwolfsmilch** *Euphorbia polychroma* › Seite 136
				Mädchenauge Ⓛ Ⓗ *Coreopsis verticillata* 'Moonbeam' → Juni – August › Seite 132	**Mädchenauge** *Coreopsis verticillata* 'Zagreb'
	rot	über 120 cm		**Hochstammrose** Ⓛ *Rosa* 'Red Leonardo da Vinci' → Juni – Oktober › Seite 150	**Strauchrose** *Rosa* 'Flashlight' (rosa) › Seite 150
		40–120 cm		**Zierquitte** Ⓛ Ⓗ ⓢ *Chaenomeles*-Hybride 'Crimson and Gold' → April – Mai › Seite 132	

Blumenbeete

Wo?	Farbe	Wuchshöhe	Pflanzen	Name/Blütezeit	Alternativen
Sonne	rot	40–120 cm	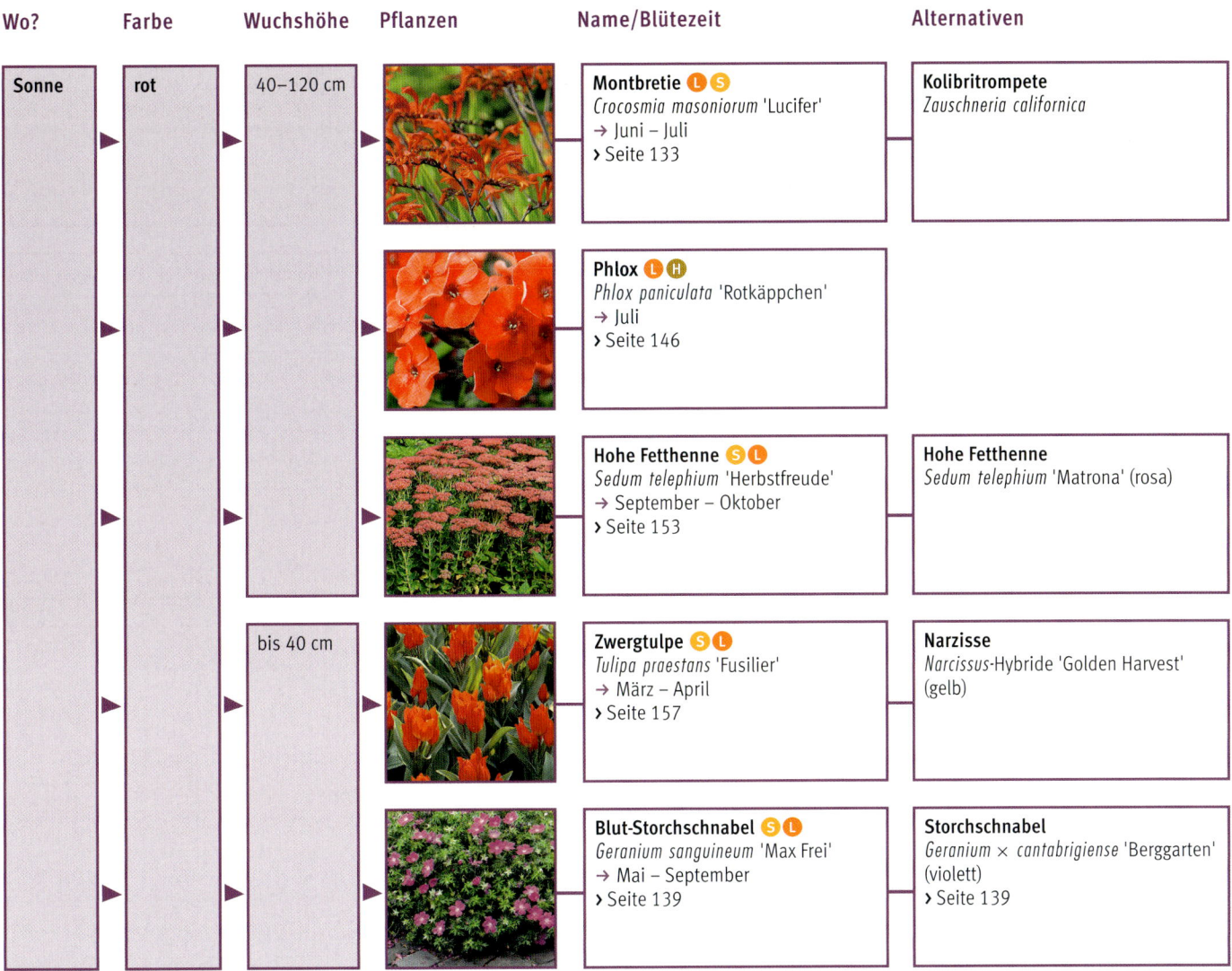	**Montbretie** 🅛 🆂 *Crocosmia masoniorum* 'Lucifer' → Juni – Juli › Seite 133	**Kolibritrompete** *Zauschneria californica*
				Phlox 🅛 🅗 *Phlox paniculata* 'Rotkäppchen' → Juli › Seite 146	
				Hohe Fetthenne 🆂 🅛 *Sedum telephium* 'Herbstfreude' → September – Oktober › Seite 153	**Hohe Fetthenne** *Sedum telephium* 'Matrona' (rosa)
		bis 40 cm		**Zwergtulpe** 🆂 🅛 *Tulipa praestans* 'Fusilier' → März – April › Seite 157	**Narzisse** *Narcissus*-Hybride 'Golden Harvest' (gelb)
				Blut-Storchschnabel 🆂 🅛 *Geranium sanguineum* 'Max Frei' → Mai – September › Seite 139	**Storchschnabel** *Geranium* × *cantabrigiense* 'Berggarten' (violett) › Seite 139

Blumenbeete

Wo?	Farbe	Wuchshöhe	Pflanzen	Name/Blütezeit	Alternativen
Sonne	rosa/violett	über 120 cm	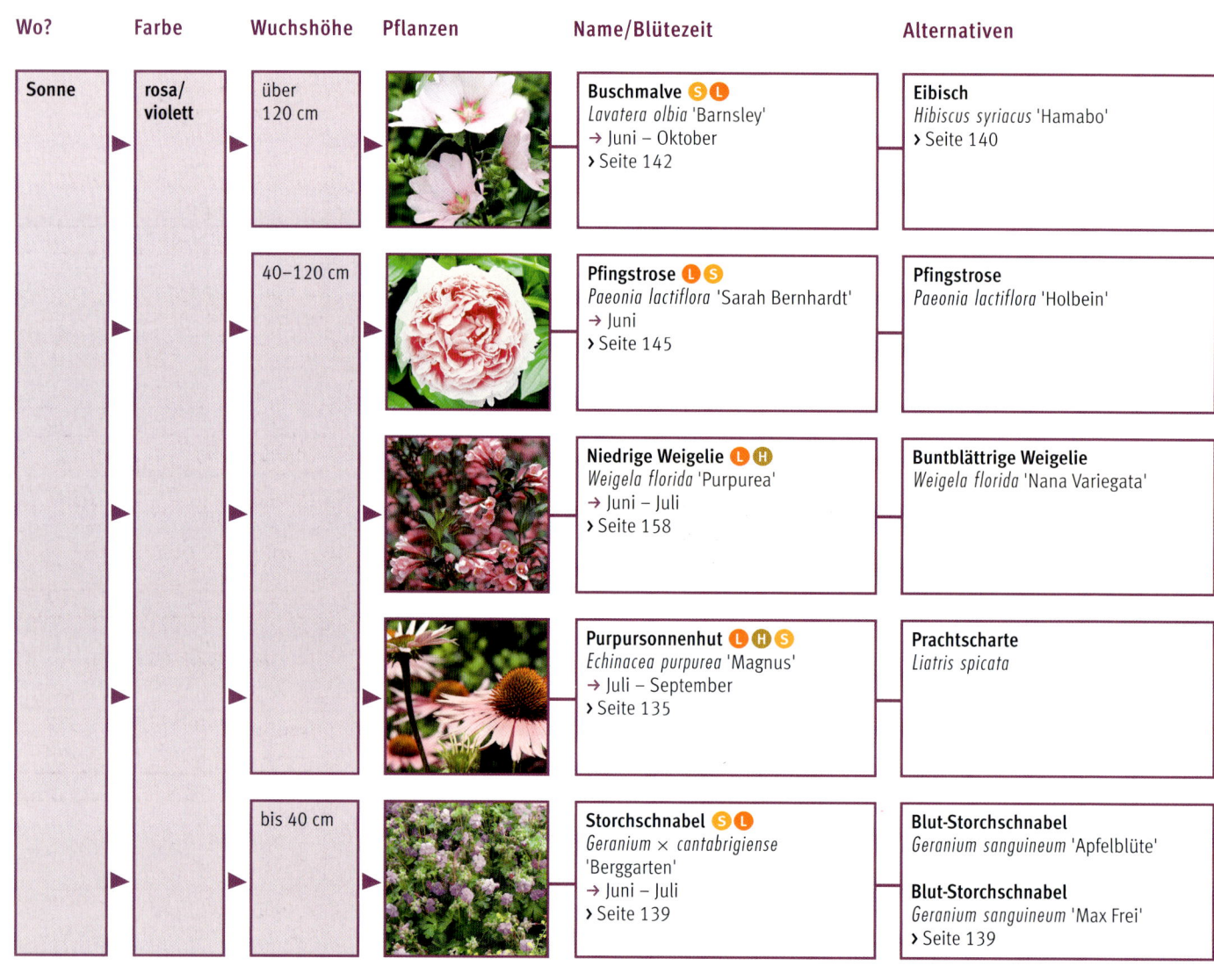	**Buschmalve** S L *Lavatera olbia* 'Barnsley' → Juni – Oktober › Seite 142	**Eibisch** *Hibiscus syriacus* 'Hamabo' › Seite 140
		40–120 cm		**Pfingstrose** L S *Paeonia lactiflora* 'Sarah Bernhardt' → Juni › Seite 145	**Pfingstrose** *Paeonia lactiflora* 'Holbein'
				Niedrige Weigelie L H *Weigela florida* 'Purpurea' → Juni – Juli › Seite 158	**Buntblättrige Weigelie** *Weigela florida* 'Nana Variegata'
				Purpursonnenhut L H S *Echinacea purpurea* 'Magnus' → Juli – September › Seite 135	**Prachtscharte** *Liatris spicata*
		bis 40 cm		**Storchschnabel** S L *Geranium × cantabrigiense* 'Berggarten' → Juni – Juli › Seite 139	**Blut-Storchschnabel** *Geranium sanguineum* 'Apfelblüte' **Blut-Storchschnabel** *Geranium sanguineum* 'Max Frei' › Seite 139

Wo?	Farbe	Wuchshöhe	Pflanzen	Name/Blütezeit	Alternativen

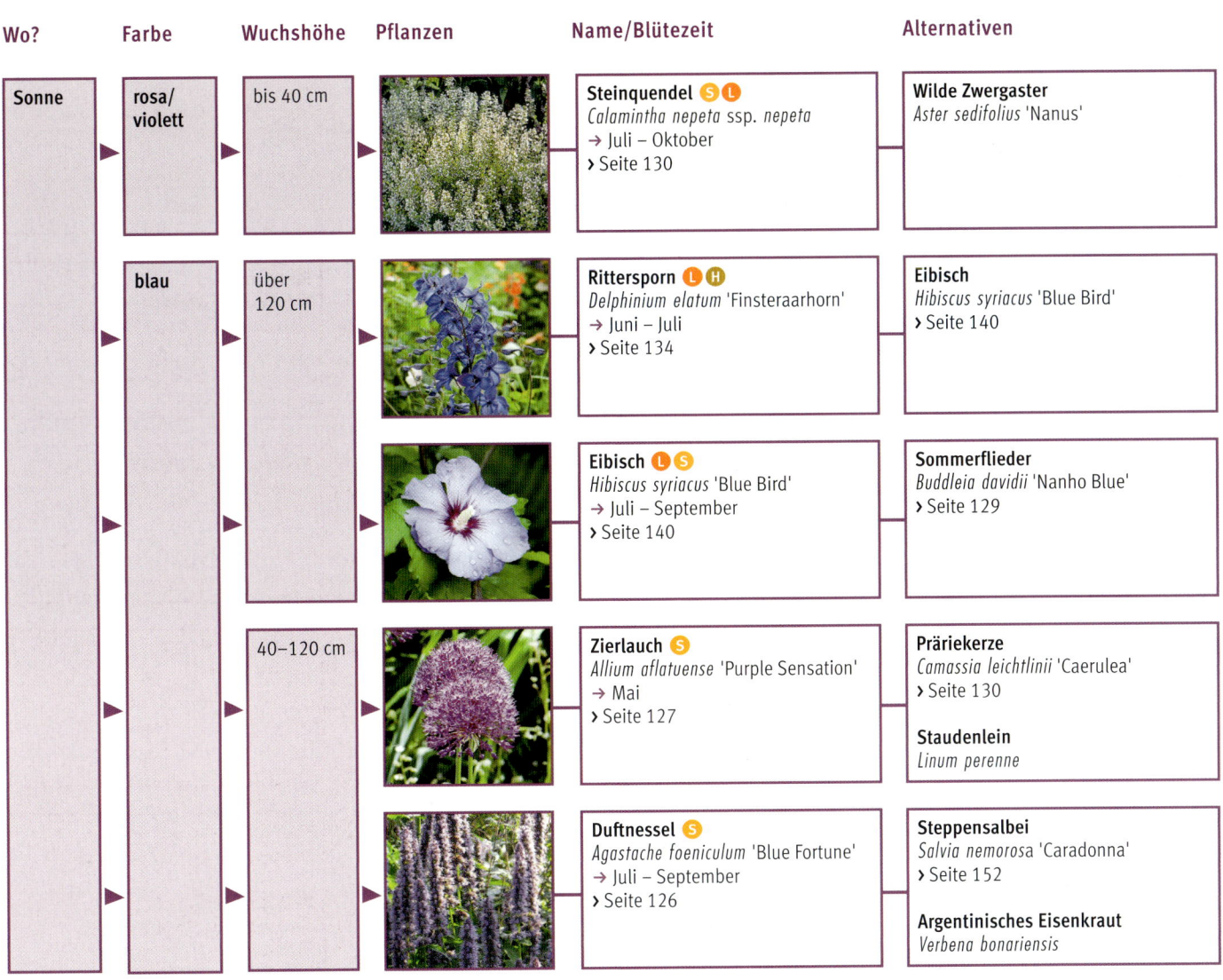

Sonne

rosa/ violett — bis 40 cm

Steinquendel S L
Calamintha nepeta ssp. *nepeta*
→ Juli – Oktober
› Seite 130

Wilde Zwergaster
Aster sedifolius 'Nanus'

blau — über 120 cm

Rittersporn L H
Delphinium elatum 'Finsteraarhorn'
→ Juni – Juli
› Seite 134

Eibisch
Hibiscus syriacus 'Blue Bird'
› Seite 140

Eibisch L S
Hibiscus syriacus 'Blue Bird'
→ Juli – September
› Seite 140

Sommerflieder
Buddleia davidii 'Nanho Blue'
› Seite 129

40–120 cm

Zierlauch S
Allium aflatuense 'Purple Sensation'
→ Mai
› Seite 127

Präriekerze
Camassia leichtlinii 'Caerulea'
› Seite 130

Staudenlein
Linum perenne

Duftnessel S
Agastache foeniculum 'Blue Fortune'
→ Juli – September
› Seite 126

Steppensalbei
Salvia nemorosa 'Caradonna'
› Seite 152

Argentinisches Eisenkraut
Verbena bonariensis

Blumenbeete

87

Wo?	Farbe	Wuchshöhe	Pflanzen	Name/Blütezeit	Alternativen

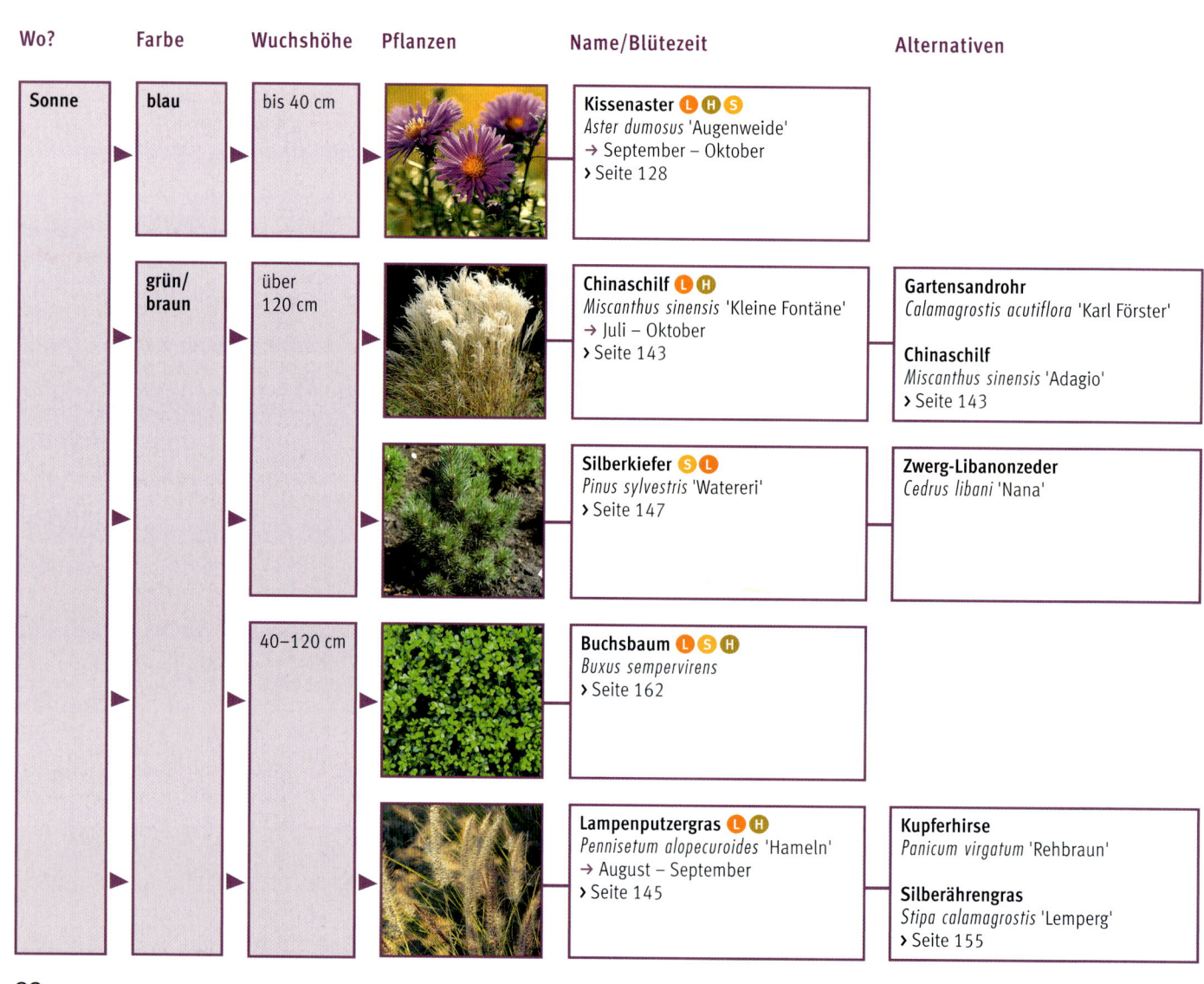

Sonne ▶ **blau** ▶ **bis 40 cm** ▶

Kissenaster L H S
Aster dumosus 'Augenweide'
→ September – Oktober
› Seite 128

---

grün/ braun ▶ **über 120 cm** ▶

Chinaschilf L H
Miscanthus sinensis 'Kleine Fontäne'
→ Juli – Oktober
› Seite 143

Gartensandrohr
Calamagrostis acutiflora 'Karl Förster'

Chinaschilf
Miscanthus sinensis 'Adagio'
› Seite 143

Silberkiefer S L
Pinus sylvestris 'Watereri'
› Seite 147

Zwerg-Libanonzeder
Cedrus libani 'Nana'

40–120 cm ▶

Buchsbaum L S H
Buxus sempervirens
› Seite 162

Lampenputzergras L H
Pennisetum alopecuroides 'Hameln'
→ August – September
› Seite 145

Kupferhirse
Panicum virgatum 'Rehbraun'

Silberährengras
Stipa calamagrostis 'Lemperg'
› Seite 155

Blumenbeete

Wo?	Farbe	Wuchshöhe	Pflanzen	Name/Blütezeit	Alternativen
Halb-schatten	weiß	über 120 cm		**Prager Schneeball** 🄻 🄷 🅂 *Viburnum × 'Pragense'* → Mai – Juni › Seite 184	**Oster-Schneeball** *Viburnum burkwoodii*
				**Waldgeißbart** 🄻 🄷 🅂 *Aruncus dioicus* → Juni – Juli › Seite 161	**Silberkerze** *Cimicifuga rubifolia* **Bronzeschaublatt** *Rodgersia podophylla* 'Rotlaub' › Seite 190
				**Rispenhortensie** 🄷 🄻 *Hydrangea paniculata* 'Kyushu' → Juli – September › Seite 172	**Schneeball-Hortensie** *Hydrangea arborescens* 'Annabell'
		40–120 cm		**Dreiblattspiere** 🄻 🄷 *Gillenia trifoliata* → Juni – Juli › Seite 169	**Herbstanemone** *Anemone japonica* 'Wirbelwind'
				**Waldaster** 🄻 🄷 🅂 *Aster divaricatus* → August – September › Seite 161	**Schönaster** *Kalimeris incisa* 'Madiva' (violettblau)

Blumenbeete

Blumenbeete

Wo?	Farbe	Wuchshöhe	Pflanzen	Name/Blütezeit	Alternativen

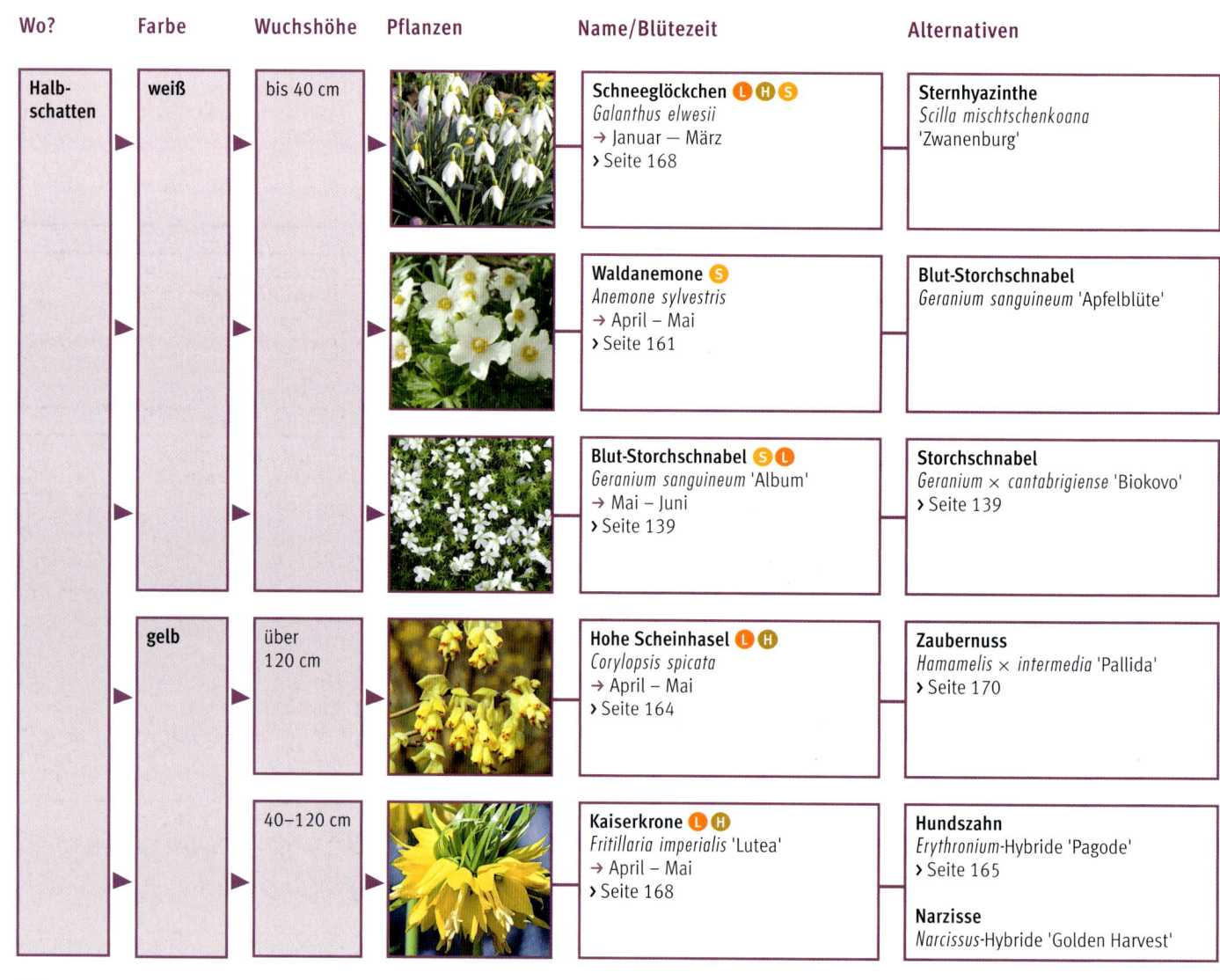

Halb-schatten — **weiß** — bis 40 cm

Schneeglöckchen L H S
Galanthus elwesii
→ Januar — März
› Seite 168

Sternhyazinthe
Scilla mischtschenkoana
'Zwanenburg'

Waldanemone S
Anemone sylvestris
→ April – Mai
› Seite 161

Blut-Storchschnabel
Geranium sanguineum 'Apfelblüte'

Blut-Storchschnabel S L
Geranium sanguineum 'Album'
→ Mai – Juni
› Seite 139

Storchschnabel
Geranium × cantabrigiense 'Biokovo'
› Seite 139

---

gelb — über 120 cm

Hohe Scheinhasel L H
Corylopsis spicata
→ April – Mai
› Seite 164

Zaubernuss
Hamamelis × intermedia 'Pallida'
› Seite 170

40–120 cm

Kaiserkrone L H
Fritillaria imperialis 'Lutea'
→ April – Mai
› Seite 168

Hundszahn
Erythronium-Hybride 'Pagode'
› Seite 165

Narzisse
Narcissus-Hybride 'Golden Harvest'

Wo?	Farbe	Wuchshöhe	Pflanzen	Name/Blütezeit	Alternativen
Halb-schatten	gelb	40–120 cm		**Taglilie** L H *Hemerocallis*-Hybride 'Corky' → Juni – August › Seite 171	**Sonnenhut** *Rudbeckia fulgida* 'Goldsturm' › Seite 151
				**Mannsblut** L S *Hypericum androsaemum* 'Autumn Blaze' → Juni – September › Seite 173	**Johanniskraut** *Hypericum*-Hybride 'Hidcote' › Seite 173
				**Wachsglocke** H L *Kirengeshoma palmata* → August – September › Seite 175	**Kerzen-Ligularie** *Ligularia przewalski*
		bis 40 cm		**Winterling** L H S *Eranthis hyemalis* → Februar › Seite 188	
				**Goldwolfsmilch** S *Euphorbia polychroma* → Mai – Juni › Seite 136	**Mandelblättrige Wolfsmilch** *Euphorbia amygdaloides* 'Purpurea'

Blumenbeete

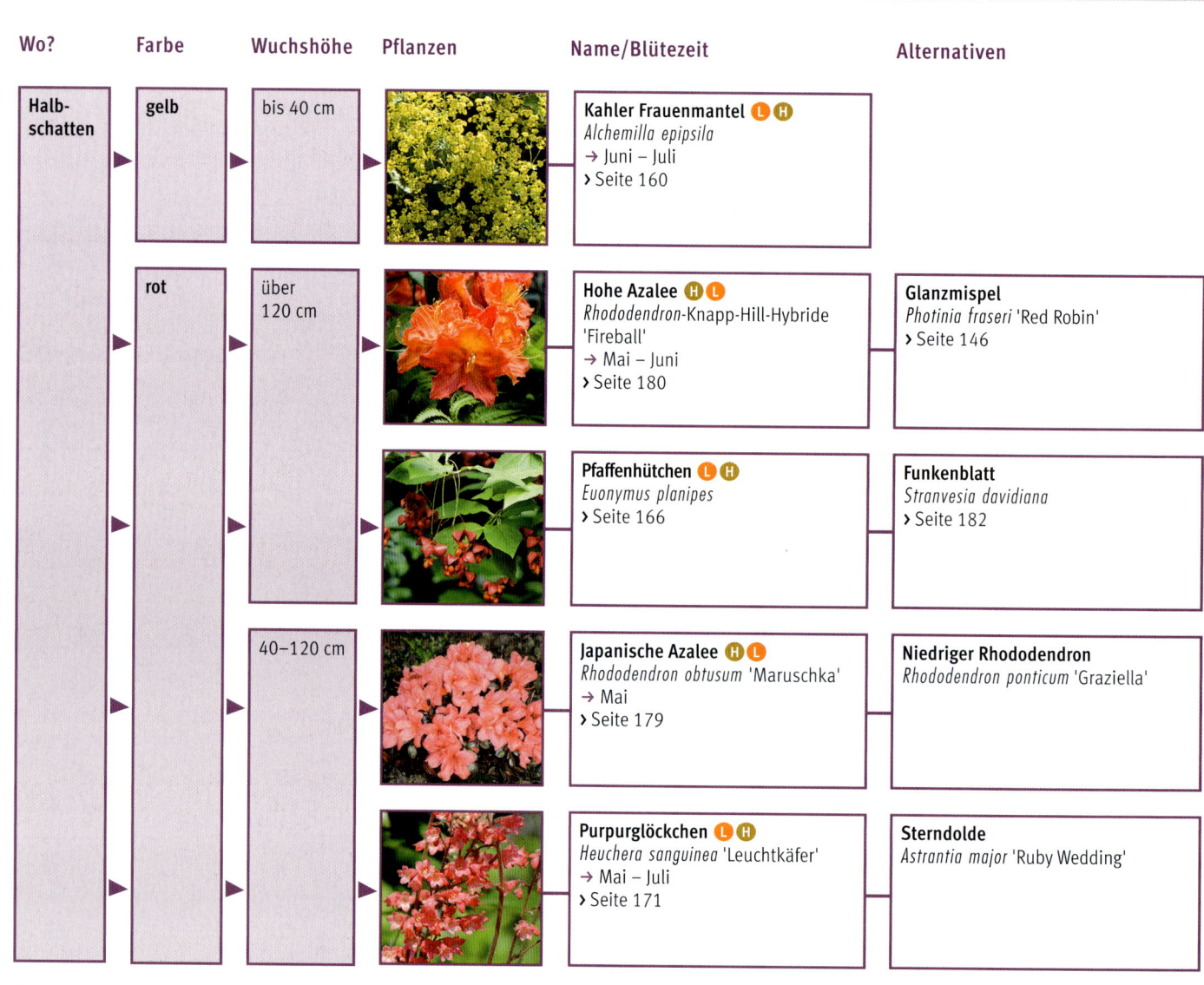

Wo?	Farbe	Wuchshöhe	Pflanzen	Name/Blütezeit	Alternativen
Halb-schatten	gelb	bis 40 cm		**Kahler Frauenmantel** L H *Alchemilla epipsila* → Juni – Juli › Seite 160	
	rot	über 120 cm		**Hohe Azalee** H L *Rhododendron*-Knapp-Hill-Hybride 'Fireball' → Mai – Juni › Seite 180	**Glanzmispel** *Photinia fraseri* 'Red Robin' › Seite 146
				Pfaffenhütchen L H *Euonymus planipes* › Seite 166	**Funkenblatt** *Stranvesia davidiana* › Seite 182
		40–120 cm		**Japanische Azalee** H L *Rhododendron obtusum* 'Maruschka' → Mai › Seite 179	**Niedriger Rhododendron** *Rhododendron ponticum* 'Graziella'
				Purpurglöckchen L H *Heuchera sanguinea* 'Leuchtkäfer' → Mai – Juli › Seite 171	**Sterndolde** *Astrantia major* 'Ruby Wedding'

Blumenbeete

Wo?	Farbe	Wuchshöhe	Pflanzen	Name/Blütezeit	Alternativen
Halb-schatten	rot	40–120 cm		**Winterharte Fuchsie** Ⓗ Ⓛ *Fuchsia magellanica* 'Riccartonii' → Juni – Oktober › Seite 168	**Fuchsie** *Fuchsia*-Hybride 'Ire'
				**Prachtspiere** Ⓛ Ⓗ *Astilbe arendsii* 'Fanal' → Juli – August › Seite 162	
		bis 40 cm		**Monatserdbeere** Ⓛ Ⓗ *Fragaria × vescana* 'Florika' → Mai – Oktober › Seite 167	**Erdbeere** *Fragaria vesca* var. *semperflorens* 'Alexandria' › Seite 167
	rosa/ violett	über 120 cm		**Alpenrose** Ⓗ *Rhododendron*-Hybride 'Praecox' → März – April › Seite 180	**Lorbeerrose** *Kalmia latifolia*
				**Wiesenraute** Ⓛ Ⓗ *Thalictrum delavayi* → Juli – September › Seite 183	**Wiesenraute** *Thalictrum aquilegifolium* 'Thundercloud'

Blumenbeete

Blumenbeete

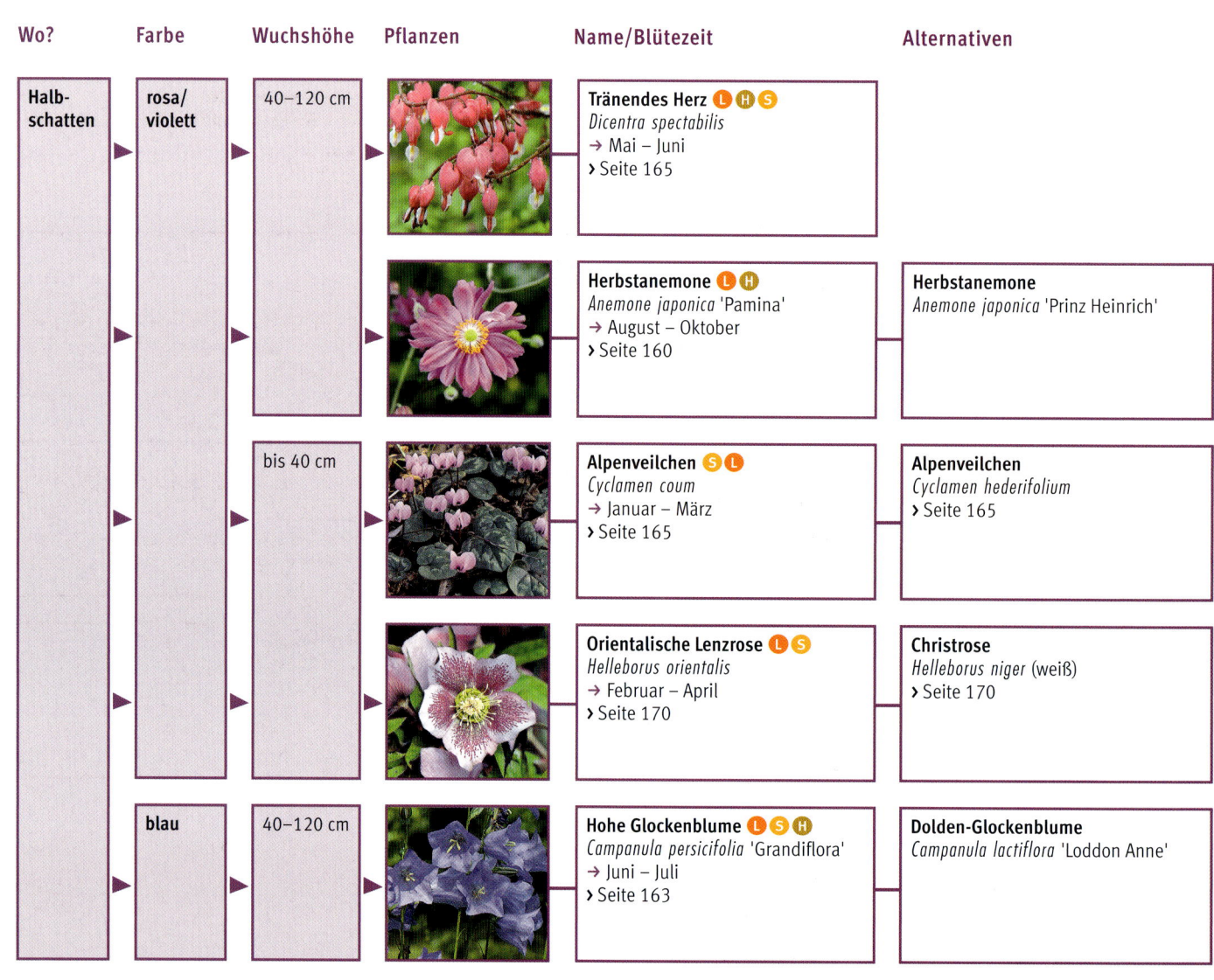

Wo?	Farbe	Wuchshöhe	Pflanzen	Name/Blütezeit	Alternativen
Halb-schatten	rosa/violett	40–120 cm		**Tränendes Herz** L H S *Dicentra spectabilis* → Mai – Juni › Seite 165	
				Herbstanemone L H *Anemone japonica* 'Pamina' → August – Oktober › Seite 160	**Herbstanemone** *Anemone japonica* 'Prinz Heinrich'
		bis 40 cm		**Alpenveilchen** S L *Cyclamen coum* → Januar – März › Seite 165	**Alpenveilchen** *Cyclamen hederifolium* › Seite 165
				Orientalische Lenzrose L S *Helleborus orientalis* → Februar – April › Seite 170	**Christrose** *Helleborus niger* (weiß) › Seite 170
	blau	40–120 cm		**Hohe Glockenblume** L S H *Campanula persicifolia* 'Grandiflora' → Juni – Juli › Seite 163	**Dolden-Glockenblume** *Campanula lactiflora* 'Loddon Anne'

Wo?	Farbe	Wuchshöhe	Pflanzen	Name/Blütezeit	Alternativen
Halb-schatten	blau	40–120 cm		**Storchschnabel** **L** **H** *Geranium*-Hybride 'Rozanne' → Juni – Oktober › Seite 169	**Storchschnabel** *Geranium magnificum* 'Rosemoor'
				**Herbsteisenhut** **L** **H** *Aconitum carmichaelii* 'Arendsii' → September – Oktober › Seite 159	
				**Heidelbeere** **H** *Vaccinium corymbosum* 'Blue Crop' › Seite 184	**Preiselbeere** *Vaccinium vitis-idaea* 'Koralle' (rot)
		bis 40 cm		**Balkananemone** **H** **L** **S** *Anemone blanda* 'Blue Shades' → März – April › Seite 185	**Blaustern** *Scilla siberica* › Seite 182
				**Lungenkraut** **L** **H** *Pulmonaria angustifolia* 'Azurea' → März – April › Seite 179	

Blumenbeete

95

Wo?	Farbe	Wuchshöhe	Pflanzen	Name/Blütezeit	Alternativen
Halb-schatten	grün/braun	über 120 cm	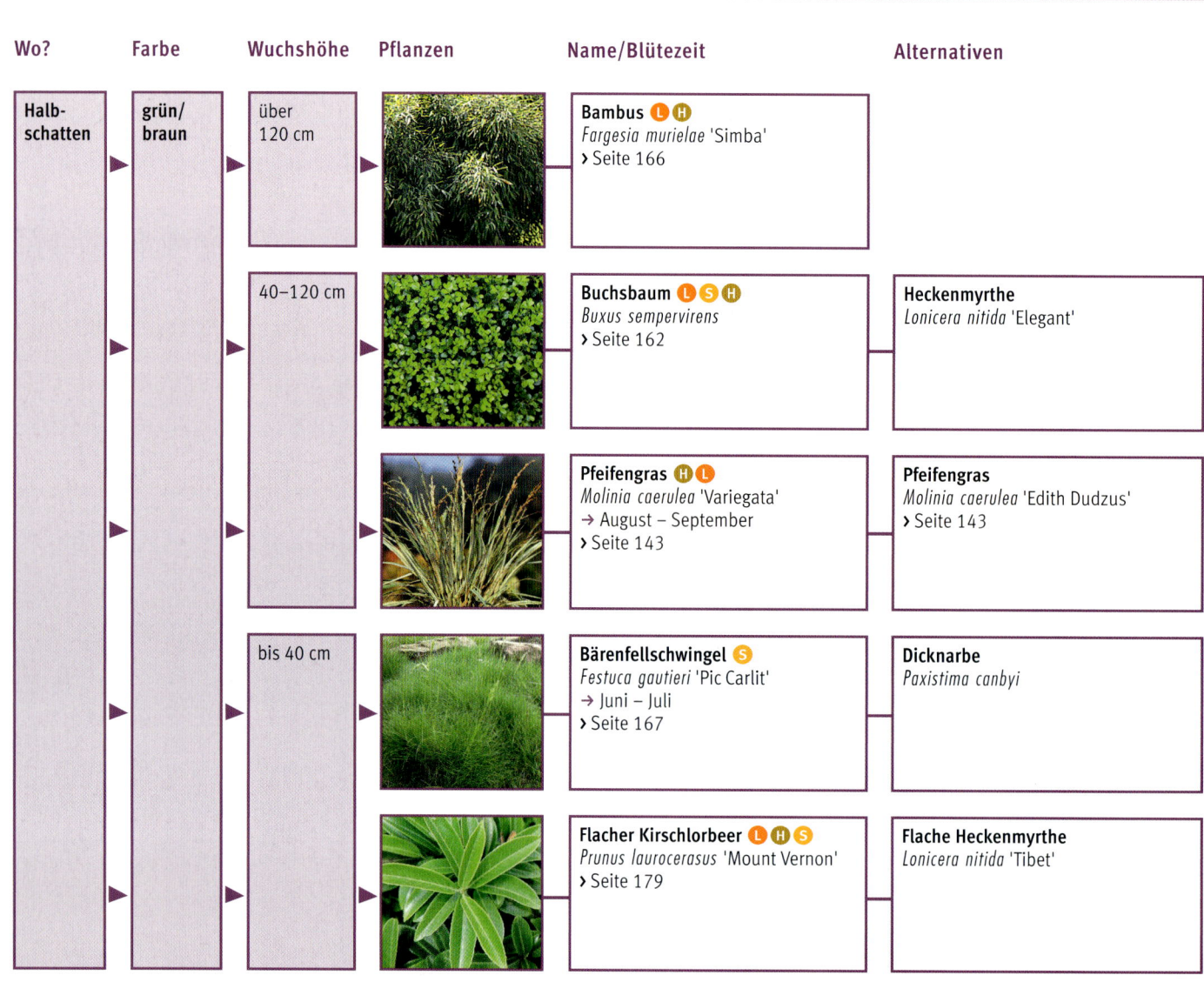	**Bambus** 🅛 🅗 *Fargesia murielae* 'Simba' › Seite 166	
		40–120 cm		**Buchsbaum** 🅛 🅢 🅗 *Buxus sempervirens* › Seite 162	**Heckenmyrthe** *Lonicera nitida* 'Elegant'
				Pfeifengras 🅗 🅛 *Molinia caerulea* 'Variegata' → August – September › Seite 143	**Pfeifengras** *Molinia caerulea* 'Edith Dudzus' › Seite 143
		bis 40 cm		**Bärenfellschwingel** 🅢 *Festuca gautieri* 'Pic Carlit' → Juni – Juli › Seite 167	**Dicknarbe** *Paxistima canbyi*
				Flacher Kirschlorbeer 🅛 🅗 🅢 *Prunus laurocerasus* 'Mount Vernon' › Seite 179	**Flache Heckenmyrthe** *Lonicera nitida* 'Tibet'

Wo?	Farbe	Wuchshöhe	Pflanzen	Name/Blütezeit	Alternativen
Schatten	weiß	über 120 cm		**Kirschlorbeer** L H S *Prunus laurocerasus* 'Etna' → Mai › Seite 178	**Bambus** *Fargesia murielae* 'Simba' › Seite 166
				**Bronzeschaublatt** L H *Rodgersia podophylla* 'Rotlaub' → Juni – Juli › Seite 190	**Waldgeißbart** *Aruncus dioicus* › Seite 161
		40–120 cm		**Lorbeerkrüglein** H *Leucothoe walteri* 'Scarletta' → Mai – Juni › Seite 175	**Weißbunte Lavendelheide** *Pieris japonica* 'Variegata'
				**Funkie** L H S *Hosta*-Hybride 'Royal Standard' → August – September › Seite 172	**Funkie** *Hosta sieboldiana* 'Elegans' (violett) › Seite 172
		bis 40 cm		**Märzenbecher** L H *Leucojum vernum* → März – April › Seite 189	**Hundszahn** *Erythronium revolutum* 'White Beauty'

Blumenbeete

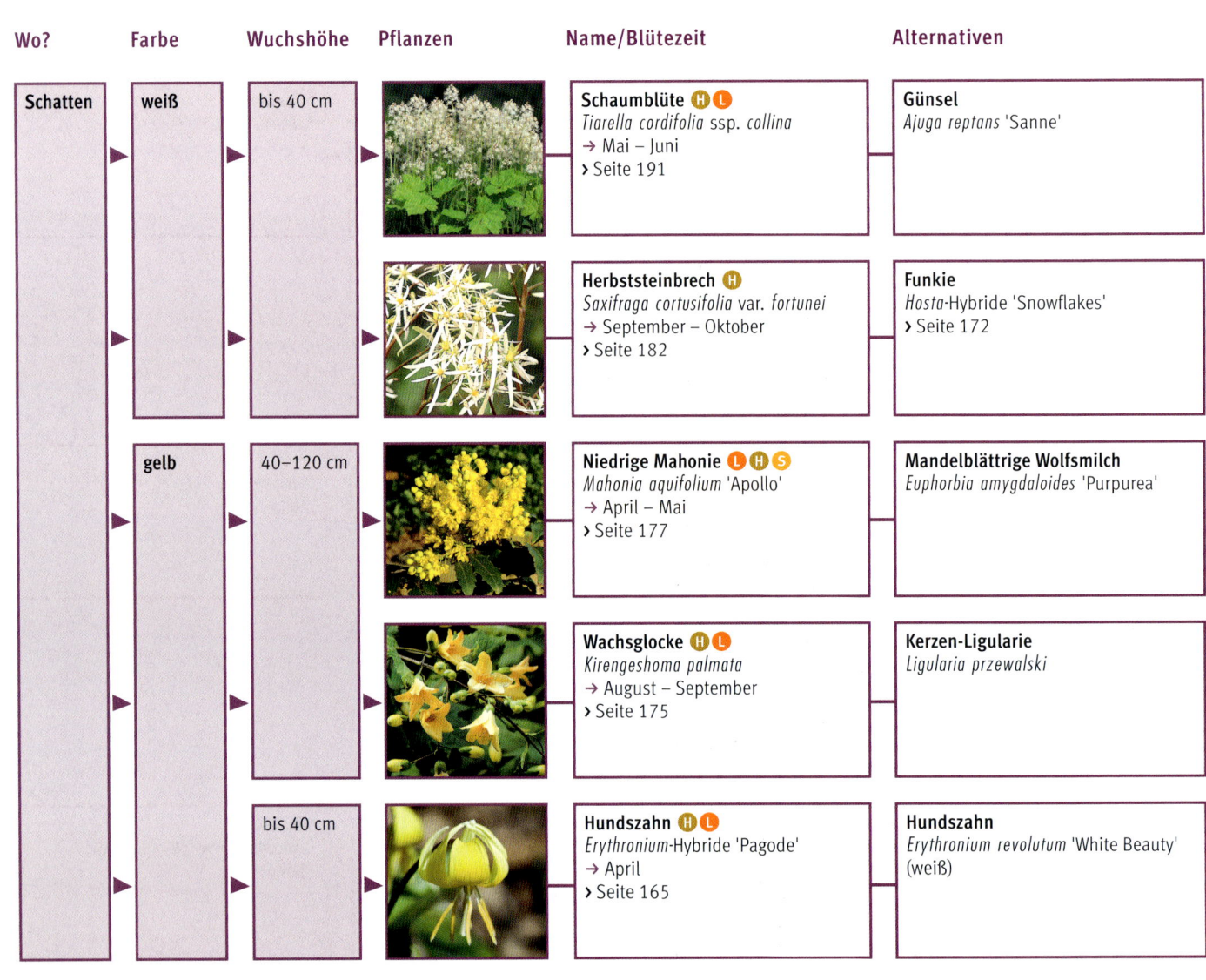

Wo?	Farbe	Wuchshöhe	Pflanzen	Name/Blütezeit	Alternativen
Schatten	weiß	bis 40 cm		**Schaumblüte** **H** **L** *Tiarella cordifolia* ssp. *collina* → Mai – Juni › Seite 191	**Günsel** *Ajuga reptans* 'Sanne'
				Herbststeinbrech **H** *Saxifraga cortusifolia* var. *fortunei* → September – Oktober › Seite 182	**Funkie** *Hosta*-Hybride 'Snowflakes' › Seite 172
	gelb	40–120 cm		**Niedrige Mahonie** **L** **H** **S** *Mahonia aquifolium* 'Apollo' → April – Mai › Seite 177	**Mandelblättrige Wolfsmilch** *Euphorbia amygdaloides* 'Purpurea'
				Wachsglocke **H** **L** *Kirengeshoma palmata* → August – September › Seite 175	**Kerzen-Ligularie** *Ligularia przewalski*
		bis 40 cm		**Hundszahn** **H** **L** *Erythronium*-Hybride 'Pagode' → April › Seite 165	**Hundszahn** *Erythronium revolutum* 'White Beauty' (weiß)

Blumenbeete

Wo?	Farbe	Wuchshöhe	Pflanzen	Name/Blütezeit	Alternativen
Schatten	gelb	bis 40 cm		**Waldsteinie** Ⓛ Ⓗ *Waldsteinia geoides* → April – Mai › Seite 191	**Elfenblume** *Epimedium versicolor* 'Sulphureum'
	rot	über 120 cm		**Rhododendron** Ⓗ *Rhododendron*-Hybride 'Hachmanns Feuerschein' → Mai – Juni › Seite 190	
		bis 40 cm		**Rote Lenzrose** Ⓛ Ⓢ *Helleborus orientalis* 'Rote Auslese' → Februar – April › Seite 170	**Christrose** *Helleborus niger* (weiß) › Seite 170
	rosa/ violett	über 120 cm		**Rhododendron** Ⓗ *Rhododendron*-Hybride 'Hachmanns Charmant' → Mai › Seite 190	
		40–120 cm		**Funkie** Ⓛ Ⓗ Ⓢ *Hosta*-Hybride 'June' → Juli – August › Seite 172	**Elfenblume** *Epimedium grandiflorum* 'Lilafee' › Seite 188

Blumenbeete

99

Wo?	Farbe	Wuchshöhe	Pflanzen	Name/Blütezeit	Alternativen
Schatten	rosa/violett	bis 40 cm	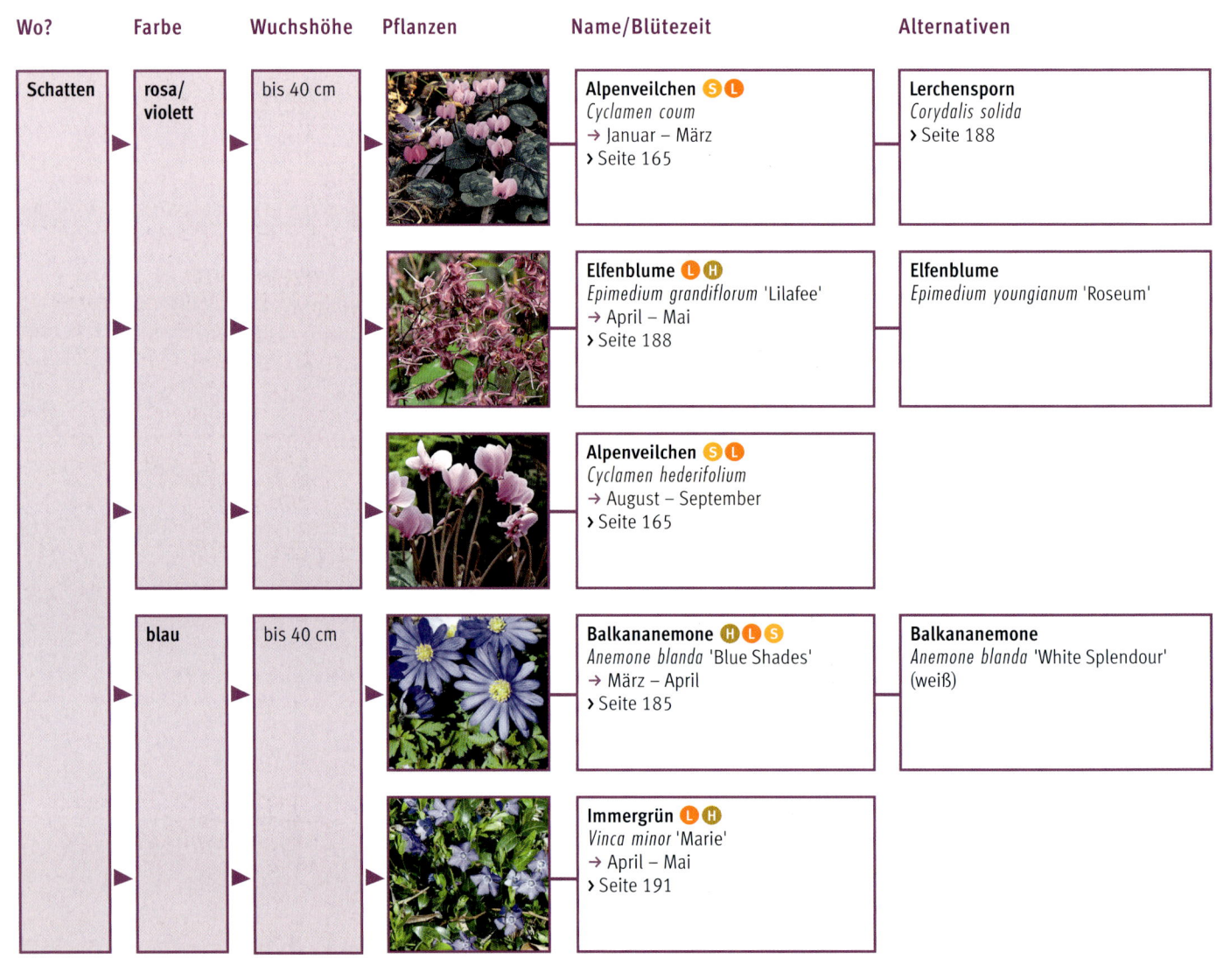	**Alpenveilchen** Ⓢ Ⓛ *Cyclamen coum* → Januar – März ❯ Seite 165	**Lerchensporn** *Corydalis solida* ❯ Seite 188
				Elfenblume Ⓛ Ⓗ *Epimedium grandiflorum* 'Lilafee' → April – Mai ❯ Seite 188	**Elfenblume** *Epimedium youngianum* 'Roseum'
				Alpenveilchen Ⓢ Ⓛ *Cyclamen hederifolium* → August – September ❯ Seite 165	
	blau	bis 40 cm		**Balkananemone** Ⓗ Ⓛ Ⓢ *Anemone blanda* 'Blue Shades' → März – April ❯ Seite 185	**Balkananemone** *Anemone blanda* 'White Splendour' (weiß)
				Immergrün Ⓛ Ⓗ *Vinca minor* 'Marie' → April – Mai ❯ Seite 191	

Wo?	Farbe	Wuchshöhe	Pflanzen	Name/Blütezeit	Alternativen

Schatten | **grün/ braun**

über 120 cm

Bambus Ⓗ
Fargesia murielae 'Simba'
❯ Seite 166

Japanische Zwergeibe
Taxus cuspidata 'Nana'
❯ Seite 183

Japanische Stechpalme Ⓗ Ⓛ
Ilex crenata 'Convexa'
❯ Seite 174

Muschelzypresse
Chamaecyparis obtusa 'Nana Gracilis'

40–120 cm

Frauenfarn Ⓛ Ⓗ
Athyrium filix-femina
❯ Seite 186

Pfauenradfarn
Adiantum pedatum
❯ Seite 185

bis 40 cm

Haselwurz Ⓛ Ⓗ
Asarum europaeum
❯ Seite 186

Japansegge Ⓛ Ⓗ Ⓢ
Carex morrowii 'Variegata'
→ März – April
❯ Seite 187

Japanisches Waldgras
Hakonechloa macra 'Aureola'
❯ Seite 169

Blumenbeete

101

Lassen Sie es blühen!

Im Blumenbeet können Sie in Blüten schwelgen. Setzen Sie auch hier eine größere Pflanze ein, die die Führungsrolle übernimmt (farbig unterlegt). Zwiebelblumen verlängern die Blütezeit. Hier brauchen Sie sich nicht streng an die angegebenen Stückzahlen zu halten. Da sie den anderen Pflanzen keinen Platz wegnehmen, können es ruhig ein paar mehr sein. Gräser und Farne lockern auf. In den Klammern finden Sie wieder Vorschläge, wie Sie die Pflanzen im Beet verteilen können, um ein harmonisches Bild zu erhalten.

Sonnig L   Fläche ca. 10 m²

Anzahl	Name	Blütezeit	Blütenfarbe	Porträt
6	Gämswurz (2 x 3)	April – Mai	gelb	› S. 135
5	Zierlauch	Mai	blau	› S. 127
2	Pfingstrose	Juni	rosa	› S. 145
	Rittersporn	Juni – Juli	dunkelblau	› S. 134
1	Rose 'Red Leonardo da Vinci' (Hochstamm)	Juni – Okt.	rot	› S. 150
3	Sonnenhut (1 x 3)	Juli – Sept.	weiß	› S. 151
1	Lampenputzergras	Aug. – Sept.	braun	› S. 145
6	Kissenaster (2 x 3)	Sept. – Okt.	blau	› S. 128
1	Buchsbaum			› S. 162

Sonnig S   Fläche ca. 15 m²

Anzahl	Name	Blütezeit	Blütenfarbe	Porträt
50	Wildkrokus (5 x 10)	Feb. – März	gelb	› S. 133
	Hängende Silberbirne	April	weiß	› S. 149
10	Zierlauch	Mai	blau	› S. 127
9	Blut-Storchschnabel (3 x 3)	Mai – Juni	weiß	› S. 139
6	Niedrige Schafgarbe (2 x 3)	Juni – Juli	gelb	› S. 126
5	Duftnessel	Juli – Sept.	blau	› S. 126
3	Silberährengras	Juli – Sept.	braun	› S. 155
9	Steinquendel (3 x 3)	Juli – Okt.	rosa	› S. 130
6	Hohe Fetthenne (2 x 3)	Sept. – Okt.	rot	› S. 153

Sonnig H   Fläche ca. 10 m²

Anzahl	Name	Blütezeit	Blütenfarbe	Porträt
30	Zwergnarzisse (6 x 5)	April	gelb	› S. 144
	Apfelbeere	Mai	weiß	› S. 128
15	Präriekerze (5 x 3)	Mai	blau	› S. 130
5	Kahler Frauenmantel	Juni – Juli	gelb	› S. 160
2	Fingerstrauch	Juni – Okt.	gelb	› S. 148
5	Storchschnabel	Juni – Okt.	blau	› S. 139
3	Taglilie 'Corky'	Juni – Okt.	gelb	› S. 171
1	Chinaschilf 'Adagio'	Aug. – Sept.	braun	› S. 143
6	Kissenaster (2 x 3)	Sept. – Okt.	weiß	› S. 128

Halbschattig L   Fläche ca. 12 m²

Anzahl	Name	Blütezeit	Blütenfarbe	Porträt
30	Schneeglöckchen (3 x 10)	Jan. – Feb.	weiß	› S. 168
30	Narzisse (6 x 5)	April	gelb	› S. 144
3	Tränendes Herz	Mai – Juni	rosa	› S. 165
3	Taglilie (1 x 3)	Juni – Juli	gelb	› S. 171
6	Waldaster (2 x 3)	Aug. – Sept.	weiß	› S. 161
6	Herbstanemone (2 x 3)	Aug. – Okt.	rosa	› S. 160
2	Herbsteisenhut	Sept. – Okt.	blau	› S. 159
3	Buchsbaum			› S. 162
	Pfaffenhütchen			› S. 166

Blumenbeete

Halbschattig Ⓗ Fläche ca. 8 m²

Anzahl	Name	Blütezeit	Blütenfarbe	Porträt
30	Blaustern (6 x 5)	März – April	🔵	› S. 182
6	Lungenkraut (2 x 3)	März – April	🔵	› S. 179
30	Zwergnarzisse (6 x 5)	April	🟡	› S. 144
	Hohe Scheinhasel	April – Mai	🟡	› S. 164
1	Dreiblattspiere	Juni – Juli	⚪	› S. 169
1	Winterharte Fuchsie	Juni – Okt.	🔴	› S. 168
1	Pfeifengras	Aug. – Okt.	🟤	› S. 143
6	Herbststeinbrech (2 x 3)	Sept. – Okt.	⚪	› S. 182
3	Flacher Kirschlorbeer			› S. 179

Halbschattig Ⓢ Fläche ca. 10 m²

Anzahl	Name	Blütezeit	Blütenfarbe	Porträt
6	Alpenveilchen (2 x 3)	Jan. – März	⚪	› S. 165
3	Rote Lenzrose	Feb. – April	⚪	› S. 170
30	Balkananemone (3 x 10)	März – April	🔵	› S. 185
9	Blut-Storchschnabel (3 x 3)	Mai – Juni	⚪	› S. 139
6	Goldwolfsmilch (2 x 3)	Mai – Juni	🟡	› S. 136
	Prager Schneeball	Mai – Juni	⚪	› S. 184
9	Hohe Glockenblume (3 x 3)	Juni – Juli	🔵	› S. 163
1	Mannsblut	Juni – Sept.	🟡	› S. 173
9	Bärenfellschwingel (3 x 3)			› S. 167

Schattig Ⓗ Fläche ca. 12 m²

Anzahl	Name	Blütezeit	Blütenfarbe	Porträt
10	Hundszahn (2 x 5)	April	🟡	› S. 165
	Rhododendron	Mai – Juni	🔴	› S. 190
9	Schaumblüte (3 x 3)	Mai – Juni	⚪	› S. 191
6	Jap. Waldgras (2 x 3)	Juli – Aug.	🟤	› S. 169
3	Funkie 'Royal Standard'	Aug. – Sept.	⚪	› S. 172
2	Wachsglocke	Aug. – Sept.	🟡	› S. 175

Schattig Ⓛ Fläche ca. 10 m²

Anzahl	Name	Blütezeit	Blütenfarbe	Porträt
6	Elfenblume (2 x 3)	April – Mai	⚪	› S. 188
9	Waldsteinie (3 x 3)	April – Mai	🟡	› S. 191
1	Bronzeschaublatt	Juni – Juli	⚪	› S. 190
	Bambus			› S. 166
10	Haselwurz (2 x 5)			› S. 186
3	Pfauenradfarn			› S. 185

Schattig Ⓛ Ⓢ Fläche ca. 8 m²

Anzahl	Name	Blütezeit	Blütenfarbe	Porträt
10	Alpenveilchen (2 x 5)	Jan. – März	⚪	› S. 165
3	Rote Lenzrose (1 x 2; 1 x 1)	Feb. – April	⚪	› S. 170
30	Balkananemone (6 x 5)	März – April	🔵	› S. 185
3	Japansegge (1 x 2; 1 x 1)	März – April	🟤	› S. 187
	Kirschlorbeer	Mai		⚪	› S. 178
3	Funkie 'June' (1 x 2; 1 x 1)			› S. 172

Blumenbeete

Gartengrenzen

Gartengrenzen sind zum Wohlfühlen im Garten unentbehrlich. Blickdichte Hecken zur Straße oder zu den Nachbarn sorgen für Sichtschutz – ein angenehmes Gefühl der Abgeschiedenheit. Und so wie Wände ein Haus in verschiedene Zimmer teilen, trennen Spaliere, Trockenmauern und niedrige geschnittene Hecken verschiedene Gartenräume voneinander ab.

»Gartengrenzen« – wer denkt da nicht unwillkürlich an die Grundstücksgrenze, an Zäune und Mauern, an blickdichte geschnittene oder freiwachsende Hecken? Gartengrenzen umfasst aber auch das mit Kletterpflanzen bewachsene Spalier an der Terrasse, die Trockenmauer am Sitzplatz und die niedrige Buchseinfassung ums Gemüsebeet.

Die Hecke
Eine Hecke am Grundstücksrand zur Straße hin schützt vor neugierigen Blicken. Daneben hält eine Hecke auch Staub und – zumindest in gewissem Umfang – Straßenlärm ab. Je dichter eine Hecke ist, umso mehr

Windschutz bietet sie auch – ein Umstand, der in Anbetracht der Klimaveränderung immer mehr ins Gewicht fällt!
Eine blickdichte, hohe Hecke ist etwas für den hinteren Gartenteil. Im Vorgarten wirkt sie wenig einladend, ja direkt abweisend. Hier sind niedrige Hecken, z. B. aus Fingerstrauch oder Zwergliguster, ansprechender, zumal sie kaum Platz beanspruchen und kein Licht wegnehmen. Bei hohen Hecken unterscheidet man zwischen geschnittenen (formierten) und gemischten, freiwachsenden Hecken.

→ **Formierte Hecken** (❯ Seite 106–109) brauchen nur wenig Platz. 50–80 cm Breite

reichen schon aus. Sie sind daher besonders für kleine Gärten geeignet. Sie sollten aus einer Gehölzart bestehen. Nur so entsteht ein ruhiger, geschlossener Eindruck. Allerdings macht eine formierte Hecke auch Arbeit. Hecken aus Hainbuchen oder Liguster sollten zweimal im Jahr geschnitten werden. Bei immergrünen Hecken aus Kirschlorbeer oder Thuja reicht ein Schnitt im Jahr. Ob Sie sich für eine laubabwerfende oder eine immergrüne Hecke entscheiden, ist auch Geschmackssache. Forsythie und Kornelkirsche erfreuen trotz des strengen Schnitts jedes Jahr wieder mit vielen Blüten. Das über den ganzen Winter haftende braune Laub von

Hainbuche und Liguster ist nicht jedermanns Sache.

Eine geschnittene Hecke wächst nicht von heute auf morgen zur gewünschten Höhe heran. Genaugenommen dauert es Jahre! Viele Baumschulen bieten daher für Ungeduldige (mit großem Geldbeutel) schon vorgezogene Hecken-Elemente in unterschiedlichen Höhen an.

→ **Gemischte Hecken** (❯ Seite 110–113) bestehen aus Ziersträuchern unterschiedlicher Höhe und Blütezeit. Sie brauchen erheblich mehr Platz in der Breite als geschnittene Hecken. Zwei Meter sollten Sie mindestens einplanen, drei sind besser.

Und wie dicht darf gepflanzt werden? Oft sieht man Neupflanzungen, in denen der Pflanzabstand noch nicht mal einen Meter beträgt. Nach fünf Jahren wird es eng. Und spätestens nach zehn Jahren ist ein undurchdringliches Dickicht entstanden, das von unten verkahlt und dann die gewünschte Abschirmung nicht mehr leistet.

Planen Sie entweder gleich einen Teil der Sträucher als »Lückenfüller« ein, die nach ein paar Jahren zugunsten der anderen wieder entfernt werden. Oder wählen Sie einen Pflanzabstand von mindestens 1,5 m, damit sich jeder Strauch gut entwickeln kann. Staffeln Sie die Gehölze in der Höhe, das sieht schön aus und bietet den einzelnen Pflanzen mehr Raum zur Entfaltung.

Die einzelnen Gehölze dürfen sich übrigens gerne wiederholen, vor allem die niedrigen. Und vergessen Sie auf keinen Fall die Immergrünen. Buchs, Eibe und Mahonie, besonders aber der Prager Schneeball sorgen auch im Winter für frisches Grün!

Für eine gemischte Hecke im Halbschatten oder Schatten möchte ich Ihnen folgende Kombination besonders empfehlen: Winter-Heckenkirsche, Kirschlorbeer, gefüllter Ranunkelstrauch und Schneebeere.

Bei der gemischten Hecke entfällt der jährliche Schnittaufwand. Allerdings sollte auch sie ab und zu etwas ausgelichtet werden.

→ Für **niedrige Einfassungen** eignen sich Kleingehölze wie Sommerspiere oder Apfelrose besonders gut. Bleiben Sie hier, wie bei der geschnittenen Hecke, bei einer Art. Und lassen Sie sie frei wachsen – ein regelmäßiger Formschnitt ist hier nicht angebracht.

Wichtig: Beachten Sie vor allem bei der gemischten, aber auch bei der geschnittenen Hecke den vorgeschriebenen Grenzabstand, der im Nachbarschaftsrecht der einzelnen Bundesländer festgelegt ist.

Das Spalier

Mit einem Spalier (❯ Seite 114–115) schaffen Sie Sichtschutz auf engstem Raum. Die Ideallösung auch für kleinste Gärten und natürlich am Sitzplatz. Spalier heißt auch, das Angenehme mit dem Nützlichen verbinden.

An der Grenze zum Nachbarn z. B. können Sie ein paar Pfosten setzen (Grenzabstand beachten!), Drähte in unterschiedlicher Höhe ziehen und den wunderbaren Apfel 'Topaz' als Spalierbaum ziehen. Oder Sie pflanzen ein paar Brombeeren 'Navaho' und befestigen die Triebe an den Drähten. Ein Spalier aus Lärchenholz an der Terrasse gibt der feurigroten Kletterrose 'Santana' Halt und Stütze. Für den Schatten eignet sich die Kletterhortensie sehr gut. Vorsicht bitte mit der Glyzinie: Dieser Starkwachser mit den kräftigen Trieben braucht eine ganz stabile Kletterhilfe!

Die Trockenmauer

Eine Trockenmauer wird in der Regel gebaut, um Böschungen und Wege abzusichern. Sie eignet sich aber auch hervorragend, um ein Hochbeet, ein Kräutergärtchen oder einen Sitzplatz einzugrenzen. Und setzt so zwar niedrige, aber höchst attraktive Grenzen im Garten. In die Fugen und auf die Krone der Mauer lassen sich – je nach Standort – reizvolle Stauden und Zwerggehölze pflanzen (❯ Seite 116–123), die hier meist besser als im übrigen Garten gedeihen und zur Geltung kommen. Steinginster, Sonnenröschen und Rosmarin-Seidelbast sind zur Blütezeit die Sensation im Garten. Aus den Fugen quellende Polsterpflanzen erfreuen uns mit der überreichen Fülle ihrer Blüten.

105

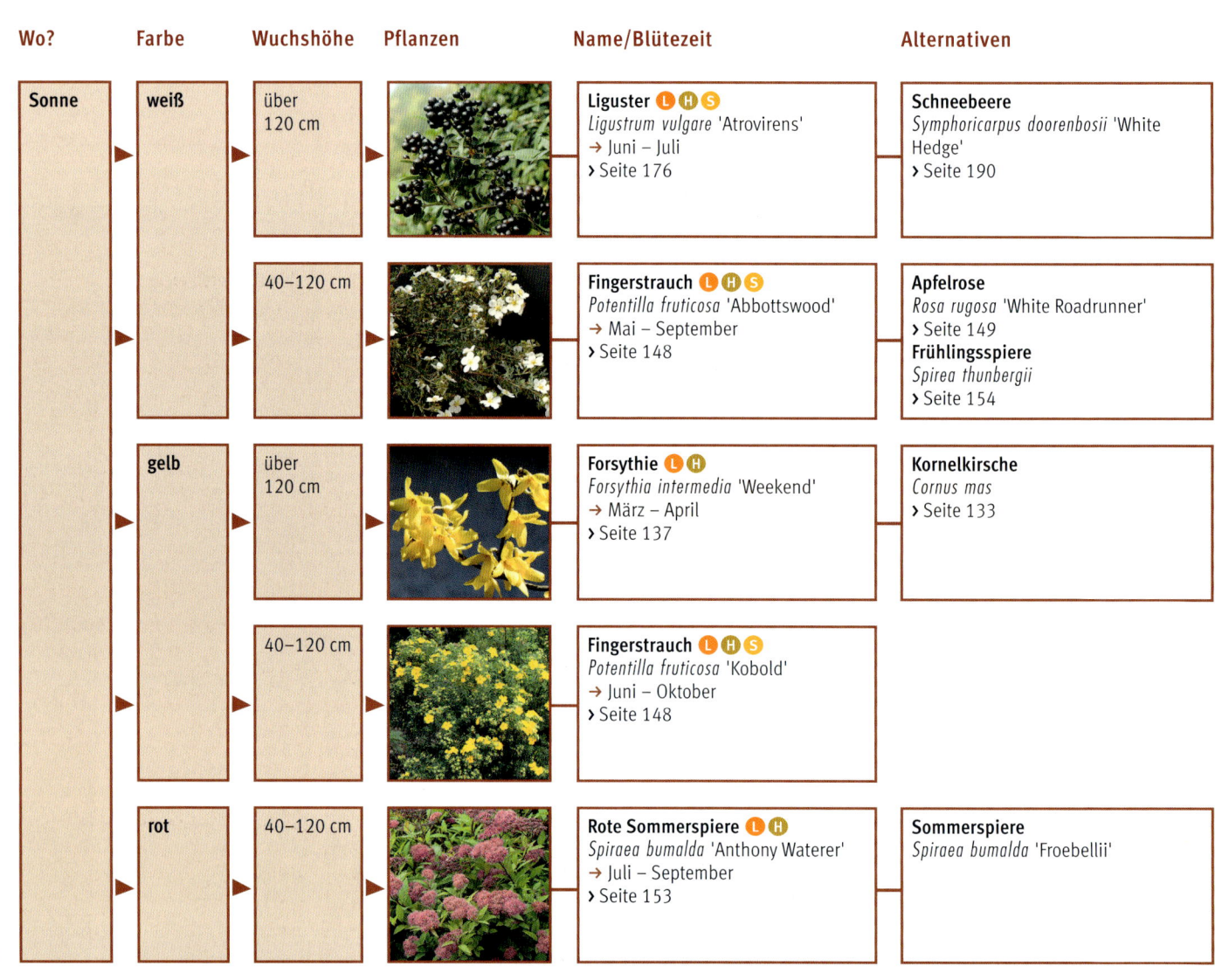

Wo?	Farbe	Wuchshöhe	Pflanzen	Name/Blütezeit	Alternativen
Sonne	weiß	über 120 cm		**Liguster** L H S *Ligustrum vulgare* 'Atrovirens' → Juni – Juli › Seite 176	**Schneebeere** *Symphoricarpus doorenbosii* 'White Hedge' › Seite 190
		40–120 cm		**Fingerstrauch** L H S *Potentilla fruticosa* 'Abbottswood' → Mai – September › Seite 148	**Apfelrose** *Rosa rugosa* 'White Roadrunner' › Seite 149 **Frühlingsspiere** *Spirea thunbergii* › Seite 154
	gelb	über 120 cm		**Forsythie** L H *Forsythia intermedia* 'Weekend' → März – April › Seite 137	**Kornelkirsche** *Cornus mas* › Seite 133
		40–120 cm		**Fingerstrauch** L H S *Potentilla fruticosa* 'Kobold' → Juni – Oktober › Seite 148	
	rot	40–120 cm		**Rote Sommerspiere** L H *Spiraea bumalda* 'Anthony Waterer' → Juli – September › Seite 153	**Sommerspiere** *Spiraea bumalda* 'Froebellii'

Wo?	Farbe	Wuchshöhe	Pflanzen	Name/Blütezeit	Alternativen
Sonne	rosa/violett	40–120 cm	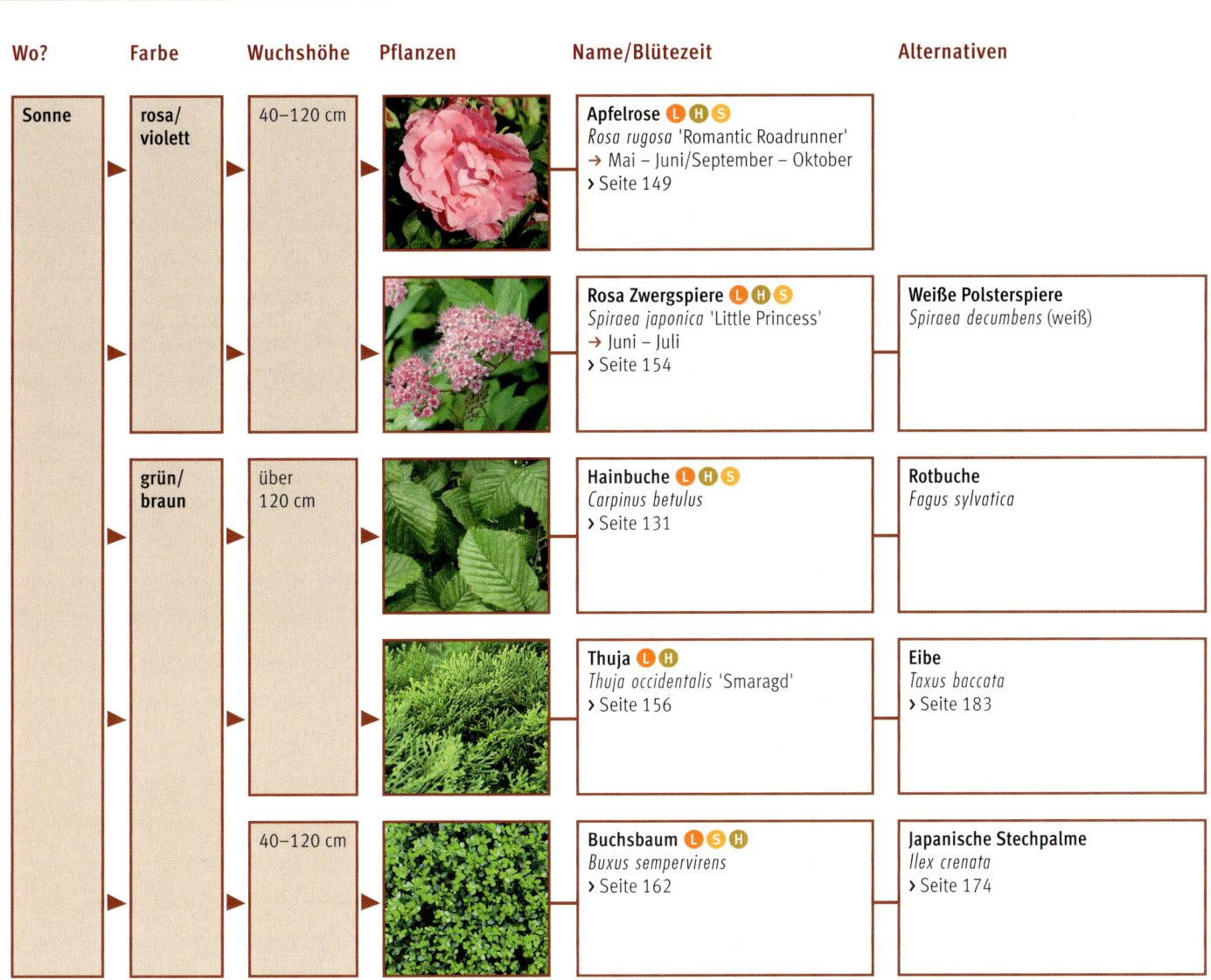	**Apfelrose** L H S *Rosa rugosa* 'Romantic Roadrunner' → Mai – Juni/September – Oktober > Seite 149	
				Rosa Zwergspiere L H S *Spiraea japonica* 'Little Princess' → Juni – Juli > Seite 154	**Weiße Polsterspiere** *Spiraea decumbens* (weiß)
	grün/braun	über 120 cm		**Hainbuche** L H S *Carpinus betulus* > Seite 131	**Rotbuche** *Fagus sylvatica*
				Thuja L H *Thuja occidentalis* 'Smaragd' > Seite 156	**Eibe** *Taxus baccata* > Seite 183
		40–120 cm		**Buchsbaum** L S H *Buxus sempervirens* > Seite 162	**Japanische Stechpalme** *Ilex crenata* > Seite 174

Gartengrenzen

107

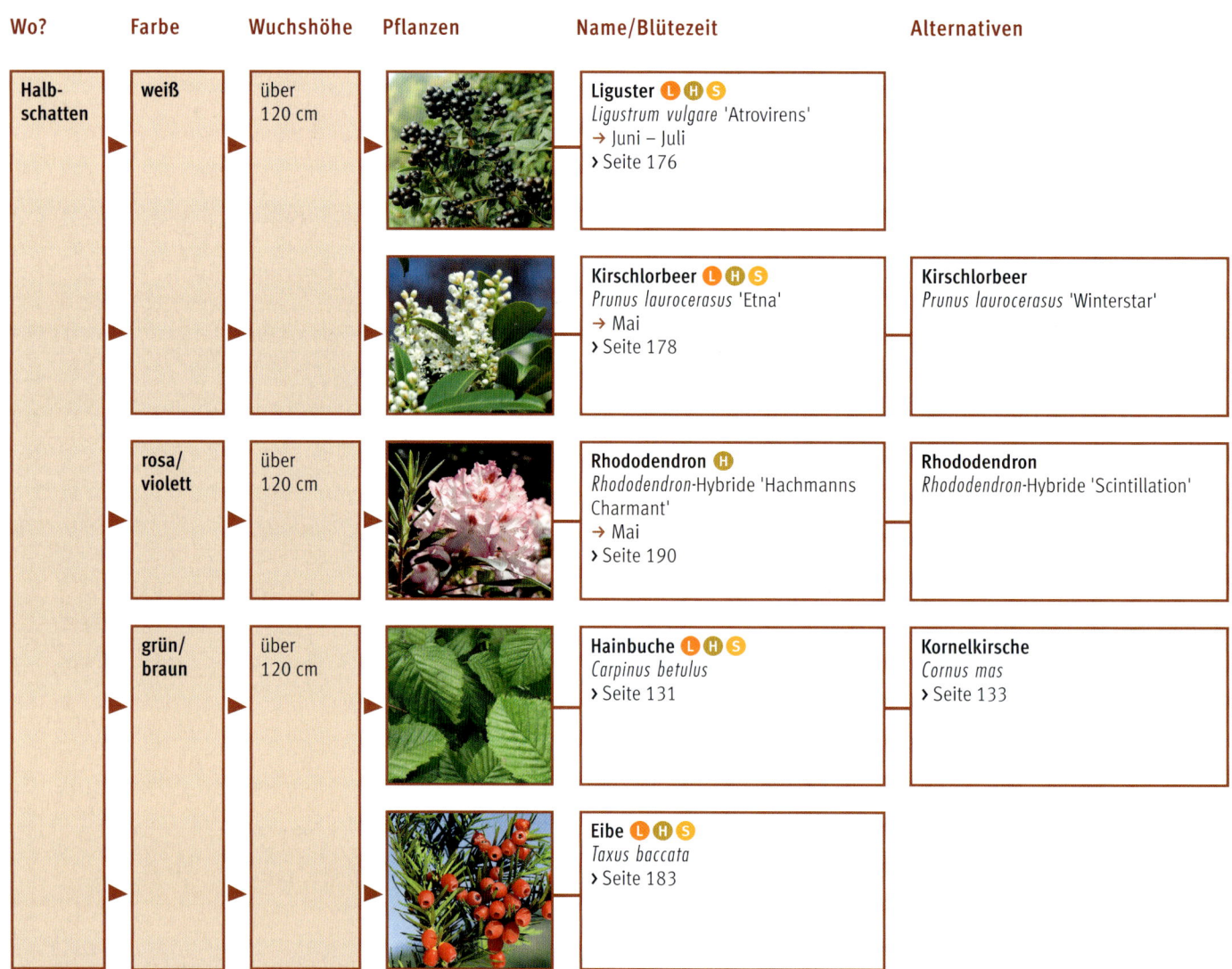

Wo?	Farbe	Wuchshöhe	Pflanzen	Name/Blütezeit	Alternativen
Halb-schatten	weiß	über 120 cm		**Liguster** **L** **H** **S** *Ligustrum vulgare* 'Atrovirens' → Juni – Juli › Seite 176	
				Kirschlorbeer **L** **H** **S** *Prunus laurocerasus* 'Etna' → Mai › Seite 178	**Kirschlorbeer** *Prunus laurocerasus* 'Winterstar'
	rosa/ violett	über 120 cm		**Rhododendron** **H** *Rhododendron*-Hybride 'Hachmanns Charmant' → Mai › Seite 190	**Rhododendron** *Rhododendron*-Hybride 'Scintillation'
	grün/ braun	über 120 cm		**Hainbuche** **L** **H** **S** *Carpinus betulus* › Seite 131	**Kornelkirsche** *Cornus mas* › Seite 133
				Eibe **L** **H** **S** *Taxus baccata* › Seite 183	

Wo?	Farbe	Wuchshöhe	Pflanzen	Name/Blütezeit	Alternativen
Schatten	weiß	über 120 cm		**Kirschlorbeer** L H S *Prunus laurocerasus* 'Etna' → Mai › Seite 178	**Liguster** *Ligustrum vulgare* 'Atrovirens' › Seite 176
				**Schneebeere** L H S *Symphoricarpus doorenbosii* 'White Hedge' › Seite 190	
	gelb	40–120 cm		**Mahonie** L H S *Mahonia aquifolium* → April – Mai › Seite 177	
	rot	über 120 cm		**Rhododendron** H *Rhododendron*-Hybride 'Hachmanns Feuerschein' → Mai – Juni › Seite 190	**Rhododendron** *Rhododendron*-Hybride 'Nova Zembla'
	grün/ braun	über 120 cm		**Japanische Stechpalme** H L *Ilex crenata* 'Convexa' › Seite 174	**Eibe** *Taxus baccata* › Seite 183

Gartengrenzen

Wo?	Farbe	Wuchshöhe	Pflanzen	Name/Blütezeit	Alternativen
Sonne	weiß	über 120 cm	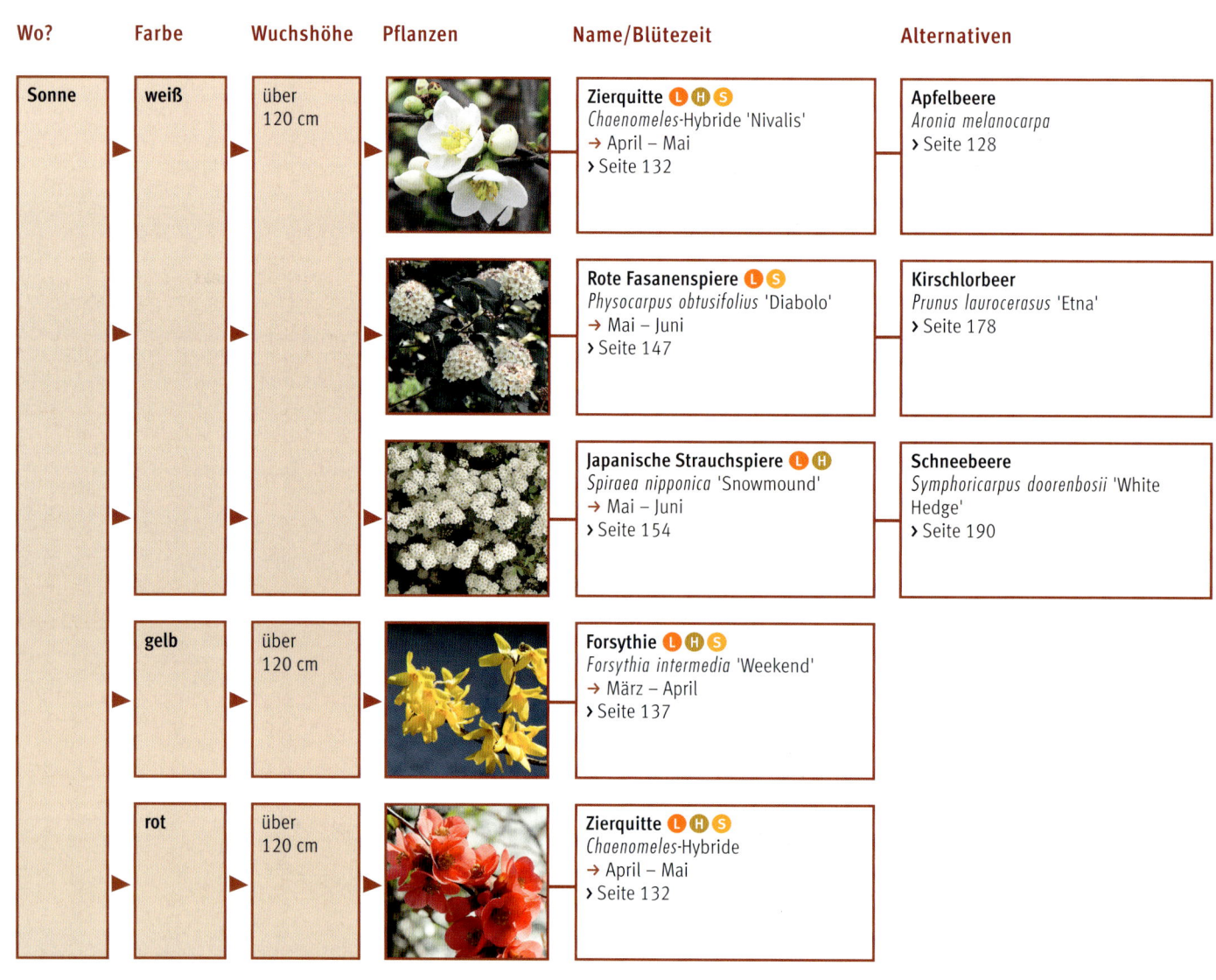	**Zierquitte** **L H S** *Chaenomeles*-Hybride 'Nivalis' → April – Mai › Seite 132	**Apfelbeere** *Aronia melanocarpa* › Seite 128
				Rote Fasanenspiere **L S** *Physocarpus obtusifolius* 'Diabolo' → Mai – Juni › Seite 147	**Kirschlorbeer** *Prunus laurocerasus* 'Etna' › Seite 178
				Japanische Strauchspiere **L H** *Spiraea nipponica* 'Snowmound' → Mai – Juni › Seite 154	**Schneebeere** *Symphoricarpus doorenbosii* 'White Hedge' › Seite 190
	gelb	über 120 cm		**Forsythie** **L H S** *Forsythia intermedia* 'Weekend' → März – April › Seite 137	
	rot	über 120 cm		**Zierquitte** **L H S** *Chaenomeles*-Hybride → April – Mai › Seite 132	

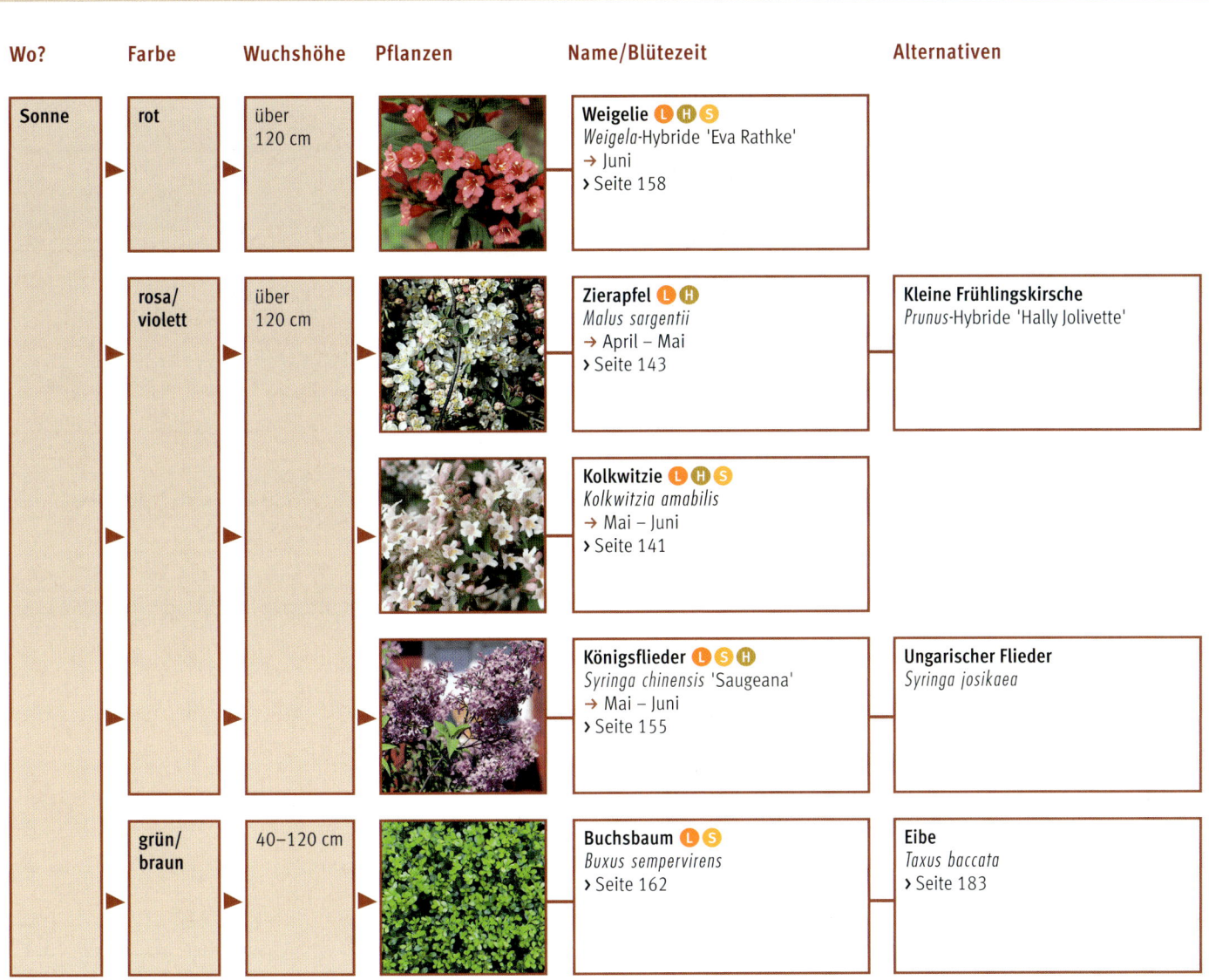

Wo?	Farbe	Wuchshöhe	Pflanzen	Name/Blütezeit	Alternativen
Sonne	rot	über 120 cm		**Weigelie** L H S *Weigela*-Hybride 'Eva Rathke' → Juni › Seite 158	
	rosa/ violett	über 120 cm		**Zierapfel** L H *Malus sargentii* → April – Mai › Seite 143	**Kleine Frühlingskirsche** *Prunus*-Hybride 'Hally Jolivette'
				Kolkwitzie L H S *Kolkwitzia amabilis* → Mai – Juni › Seite 141	
				Königsflieder L S H *Syringa chinensis* 'Saugeana' → Mai – Juni › Seite 155	**Ungarischer Flieder** *Syringa josikaea*
	grün/ braun	40–120 cm		**Buchsbaum** L S *Buxus sempervirens* › Seite 162	**Eibe** *Taxus baccata* › Seite 183

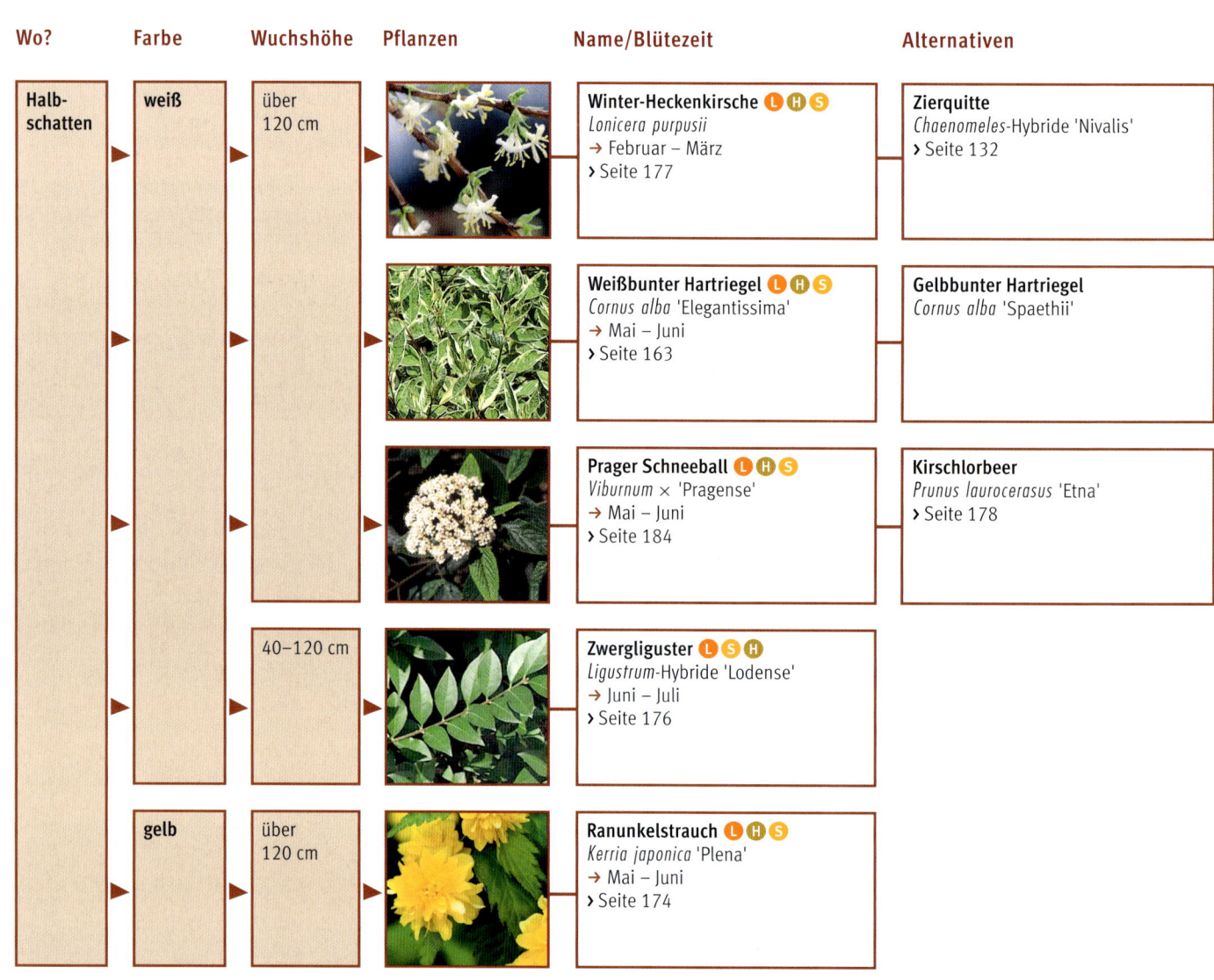

Wo?	Farbe	Wuchshöhe	Pflanzen	Name/Blütezeit	Alternativen
Halb-schatten	weiß	über 120 cm		**Winter-Heckenkirsche** Ⓛ Ⓗ Ⓢ *Lonicera purpusii* → Februar – März > Seite 177	**Zierquitte** *Chaenomeles*-Hybride 'Nivalis' > Seite 132
				Weißbunter Hartriegel Ⓛ Ⓗ Ⓢ *Cornus alba* 'Elegantissima' → Mai – Juni > Seite 163	**Gelbbunter Hartriegel** *Cornus alba* 'Spaethii'
				Prager Schneeball Ⓛ Ⓗ Ⓢ *Viburnum* × 'Pragense' → Mai – Juni > Seite 184	**Kirschlorbeer** *Prunus laurocerasus* 'Etna' > Seite 178
		40–120 cm		**Zwergliguster** Ⓛ Ⓢ Ⓗ *Ligustrum*-Hybride 'Lodense' → Juni – Juli > Seite 176	
	gelb	über 120 cm		**Ranunkelstrauch** Ⓛ Ⓗ Ⓢ *Kerria japonica* 'Plena' → Mai – Juni > Seite 174	

Gartengrenzen

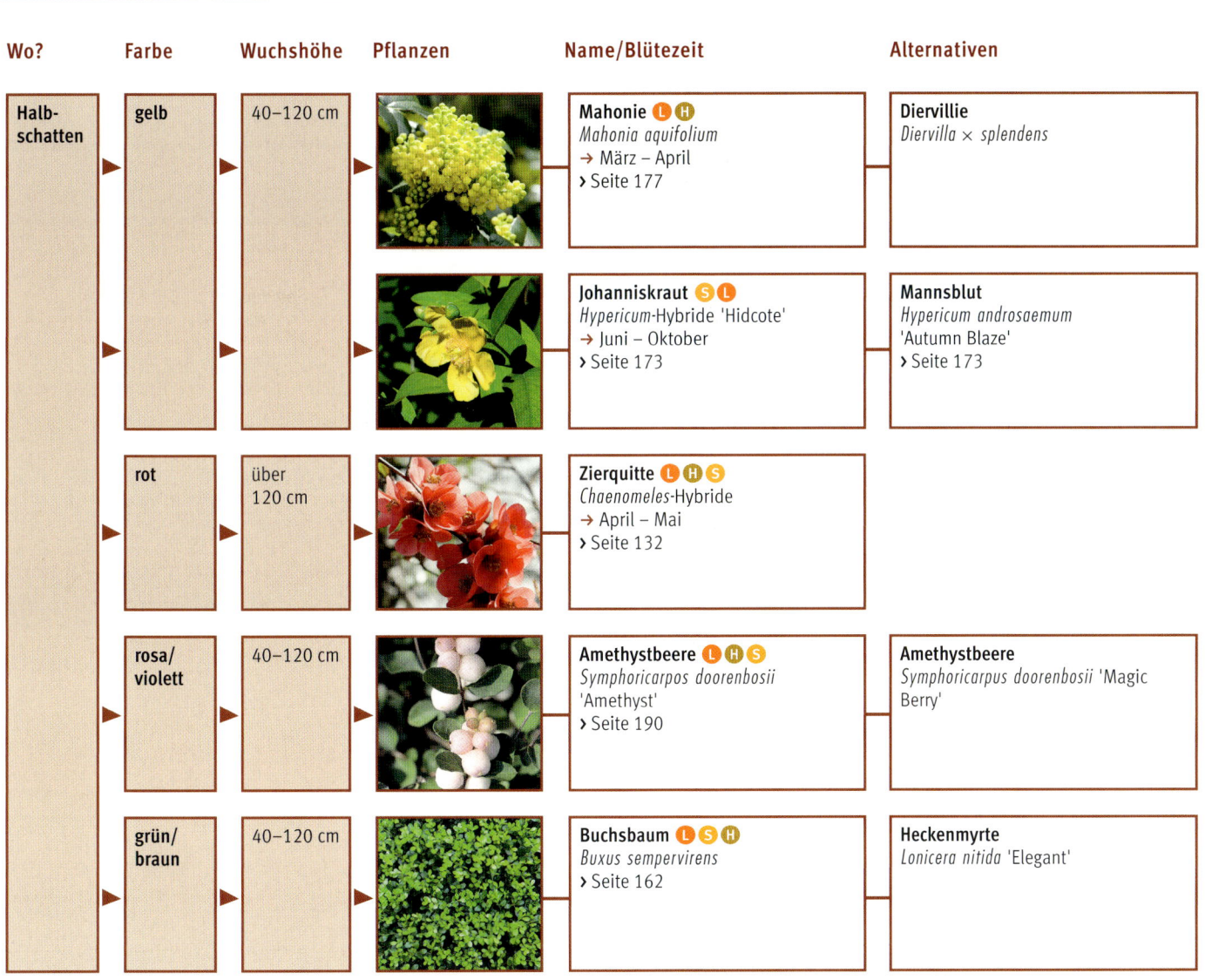

Wo?	Farbe	Wuchshöhe	Pflanzen	Name/Blütezeit	Alternativen
Halb-schatten	gelb	40–120 cm		**Mahonie** L H *Mahonia aquifolium* → März – April › Seite 177	**Diervillie** *Diervilla × splendens*
				Johanniskraut S L *Hypericum*-Hybride 'Hidcote' → Juni – Oktober › Seite 173	**Mannsblut** *Hypericum androsaemum* 'Autumn Blaze' › Seite 173
	rot	über 120 cm		**Zierquitte** L H S *Chaenomeles*-Hybride → April – Mai › Seite 132	
	rosa/ violett	40–120 cm		**Amethystbeere** L H S *Symphoricarpos doorenbosii* 'Amethyst' › Seite 190	**Amethystbeere** *Symphoricarpus doorenbosii* 'Magic Berry'
	grün/ braun	40–120 cm		**Buchsbaum** L S H *Buxus sempervirens* › Seite 162	**Heckenmyrte** *Lonicera nitida* 'Elegant'

Wo?	Farbe	Wuchshöhe	Pflanzen	Name/Blütezeit	Alternativen
Sonne	weiß	über 120 cm		**Apfel** L H S *Malus domestica* 'Topaz' → April – Mai › Seite 143	**Säulenapfel** *Malus domestica* 'Polka'
	rot	über 120 cm		**Kletterrose** L S *Rosa* 'Santana' → Juni – Juli/September – Oktober › Seite 151	**Kletterrose** *Rosa* 'Rotfassade'
	blau	über 120 cm		**Glyzinie** L H *Wisteria sinensis* → Mai › Seite 158	**Klettertrompete** *Campsis tagliabuana* 'Mme. Galen'
				Clematis L S *Clematis*-Hybride 'Etoile Violet' → Juni – Juli/Oktober › Seite 163	**Clematis** *Clematis*-Hybride 'Polish Spirit'
	grün	über 120 cm		**Tafeltraube** L S *Vitis vinifera* 'Palatina' › Seite 157	**Bayern-Kiwi** *Actinidia arguta* 'Weiki'

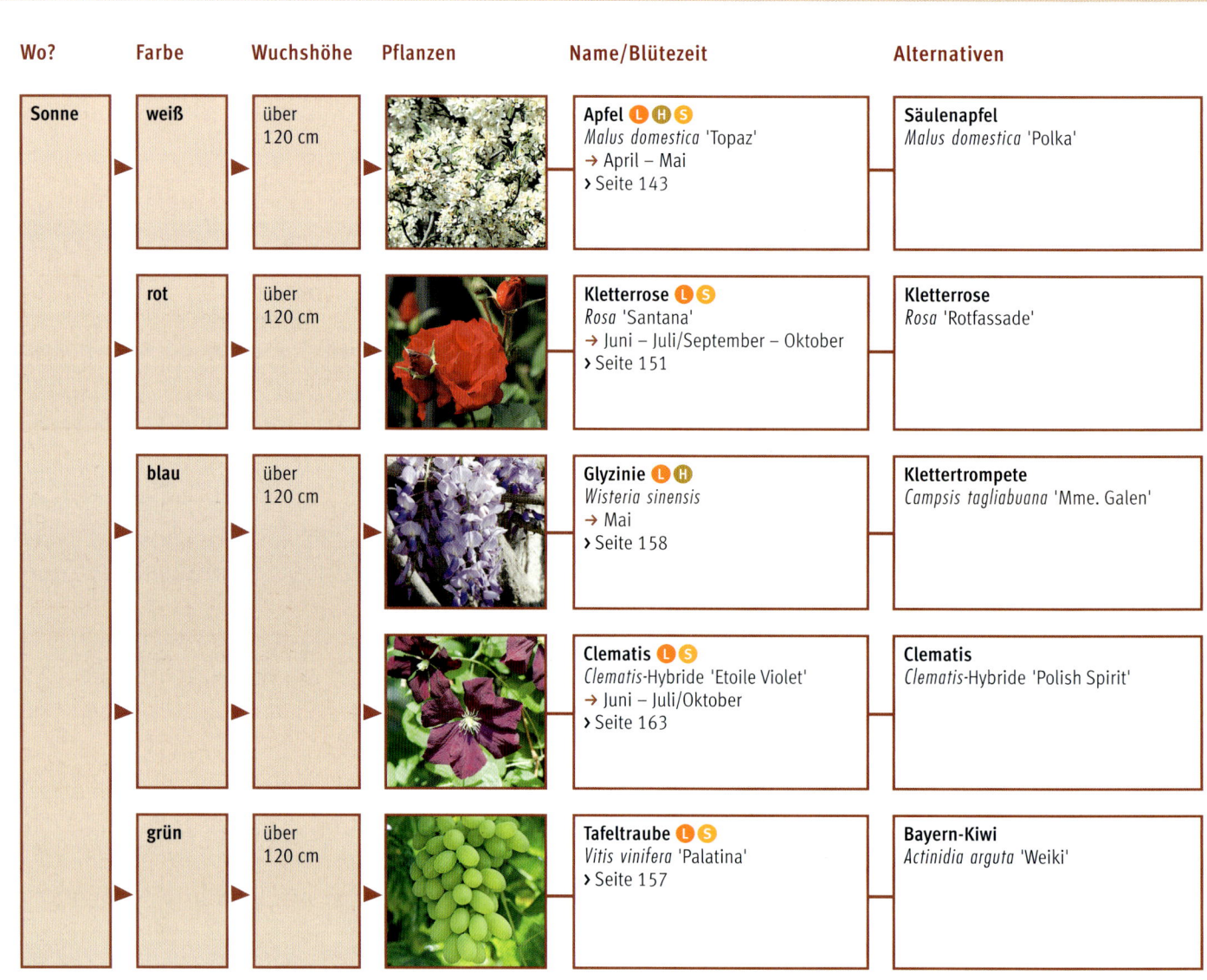

114

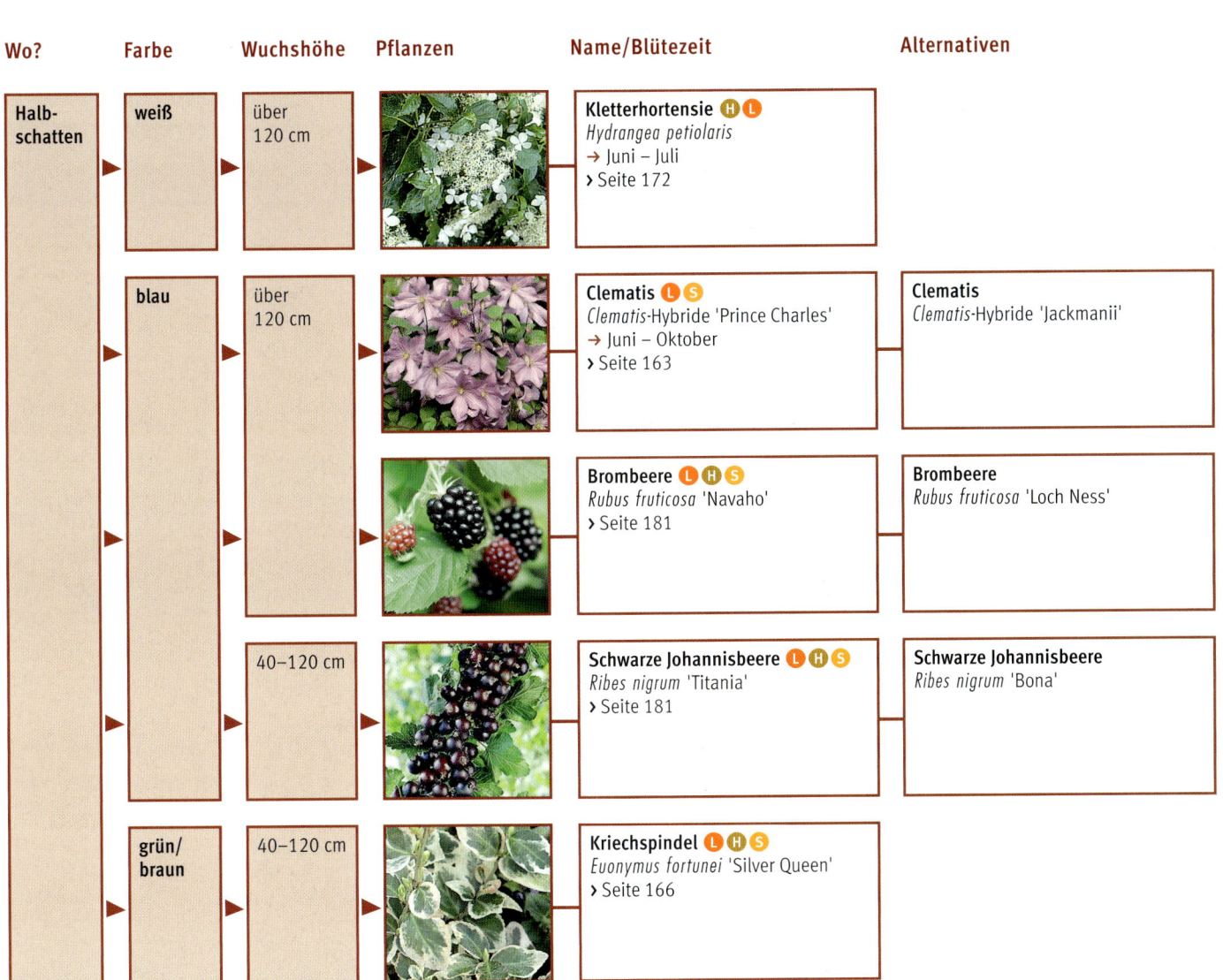

Wo?	Farbe	Wuchshöhe	Pflanzen	Name/Blütezeit	Alternativen
Halb-schatten	weiß	über 120 cm		**Kletterhortensie** 🟠H 🟠L *Hydrangea petiolaris* → Juni – Juli › Seite 172	
	blau	über 120 cm		**Clematis** 🟠L 🟠S *Clematis*-Hybride 'Prince Charles' → Juni – Oktober › Seite 163	**Clematis** *Clematis*-Hybride 'Jackmanii'
				Brombeere 🟠L 🟠H 🟠S *Rubus fruticosa* 'Navaho' › Seite 181	**Brombeere** *Rubus fruticosa* 'Loch Ness'
		40–120 cm		**Schwarze Johannisbeere** 🟠L 🟠H 🟠S *Ribes nigrum* 'Titania' › Seite 181	**Schwarze Johannisbeere** *Ribes nigrum* 'Bona'
	grün/braun	40–120 cm		**Kriechspindel** 🟠L 🟠H 🟠S *Euonymus fortunei* 'Silver Queen' › Seite 166	

Gartengrenzen

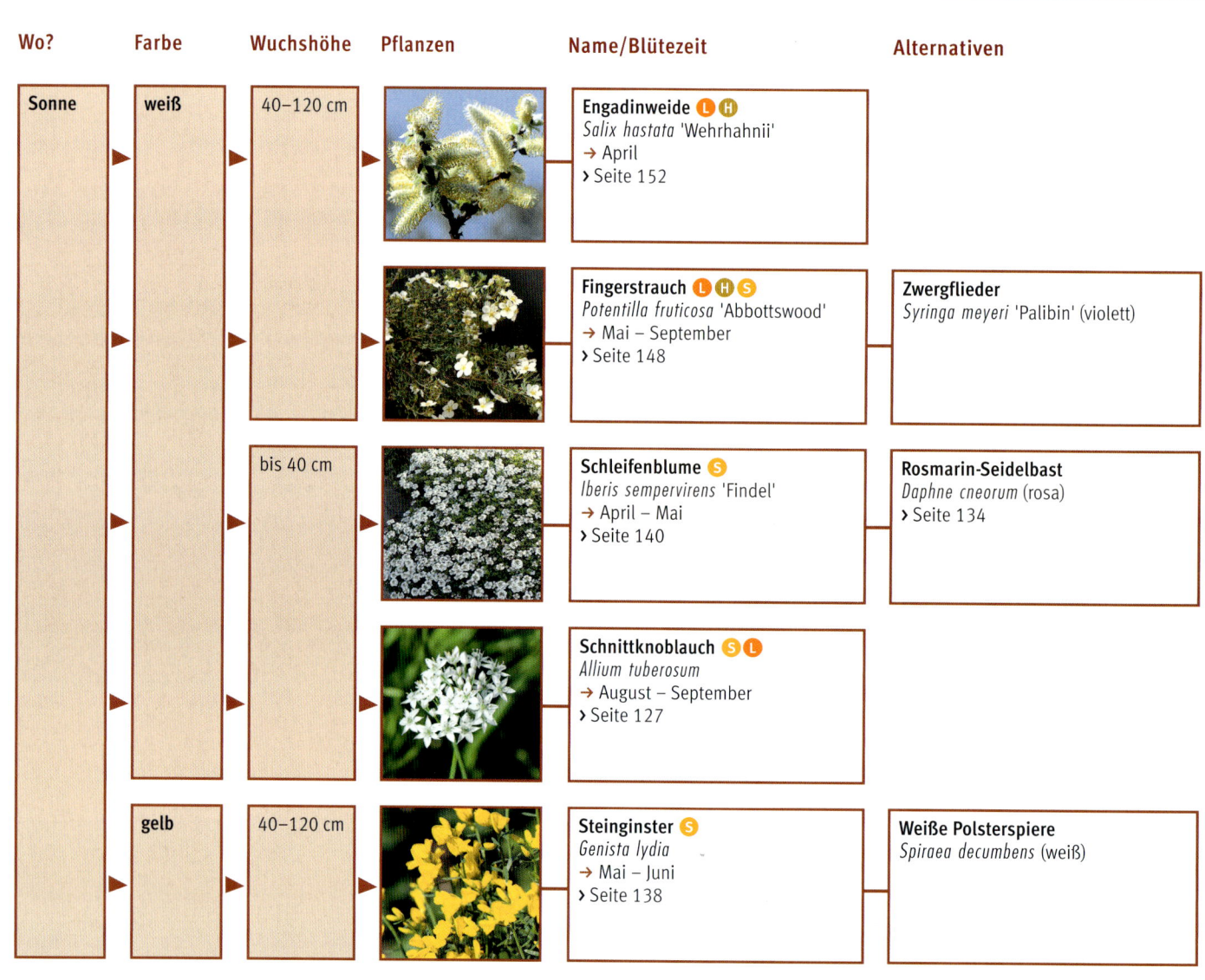

Wo?	Farbe	Wuchshöhe	Pflanzen	Name/Blütezeit	Alternativen
Sonne	weiß	40–120 cm		**Engadinweide** L H *Salix hastata* 'Wehrhahnii' → April › Seite 152	
				Fingerstrauch L H S *Potentilla fruticosa* 'Abbottswood' → Mai – September › Seite 148	**Zwergflieder** *Syringa meyeri* 'Palibin' (violett)
		bis 40 cm		**Schleifenblume** S *Iberis sempervirens* 'Findel' → April – Mai › Seite 140	**Rosmarin-Seidelbast** *Daphne cneorum* (rosa) › Seite 134
				Schnittknoblauch S L *Allium tuberosum* → August – September › Seite 127	
	gelb	40–120 cm		**Steinginster** S *Genista lydia* → Mai – Juni › Seite 138	**Weiße Polsterspiere** *Spiraea decumbens* (weiß)

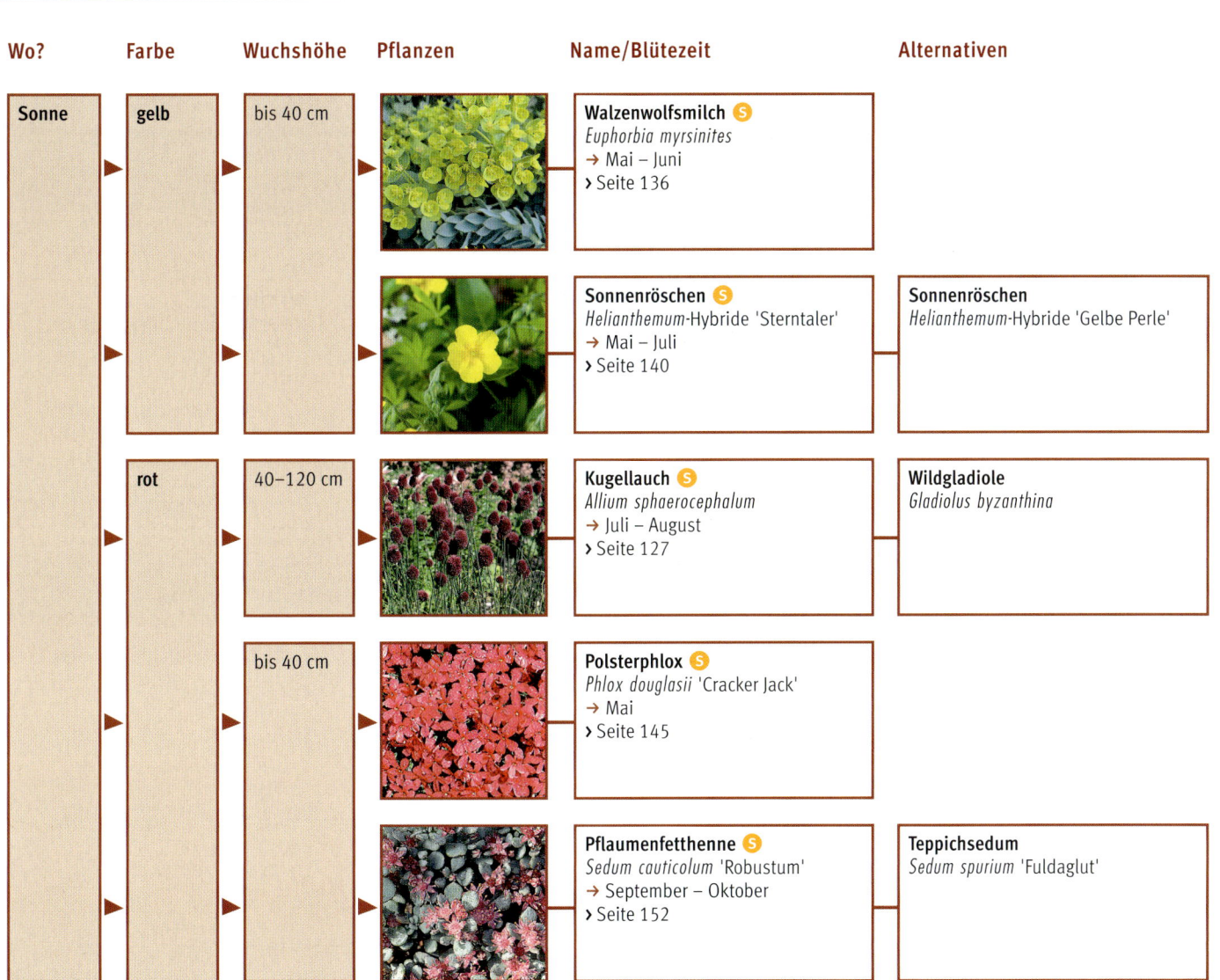

Wo?	Farbe	Wuchshöhe	Pflanzen	Name/Blütezeit	Alternativen
Sonne	gelb	bis 40 cm		**Walzenwolfsmilch** Ⓢ *Euphorbia myrsinites* → Mai – Juni › Seite 136	
				Sonnenröschen Ⓢ *Helianthemum*-Hybride 'Sterntaler' → Mai – Juli › Seite 140	**Sonnenröschen** *Helianthemum*-Hybride 'Gelbe Perle'
	rot	40–120 cm		**Kugellauch** Ⓢ *Allium sphaerocephalum* → Juli – August › Seite 127	**Wildgladiole** *Gladiolus byzanthina*
		bis 40 cm		**Polsterphlox** Ⓢ *Phlox douglasii* 'Cracker Jack' → Mai › Seite 145	
				Pflaumenfetthenne Ⓢ *Sedum cauticolum* 'Robustum' → September – Oktober › Seite 152	**Teppichsedum** *Sedum spurium* 'Fuldaglut'

Wo?	Farbe	Wuchshöhe	Pflanzen	Name/Blütezeit	Alternativen
Sonne	rosa/ violett	40–120 cm	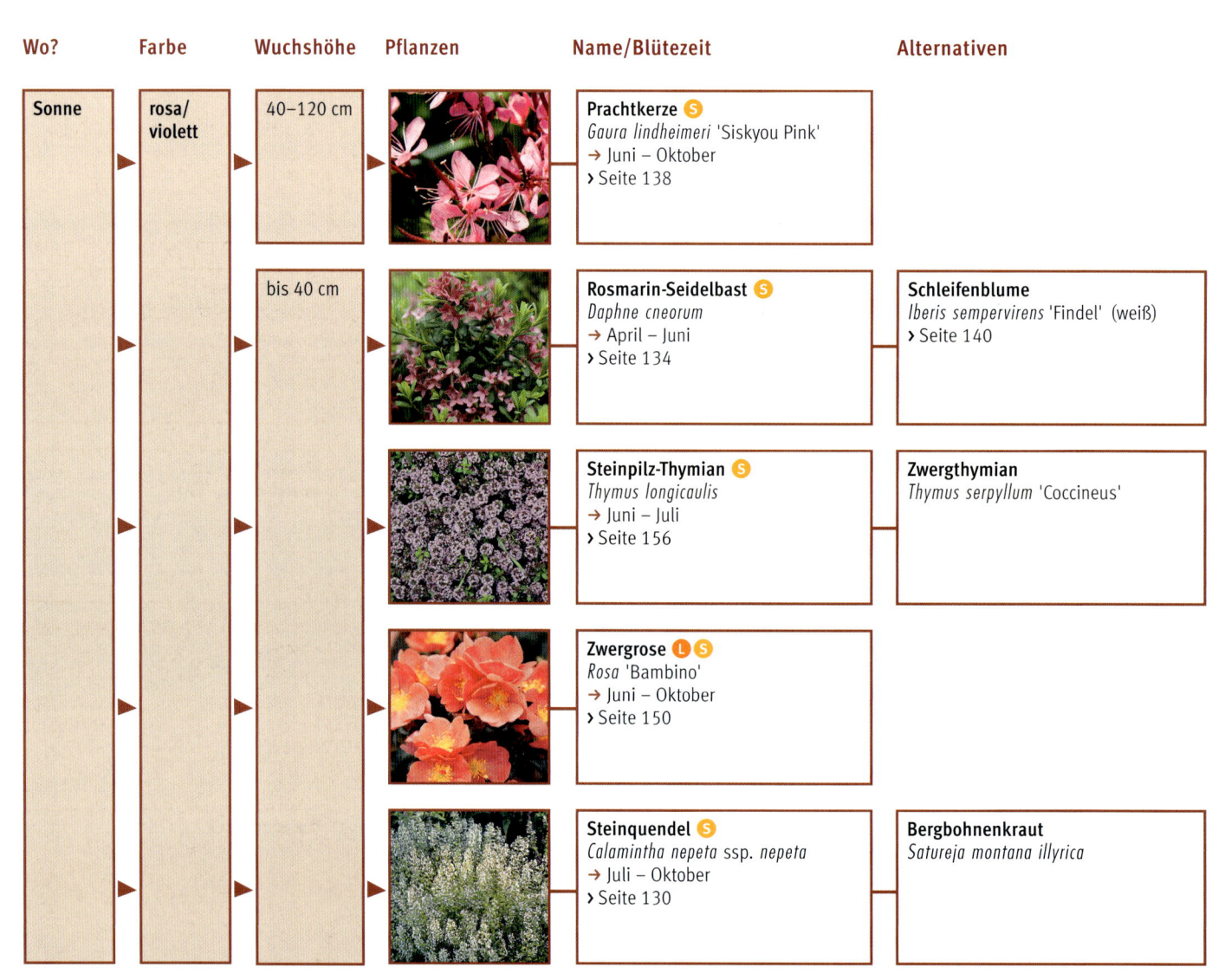	**Prachtkerze** S *Gaura lindheimeri* 'Siskyou Pink' → Juni – Oktober › Seite 138	
		bis 40 cm		**Rosmarin-Seidelbast** S *Daphne cneorum* → April – Juni › Seite 134	**Schleifenblume** *Iberis sempervirens* 'Findel' (weiß) › Seite 140
				Steinpilz-Thymian S *Thymus longicaulis* → Juni – Juli › Seite 156	**Zwergthymian** *Thymus serpyllum* 'Coccineus'
				Zwergrose L S *Rosa* 'Bambino' → Juni – Oktober › Seite 150	
				Steinquendel S *Calamintha nepeta* ssp. *nepeta* → Juli – Oktober › Seite 130	**Bergbohnenkraut** *Satureja montana illyrica*

Wo?	Farbe	Wuchshöhe	Pflanzen	Name/Blütezeit	Alternativen
Sonne	blau	bis 40 cm		**Blaukissen** Ⓢ *Aubrieta*-Hybride 'Blaumeise' → April › Seite 129	**Polsterphlox** *Phlox subulata* 'Emerald Cushion Blue' › Seite 146
				**Lavendel** Ⓢ *Lavandula angustifolia* 'Hidcote Blue' → Juli – August › Seite 141	**Alpenskabiose** *Scabiosa japonica* var. *alpina*
				**Pyrenäenaster** Ⓢ *Aster pyrenaeus* 'Lutetia' → September – Oktober › Seite 128	**Wilde Zwergaster** *Aster sedifolius* 'Nana'
	grün/ braun	40–120 cm		**Präriegras** Ⓢ Ⓛ *Sporobolus heterolepis* 'Duftwolke' → August – September › Seite 155	**Federgras** *Nassella tenuifolia* 'Pony Tails'
		bis 40 cm		**Blauschwingel** Ⓢ *Festuca cinerea* 'Silbersee' → Mai – Juni › Seite 137	**Herbst-Kopfgras** *Sesleria autumnalis*

Gartengrenzen

Gartengrenzen

Wo?	Farbe	Wuchshöhe	Pflanzen	Name/Blütezeit	Alternativen
Halb-schatten	weiß	40–120 cm	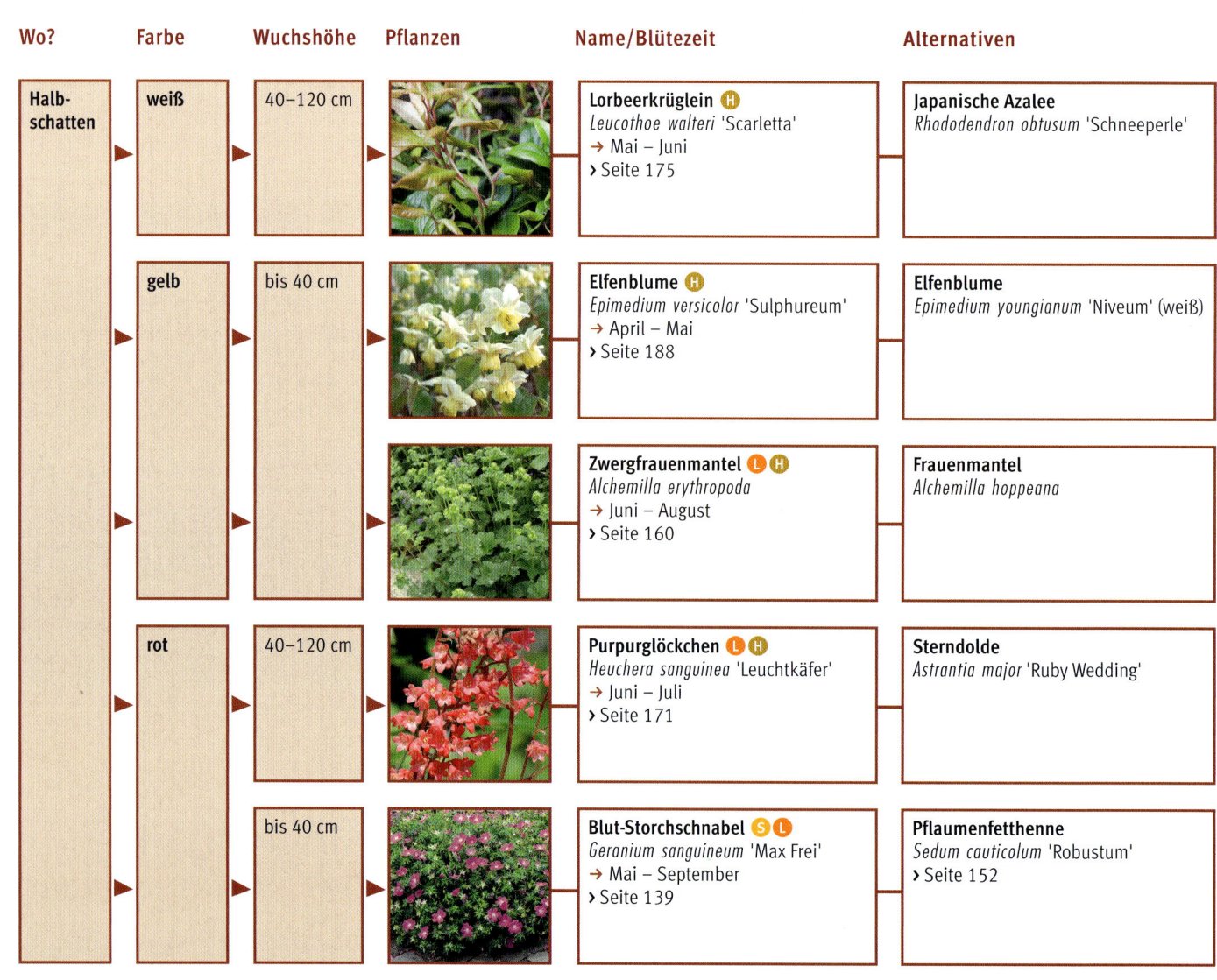	**Lorbeerkrüglein** Ⓗ *Leucothoe walteri* 'Scarletta' → Mai – Juni › Seite 175	**Japanische Azalee** *Rhododendron obtusum* 'Schneeperle'
	gelb	bis 40 cm		**Elfenblume** Ⓗ *Epimedium versicolor* 'Sulphureum' → April – Mai › Seite 188	**Elfenblume** *Epimedium youngianum* 'Niveum' (weiß)
				Zwergfrauenmantel Ⓛ Ⓗ *Alchemilla erythropoda* → Juni – August › Seite 160	**Frauenmantel** *Alchemilla hoppeana*
	rot	40–120 cm		**Purpurglöckchen** Ⓛ Ⓗ *Heuchera sanguinea* 'Leuchtkäfer' → Juni – Juli › Seite 171	**Sterndolde** *Astrantia major* 'Ruby Wedding'
		bis 40 cm		**Blut-Storchschnabel** Ⓢ Ⓛ *Geranium sanguineum* 'Max Frei' → Mai – September › Seite 139	**Pflaumenfetthenne** *Sedum cauticolum* 'Robustum' › Seite 152

Wo?	Farbe	Wuchshöhe	Pflanzen	Name/Blütezeit	Alternativen
Halb-schatten	**rosa/violett**	bis 40 cm		**Bergenie** L H S *Bergenia cordifolia* 'Rotblum' → April – Mai › Seite 162	**Elfenblume** *Epimedium youngianum* 'Roseum'
	blau	bis 40 cm		**Leberblümchen** L S *Hepatica nobilis* → März – April › Seite 171	
				Polsterphlox S *Phlox subulata* 'Emerald Cushion Blue' → April – Mai › Seite 146	
				Polster-Glockenblume S L *Campanula*-Hybride 'Birch' → Juni – September › Seite 186	**Karpaten-Glockenblume** *Campanula carpatica* 'Tiefblaue Clips'
	grün	bis 40 cm		**Bärenfellschwingel** S *Festuca gautieri* 'Pic Carlit' → Juni – Juli › Seite 167	**Dicknarbe** *Paxistima canbyi*

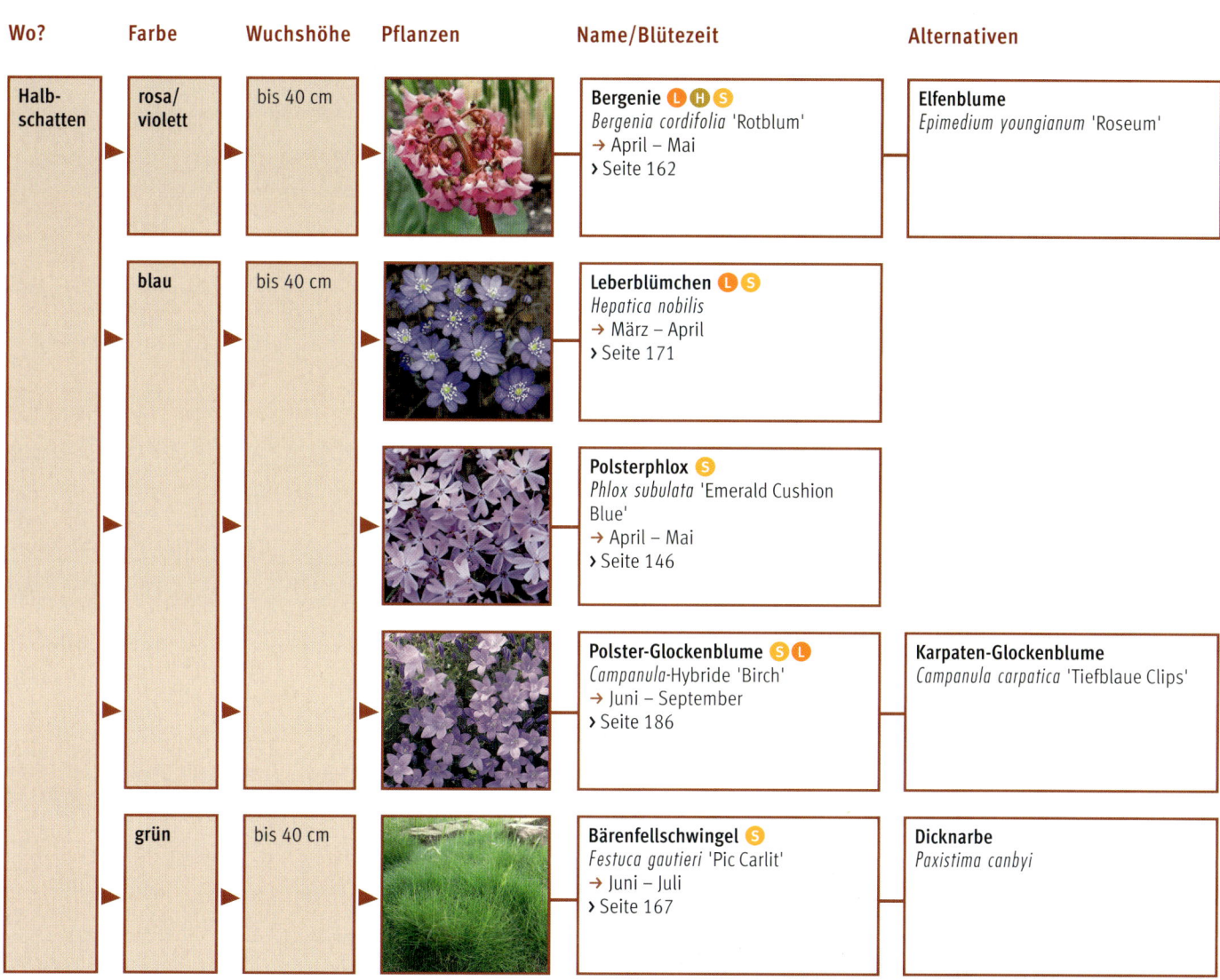

Gartengrenzen

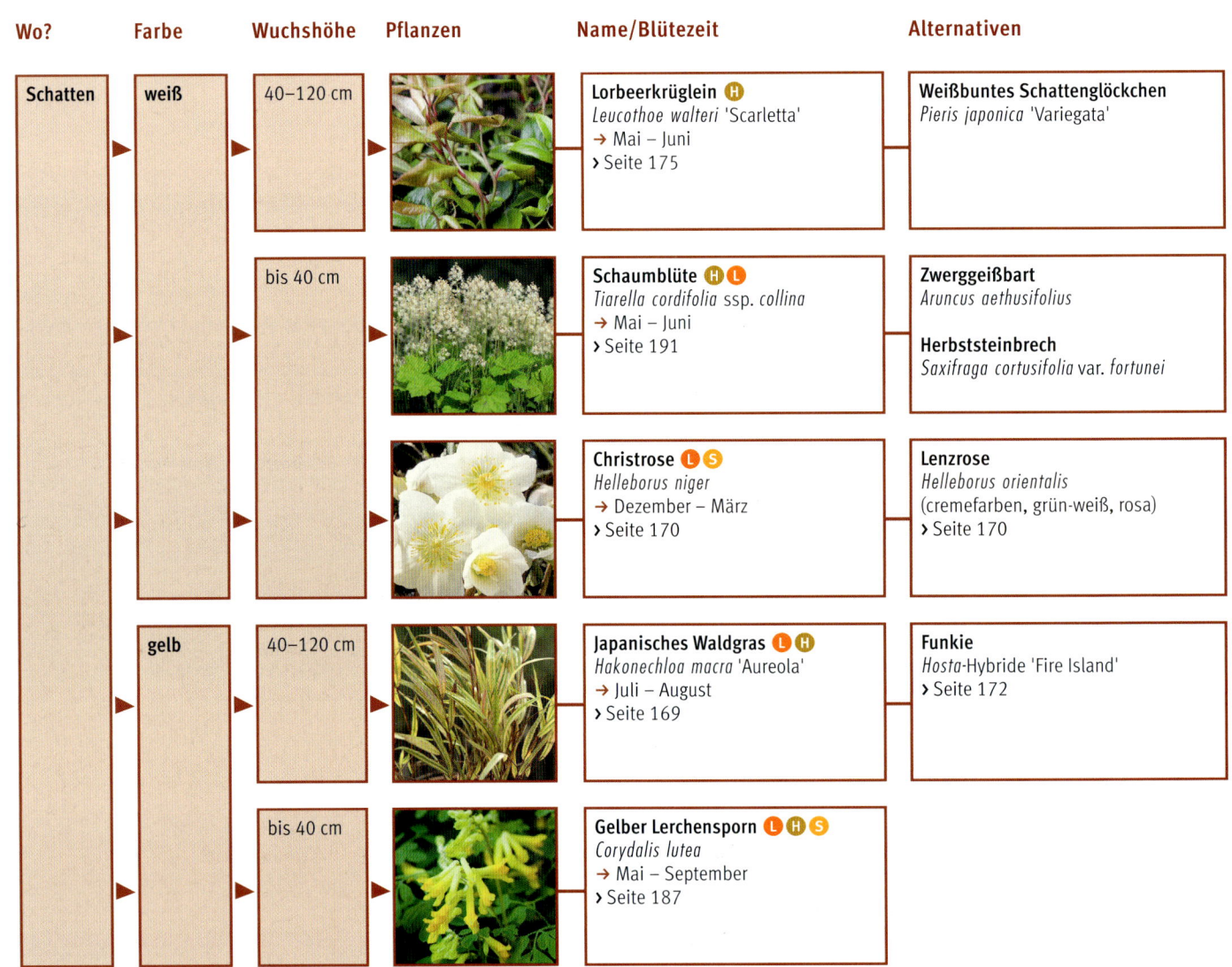

Wo?	Farbe	Wuchshöhe	Pflanzen	Name/Blütezeit	Alternativen
Schatten	weiß	40–120 cm		**Lorbeerkrüglein** ⓗ *Leucothoe walteri* 'Scarletta' → Mai – Juni › Seite 175	**Weißbuntes Schattenglöckchen** *Pieris japonica* 'Variegata'
		bis 40 cm		**Schaumblüte** ⓗⓛ *Tiarella cordifolia* ssp. *collina* → Mai – Juni › Seite 191	**Zwerggeißbart** *Aruncus aethusifolius* **Herbststeinbrech** *Saxifraga cortusifolia* var. *fortunei*
				Christrose ⓛⓢ *Helleborus niger* → Dezember – März › Seite 170	**Lenzrose** *Helleborus orientalis* (cremefarben, grün-weiß, rosa) › Seite 170
	gelb	40–120 cm		**Japanisches Waldgras** ⓛⓗ *Hakonechloa macra* 'Aureola' → Juli – August › Seite 169	**Funkie** *Hosta*-Hybride 'Fire Island' › Seite 172
		bis 40 cm		**Gelber Lerchensporn** ⓛⓗⓢ *Corydalis lutea* → Mai – September › Seite 187	

Wo?	Farbe	Wuchshöhe	Pflanzen	Name/Blütezeit	Alternativen

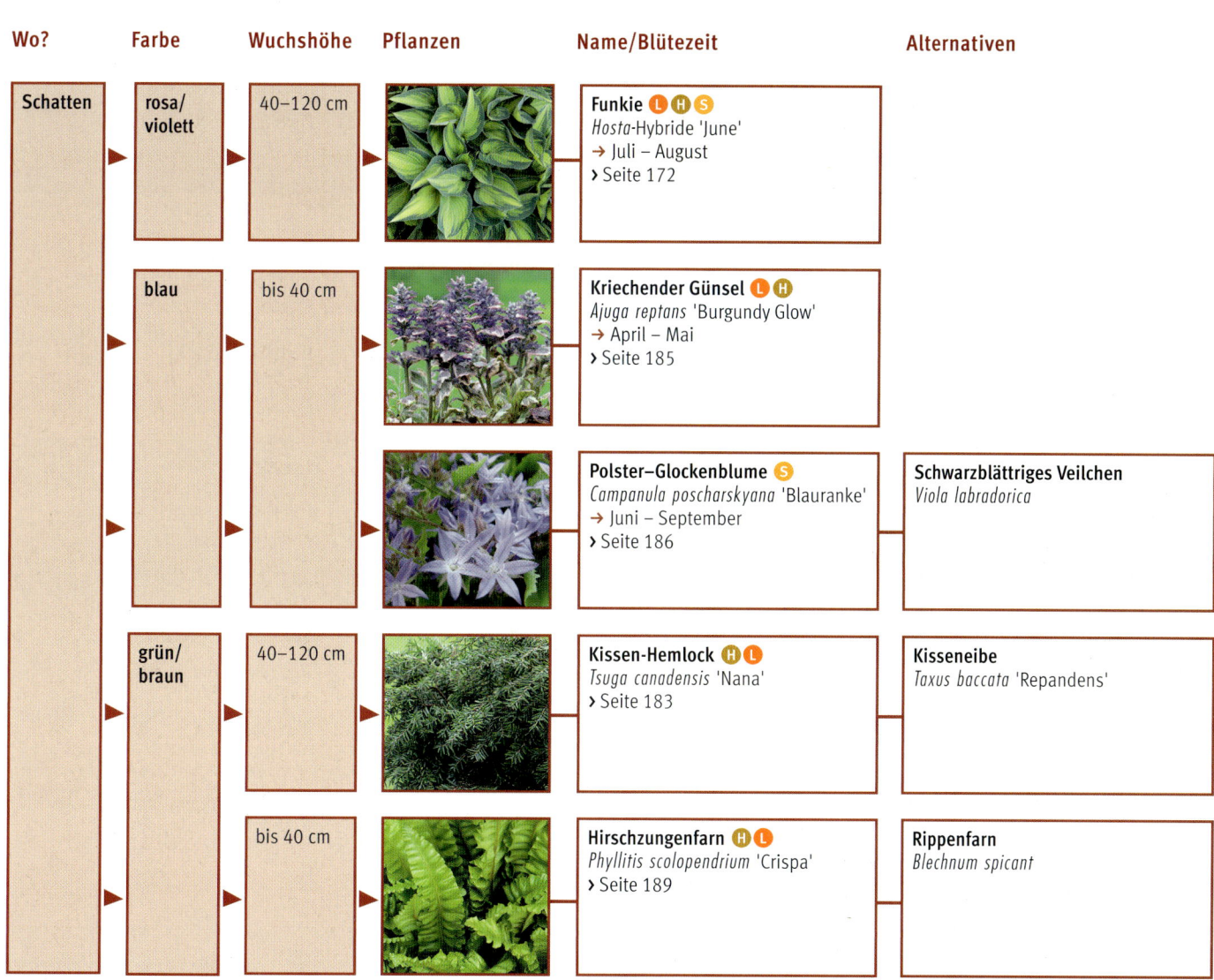

Schatten

rosa/violett — 40–120 cm — **Funkie** L H S
Hosta-Hybride 'June'
→ Juli – August
› Seite 172

blau — bis 40 cm — **Kriechender Günsel** L H
Ajuga reptans 'Burgundy Glow'
→ April – Mai
› Seite 185

— — **Polster–Glockenblume** S
Campanula poscharskyana 'Blauranke'
→ Juni – September
› Seite 186 — **Schwarzblättriges Veilchen**
Viola labradorica

grün/braun — 40–120 cm — **Kissen-Hemlock** H L
Tsuga canadensis 'Nana'
› Seite 183 — **Kisseneibe**
Taxus baccata 'Repandens'

— bis 40 cm — **Hirschzungenfarn** H L
Phyllitis scolopendrium 'Crispa'
› Seite 189 — **Rippenfarn**
Blechnum spicant

Gartengrenzen

Porträts

Bestimmt sind Sie jetzt neugierig und möchten die Gartenpflanzen näher kennen-
lernen. Wie groß sie werden, welchen Standort sie mögen, in welchem Gartenbereich
man sie am besten einsetzt. All das finden Sie in den Porträttexten. Wertvolle Tipps
aus eigener Erfahrung sagen Ihnen, was beim Pflanzen und Pflegen zu beachten ist.
Dazu finden Sie eine Auswahl weiterer empfehlenswerter Arten oder Sorten.

Niedrige Schafgarbe
Achillea clypeolata 'Moonshine'

Höhe/Breite: 40 cm/40 cm
Blütezeit: Juni – Juli
› Sitzplätze S. 65

WUCHSFORM: horstartige Staude, Blüten auf straffen Stielen über dem Laub
BODEN: vor allem durchlässig, humusarm, sandig-lehmig; verträgt auch sehr nährstoffarme, steinig-schottrige Substrate, ist dort besonders langlebig
VERWENDUNG: Begleitstaude im Kiesbeet; in Steppenpflanzungen; am Sitzplatz
WERT: wunderschöner Kontrast zwischen hellsilbrigem Laub und schwefelgelben Blütentellern; passend zu fast jeder Blütenfarbe; lange Blütezeit; kompakter Wuchs; auch vor und nach der Blüte ansehnlich; schöner Winteraspekt; Bienenweide
GUTE PARTNER: Bartblume, Buchs, Katzenminze, Kugeldistel (*Echinops ritro* 'Veitchs Blue'), Krokus, Silberbirne, Steppensalbei, Zierlauch
MEIN TIPP: Die Blütezeit lässt sich erheblich verlängern, wenn Sie Verblühtes abschneiden. Alle 5–7 Jahre teilen und neu pflanzen.

Hohe Schafgarbe
Achillea-Hybride 'Credo'

Höhe/Breite: 100 cm/80 cm
Blütezeit: Juli – September
› Blumenbeete S. 83

WUCHSFORM: locker aufrechte Staude
BODEN: durchlässig, sandig-lehmig, auch kiesig-schottrig, mehr oder weniger nährstoffreich, mäßig trocken bis frisch
VERWENDUNG: Solitärstaude in Blumen- und Kiesbeet und in Steppenpflanzungen
WERT: extrem lange Blütezeit; wichtiger Strukturbildner (große flache Blütenteller auf hohen Stielen); wüchsig; gesund; standfester als andere Sorten; Blütenfarbe sehr gut mit vielen anderen Farben zu kombinieren
GUTE PARTNER: Duftnessel (blau), Gräser, Purpurerückenstrauch (*Cotinus coggygria* 'Royal Purple'), Steppensalbei, graulaubige Sträucher (Bartblume, Lavendel, Sommerflieder), Zierlauch (rot und blau)
MEIN TIPP: Regelmäßiges Ausputzen der verwelkten Blüten verlängert die Blütezeit bis Oktober. Rückschnitt wegen der Winterwirkung erst Anfang Februar. Nur bei nachlassender Blühleistung düngen.

Duftnessel
Agastache foeniculum 'Blue Fortune'

Höhe/Breite: 80 cm/100 cm
Blütezeit: Juli – September
› Blumenbeete S. 87

WUCHSFORM: straff aufrechte Staude
BODEN: durchlässig, sandig, kiesig, schottrig, nährstoffarm, trocken bis mäßig trocken
VERWENDUNG: Solitärstaude in Blumenbeet und Steppenpflanzung; unverzichtbar im Kiesbeet
WERT: blüht den ganzen Sommer durch; Blütenkerzen standfest bis in den Winter; ausgezeichnete Strukturpflanze; Tee- und Gewürzpflanze; Bienenweide
GUTE PARTNER: Gräser, graulaubige Sträucher (Silberbirne, Sommerflieder), verschiedenste Steppenstauden, Zierlauch
MEIN TIPP: Schützen Sie den Austrieb vor Schnecken. Rückschnitt erst im Februar. Ansonsten in Ruhe lassen und bewundern – wirkt besonders schön im Morgen- und Abendlicht.
WEITERE ARTEN: Duftnessel (*Agastache rugosa* 'Alabaster'), Juni–August, › Seite 64

 Sonne  Halbschatten  Schatten   Duft  Schnittblume  Blütenschmuck

Zierlauch

Allium aflatuense 'Purple Sensation'

Höhe/Breite: 90 cm/eintriebig
Blütezeit: Mai
> Blumenbeete S. 87

WUCHSFORM: Zwiebelblume, große Blüten-kugeln auf straffen Stielen
BODEN: durchlässig, sandig-lehmig, schott-rig, nährstoffreich, trocken bis frisch
VERWENDUNG: Strukturpflanze in Blumen- und Kiesbeet und Staudenpflanzungen
WERT: Blickfang und vertikaler Akzent; auch die Samenstände sehen schön aus; zieht nach der Blüte ein, beansprucht daher wenig Platz
GUTE PARTNER: Stauden, die mit ihrem Austrieb das früh vergilbende Laub kaschie-ren (Katzenminze, Prachtkerze, Silberähren-gras, Steppensalbei); Sträucher wie Bart-blume, Fingerstrauch, Rosen
MEIN TIPP: An zusagendem Standort samt der Zierlauch aus, daher verwelkte Blüten entfernen, falls Verwildern nicht erwünscht. Bei nachlassender Blüte vorsichtig düngen.
WEITERE SORTEN: *Allium* 'Mount Everest', Blüte weiß, Juni, Höhe bis 120 cm, > Seite 82

Schnittknoblauch

Allium tuberosum

Höhe/Breite: 40 cm/20 cm
Blütezeit: August – September
> Blumenbeete S. 82, Gartengrenzen S. 116

WUCHSFORM: Zwiebelblume, schmalblätt-rige Horste ähnlich wie Schnittlauch
BODEN: durchlässig, sandig-lehmig, sandig-humos, mäßig trocken bis frisch
VERWENDUNG: am Sitzplatz; im Vor-, Stein- und Küchengarten; im Stauden- und Kräu-terbeet; auf der Trockenmauer
WERT: tolles Küchenkraut, braucht kaum Platz; die späte Blüte zieht alle Blicke auf sich
GUTE PARTNER: Bergenien, Gräser (Feder-gras, Silberährengras), Herbstblüher (*Aster* 'Lutetia', niedrige und hohe Fetthenne), Kräuter (Oregano, Petersilie, Thymian)
MEIN TIPP: Sät sich selbst aus, ohne lästig zu werden. Blätter zum Würzen frisch ver-wenden. Die essbaren Blüten eignen sich gut zum Dekorieren.
WEITERE ARTEN: Kugellauch (*Allium sphaerocephalum*), Blüte purpurrot, Juli – August, Höhe 60 cm, nicht essbar, > Seite 117

Felsenbirne

Amelanchier lamarckii

Höhe/Breite: 5–7 m/3–5 m
Blütezeit: April – Mai
> Solitärgehölze S. 35

WUCHSFORM: großer Strauch oder kleiner Baum, mehrstämmig, lichte, feingliedrige Krone, im Alter schirmförmig
BODEN: lehmig-sandig, sandig-humos, nährstoffreich, frisch bis feucht
VERWENDUNG: Solitärgehölz in Vorgärten, am Sitzplatz oder im Beet
WERT: anspruchslos und gesund; ganzjährig attraktiv: im Frühjahr bronzefarbener Aus-trieb, im Sommer süße Früchte, im Herbst prächtiges Laub, im Winter grazile Gestalt
GUTE PARTNER: Buchs, Chinaschilf, Forsy-thie, Flacher Kirschlorbeer, Kissenaster, Lam-penputzergras, Narzisse, Sonnenhut, Tulpen, Zierquitte
MEIN TIPP: Besonders in der Jugendphase empfindlich gegen Trockenheit. Der Schnitt beschränkt sich auf vorsichtiges Auslichten.
WEITERE ARTEN: Felsenbirne (*Amelanchier arborea* 'Robin Hill') kleiner Baum mit rundlicher Krone, Blütezeit April

 Blattschmuck    Fruchtschmuck   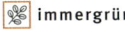 Herbstfärbung   immergrün    giftig   Bienenweide

Apfelbeere
Aronia melanocarpa

Höhe/Breite: 150–200 cm/150 cm
Blütezeit: Mai
› Blumenbeete S. 82

WUCHSFORM: mehrtriebiger, trichterförmiger kleiner Strauch

BODEN: äußerst anpassungsfähig, am liebsten lehmig, frisch bis feucht; verträgt kurzfristige Überschwemmungen genauso wie Trockenperioden

VERWENDUNG: Solitärgehölz zu niedrigeren Stauden und Gräsern; Begleiter in gemischten Hecken und vor höheren Gehölzen; Wildobst; Vogelschutzgehölz

WERT: straffer, niedriger Wuchs, auffällige Blüte, glänzendes, im Herbst orangerotes Laub; robust; hohe Standort- und Klimatoleranz; tiefschwarze Früchte (eignen sich für Saft und Marmelade, enthalten wertvolle Anthocyane)

GUTE PARTNER: Astern, Chinaschilf, Frauenmantel, Lampenputzergras, Narzissen, blauer Storchschnabel

MEIN TIPP: Lichten Sie ältere Triebe regelmäßig an der Basis aus.

Kissenaster
Aster dumosus 'Augenweide'

Höhe/Breite: 40 cm/50 cm
Blütezeit: September – Oktober
› Vorgärten S. 45, Blumenbeete S. 88

WUCHSFORM: Staude, bildet durch kurze Ausläufer breite Kissen

BODEN: am liebsten lehmig-sandig, nährstoffreich, frisch bis feucht; aber auch sandig-humos, mäßig trocken

VERWENDUNG: in Gruppen zur Einfassung von Rabatten aller Art

WERT: robust und gesund; standorttoleranter als viele andere Astern-Arten

GUTE PARTNER: herbstfärbende oder silberlaubige Gehölze als Hintergrund, Gräser, Mädchenauge, Sonnenbraut, Sonnenhut, Strauch- und Bodendeckerrosen

MEIN TIPP: Regelmäßige Kompostgaben im Frühjahr (3 Liter/m²) halten vital. Bei anhaltender Trockenheit wässern (direkt an die Wurzeln, nicht über das Laub!). Wenn die Blühleistung nachlässt und Stauden von innen verkahlen, teilen und neu pflanzen.

WEITERE SORTEN: 'Schneekissen', Blüte weiß, › Seite 40, 65, 83

Pyrenäenaster
Aster pyrenaeus 'Lutetia'

Höhe/Breite: 40 cm/50 cm
Blütezeit: September – Oktober
› Gartengrenzen S. 119

WUCHSFORM: locker buschige Staude, zur Blütezeit ausladend und überhängend

BODEN: durchlässig, warm, kalkhaltig, lehmig-schottrig, mäßig trocken

VERWENDUNG: Solitär im Steingarten; auf Kronen von Trockenmauern; Begleiter in Steppen- und Kiesbeeten; für dauerhafte Trog- und Kastenbepflanzung

WERT: zarte Blütenwolke im Frühherbst; robust und viel gesünder als andere Aster-Arten; an trockenen, warmen Gartenplätzen kommt man an dieser Aster nicht vorbei; Bienenweide und Schmetterlingsmagnet

GUTE PARTNER: Duftnessel, Federgras, Fetthenne, Rosmarin-Seidelbast, Silberährengras, Steinquendel, Wolfsmilch

MEIN TIPP: Verträgt auf keinen Fall Torf, Rindenhumus oder gar Rindenmulch. Decken Sie den Boden stattdessen mit einer Kiesschicht (5 cm) ab, das hält die Feuchtigkeit ebenfalls.

 Sonne   Halbschatten  Schatten   Duft  Schnittblume  Blütenschmuck

Blaukissen

Aubrieta-Hybride 'Blaumeise'

Höhe/Breite: 10 cm/60 cm
Blütezeit: April
› Gartengrenzen S.119

WUCHSFORM: kompakte und breitwüchsige Polsterstaude
BODEN: durchlässig, schottrig-lehmig, steinig, mager
VERWENDUNG: im Steingarten; auf Trockenmauern; für Tröge und Kästen
WERT: nicht zu Unrecht die meist verwendete Steingartenstaude: wüchsig, unempfindlich, überreich blühend; 'Blaumeise' bildet besonders kompakte, gedrungene Polster; frühe, wertvolle Bienenweide
GUTE PARTNER: als Gehölze Kissenkiefer und Bartblume, als Gräser Blauschwingel und Federgras, als Zwiebelblumen Krokus, Zwiebeliris, dazu robuste Steingartenstauden wie Polster-Glockenblume, Schleifenblume und Steinkraut (*Alyssum saxatile*)
MEIN TIPP: Auf keinen Fall düngen. Nach der Blüte sollten Sie die Polster kräftig zurückschneiden.

Hängebirke

Betula pendula 'Youngii'

Höhe/Breite: 4–6 m/4–5 m
Blütezeit: März – April
› Solitärgehölze S. 32

WUCHSFORM: Stamm bildendes Gehölz, Schirmkrone, Zweige hängend, in Kronenhöhe (180–200 cm) veredelt
BODEN: am liebsten sandig-lehmig oder sandig-humos, frisch bis feucht, sauer; verträgt Trockenheit, aber auch feuchte Moorböden
VERWENDUNG: Solitärgehölz am Sitzplatz; an Teich und Bachlauf; in Heidebeeten
WERT: gelbgrüne Kätzchenblüte im Frühjahr; frischgrün belaubte, in Kaskaden herabfallende Zweige; gelbes Herbstlaub, malerischer Wuchs: ein rundum schönes Gehölz!
GUTE PARTNER: direkt unter der Schirmkrone nur Trockenkünstler wie Bärenfellschwingel, Bergenien, Blut-Storchschnabel, Flacher Kirschlorbeer; als Vorpflanzung Heidekraut, kleine Kiefern, Pfeifengras
MEIN TIPP: Wenn überhaupt, dann nur vorsichtig einzelne Äste oder Zweige direkt an der Vergabelung entfernen.

Sommerflieder

Buddleia davidii 'Nanho Blue'

Höhe/Breite: 180–200 cm/200 cm
Blütezeit: Juli – Oktober
› Vorgarten S. 44, Sitzplätze S. 67

WUCHSFORM: locker buschiger Strauch, Blütentriebe überhängend
BODEN: durchlässig, sandig, kiesig, schottrig, nährstoffarm, trocken bis mäßig trocken
VERWENDUNG: Solitärgehölz an trockenheißen Gartenplätzen; im Kiesbeet
WERT: eines der wenigen sommerblühenden Gehölze; die Sorte wächst graziler und eleganter als andere; verträgt längere Hitze- und Trockenperioden sowie Nährstoffarmut; Schmetterlingsmagnet
GUTE PARTNER: Buschmalve, Chinaschilf, Federgras, Fingerkraut, Rosen, Silberährengras, mediterrane Stauden, Zierlauch
MEIN TIPP: Benötigt unbedingt einen windgeschützten Standort. Das Ausschneiden verwelkter Blütentriebe während der Blütezeit regt weitere Blütenbildung an. Ein kräftiger Rückschnitt im April auf 30 cm fördert die Blühfreudigkeit und sorgt für einen grazilen Wuchs. Nicht düngen.

 Blattschmuck    Fruchtschmuck    Herbstfärbung    immergrün   giftig    Bienenweide

Steinquendel

Calamintha nepeta ssp. *nepeta*

Höhe/Breite: 30–40 cm/50 cm
Blütezeit: Juli – Oktober
› Sitzplätze S. 67, 87, Gartengrenzen S. 118

WUCHSFORM: Staude, bildet breite, buschige Polster
BODEN: durchlässig, sandig-lehmig, schottrig, kalkhaltig, mäßig trocken bis trocken
VERWENDUNG: auf Trockenmauern; Boden deckend in Steppenpflanzungen; am sonnigen Gehölzrand; im Kiesbeet; zu Rosen; im Steingarten und Kräuterbeet; an Plattenwegen und Treppen; dauerhafte Trogpflanze
WERT: zarte Blütenschleier über Wochen bis zum ersten Frost; attraktives, glänzendgrünes Laub; duftet und schmeckt aromatisch minzig; robust, gesund und pflegeleicht; umschwärmt von Insekten aller Art
GUTE PARTNER: Bartblume, Duftnessel, Hohe Fetthenne, Präriegras, Rosen (Hochstamm!), Silberährengras, Silberbirne, Sommerflieder, Steppensalbei, Zierlauch
MEIN TIPP: Nicht düngen und auch nur in der Anwachsphase wässern.

Heidekraut

Calluna vulgaris 'Susanne'

Höhe/Breite: 30 cm/30 cm
Blütezeit: September – November
› Vorgärten S. 44

WUCHSFORM: buschiges Zwerggehölz mit straff aufrechten Blütentrieben
BODEN: durchlässig, sandig-humos, nährstoffarm, sauer, mäßig trocken bis frisch, verträgt kurzfristig Trockenheit
VERWENDUNG: in Gruppen oder flächig in Vor- und Heidegärten und Moorbeet-Pflanzungen; zwischen Findlingen und Felsblöcken; an sonnigen Gehölzrändern
WERT: Knospenblüher (Blüten öffnen sich nicht, bleiben wochenlang schön); gesunde, robuste, auf zusagendem Standort sehr langlebige Sorte
GUTE PARTNER: Ginster, weitere Heidesorten mit unterschiedlicher Blütezeit; kleine Kiefern, Pfeifengras, Säulenwacholder
MEIN TIPP: Sorgen Sie für genügend Licht. Auf keinen Fall düngen, eher mit Sand und Torf »abmagern«. Alle 2 Jahre nach dem Austrieb mit der Heckenschere ca. 10 cm stutzen. Genügend Abstand zu Gehölzen halten.

Präriekerze

Camassia leichtlinii 'Caerulea'

Höhe/Breite: 70 cm/10 cm
Blütezeit: Mai
› Sitzplätze S. 67

WUCHSFORM: mehrtriebige Zwiebelpflanze
BODEN: am liebsten lehmig-sandig, aber auch sandig-humos, frisch bis feucht, verträgt Sommertrockenheit sehr gut
VERWENDUNG: in Gruppen am Sitzplatz; zu Präriestauden und Rosen; in wiesenartigen Pflanzungen und Staudenrabatten; an Teich und Bachlauf
WERT: Strukturpflanze und Lückenfüller zwischen austreibenden Sommer- und Herbststauden; beansprucht nur wenig Platz
GUTE PARTNER: Zierapfel 'Tina' oder Apfelbeere als Hintergrund, Astern, Pfingstrosen, Phlox, Rittersporn, Sonnenhut, weiße Präriekerze (*Camassia leichtlinii alba*); Präriegräser wie Chinaschilf und Lampenputzergras
MEIN TIPP: Verwildert an zusagendem Standort und verträgt mehr Trockenheit als angenommen. Vergilbendes Laub nicht abschneiden, es wird von den austreibenden Stauden kaschiert.

 Sonne 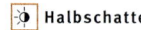 **Halbschatten** ● **Schatten**  **Duft**  **Schnittblume**  **Blütenschmuck**

Hainbuche
Carpinus betulus

Höhe/Breite: variabel, je nach Schnitt
Blütezeit: März – April
> Gartengrenzen S. 107, 108

WUCHSFORM: hoher Baum, im Garten oft als Hecke
BODEN: sehr anpassungsfähig, sandig, lehmig, schottrig, sogar tonig, von sauer bis kalkhaltig, trocken bis feucht
VERWENDUNG: heimischer Laubbaum als Windschutz- und Pioniergehölz; geschnittene Hecken für Sicht- und Windschutz
WERT: universell zu verwenden; außergewöhnliche Standorttoleranz; Trockenheit und Hitze werden genauso vertragen wie kurzzeitige Überschwemmungen; das bis ins Frühjahr haftende Laub sorgt auch im Winter für Wind- und Sichtschutz; schöner Austrieb; gelbe Herbstfärbung; Vogelschutzgehölz
GUTE PARTNER: als Hecke am besten solo
MEIN TIPP: Hainbuchen sind ideale Heckenpflanzen für kleine Gärten, weil sie sich ganz schmal schneiden lassen. Ballenlose Pflanzen wachsen nur im Herbst gut an.

Bartblume
Caryopteris clandonensis 'Grand Bleu'

Höhe/Breite: 80–100 cm/80 cm
Blütezeit: August – Oktober
> Vorgärten S. 45

WUCHSFORM: kleines Gehölz mit straff aufrechten Trieben, insgesamt kompakt
BODEN: durchlässig, sandig-lehmig, kiesig, kalkverträglich, mäßig trocken bis trocken
VERWENDUNG: Solitär zu niedrigen Stauden; Begleiter zu Strauchrosen und hohen Gräsern; im Vorgarten; in Beeten und Rabatten unterm Dachvorsprung; in Trögen
WERT: 'Grand Bleu' wächst straff und blüht intensiv blau, das Laub ist eher grün, nicht grau; liebt Hitze und toleriert wochenlange Trockenheit, ohne in der Blüte nachzulassen; Insektenmagnet
GUTE PARTNER: Bartiris, Bodendeckerrosen, Fetthenne, blaue Kriechkiefer, Oregano, Silberährengras, Steinquendel, Steppenkerze (*Eremurus robustus)*, Wacholder (*Juniperus communis* 'Hibernica'), Zierlauch
MEIN TIPP: Ein jährlicher Rückschnitt auf 20 cm über dem Boden sorgt für kompakten Wuchs und steigert die Blühfreudigkeit.

Kugel-Trompetenbaum
Catalpa bignoides 'Nana'

Höhe/Breite: 4–7 m/4–7 m
Blütezeit: blüht bei uns nicht
> Solitärgehölze S. 33

WUCHSFORM: kleiner Baum, Krone erst kugelförmig, im Alter flacher und breiter
BODEN: bevorzugt sandig-lehmig, schwach sauer bis neutral, frisch bis feucht, verträgt kurzzeitige Überschwemmungen und Trockenperioden gleichermaßen
VERWENDUNG: Solitärgehölz für kleine Gärten, formale Anlagen, Vorgärten
WERT: die Kugelform setzt spannungsvolle Akzente; langsamwüchsig, besonders schönes Laub
GUTE PARTNER: Buchskugeln, Frauenmantel, Kissenaster, Lampenputzergras, Präriekerze, Taglilien, Sonnenhut, Sonnenbraut; einheitlich pflegeleicht mit Bodendeckerrosen, Böschungsmyrte, Fingerstrauch 'Kobold' oder Mahonie
MEIN TIPP: Spätfrost gefährdet, daher in rauen Lagen geschützt pflanzen. Nur in der Anwachsphase und bei extremer Trockenheit wässern. Nicht düngen.

 Blattschmuck   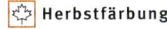 Fruchtschmuck   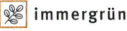 Herbstfärbung   immergrün    giftig   Bienenweide

Säckelblume
Ceanothus-Hybride 'Gloire de Versailles'

Höhe/Breite: 100–150 cm/100–120 cm
Blütezeit: Juli – Oktober
> Vorgärten S. 44, Sitzplätze S. 68

WUCHSFORM: buschiger, kleiner Strauch
BODEN: durchlässig, sandig-lehmig, kiesig, kalkverträglich, mäßig trocken bis trocken, verträgt extreme Trockenheit
VERWENDUNG: Solitär in niedrigen Staudenpflanzungen und Steppenheiden; im Kiesbeet und in Rabatten; an geschützten, warmen Plätzen überall im Garten
WERT: Dauerblüher, Blüten von intensivem Himmelblau; liebt Hitze und Trockenheit
GUTE PARTNER: Bartiris, Blauschwingel, Fetthenne, Gold- und Walzenwolfsmilch, blaue Kriechkiefer, niedrige Rosen, niedriges Schleierkraut, Silberährengras, Steinginster, Steinquendel, Zierlauch 'Purple Sensation'
MEIN TIPP: Im Frühjahr auf 20 cm zurückschneiden, das fördert kompaktes Wachstum, Blühfreudigkeit und lange Lebensdauer. Gedeiht sehr gut im geschützten sonnigen Regenschatten von Gebäuden. Nur in der Anwachsphase wässern, nicht düngen.

Zierquitte
Chaenomeles-Hybride 'Crimson and Gold'

Höhe/Breite: 100–120 cm/120–150 cm
Blütezeit: April – Mai
> Blumenbeete S. 84

WUCHSFORM: kompakter Strauch
BODEN: anspruchslos, bevorzugt sandig-lehmig, nährstoffreich, sauer bis neutral, verträgt Trockenheit, aber keine nassen Böden
VERWENDUNG: Solitär im Blumenbeet; zu niedrigen Stauden und Zwiebelblumen; Lückenfüller; Vorpflanzung in gemischten Hecken und größeren Gehölzen
WERT: absolut robust und gesund; unverzichtbar wegen der roten Blütenfarbe im Frühjahr; schöner Hintergrund für Stauden und Zwiebelblumen; Früchte für Gelee; Vogelschutzgehölz; Bienenweide
GUTE PARTNER: Blauglöckchen, Felsenbirne, Forsythie 'Weekend' oder 'Melée d'Or', Frühlingsspiere, Mahonie, Narzissen
MEIN TIPP: Entfernen Sie im Einzelstand zur Verjüngung alle 2–3 Jahre direkt an der Basis einige ältere Triebe.
WEITERE ARTEN: *Chaenomeles*-Hybride 'Nivalis', Blüte weiß, > Seite 110

Mädchenauge
Coreopsis verticillata 'Moonbeam'

Höhe/Breite: 30 cm/50 cm
Blütezeit: Juni – August
> Blumenbeete S. 84

WUCHSFORM: buschige Staude, breitet sich langsam durch kurze Ausläufer aus
BODEN: lehmig, lehmig-humos, nährstoffreich, frisch, verträgt kurzfristig Trockenheit
VERWENDUNG: als Einfassung sonniger Rabatten; zu Präriestauden im Blumenbeet; am sonnigen Gehölzrand
WERT: unermüdlicher Dauerblüher; äußerst reizvoller Kontrast zwischen nadelartigem, bronzegrünem Laub und Unmengen hellgelber Blüten; Blütenfarbe viel verträglicher als bei goldgelben Sorten; Bienenweide
GUTE PARTNER: Apfelbeere, Pracht- und Präriestauden wie Ehrenpreis (*Veronica longifolia*), Feinstrahlaster, Glattblattaster (*Aster novi-belgii*), Indianernessel (*Monarda* Hybriden), Kupferhirse (*Panicum virgatum* Hybride), Präriekerze, Sonnenbraut, Sonnenhut
MEIN TIPP: Bei nachlassender Blühleistung teilen und an anderer Stelle neu pflanzen.

 Sonne  Halbschatten  Schatten Duft  Schnittblume  Blütenschmuck

Kornelkirsche

Cornus mas

Höhe/Breite: 4–6 m/3–4 m
Blütezeit: Februar – März
› Solitärgehölze S. 35

WUCHSFORM: Großstrauch oder kleiner Baum, mit den Jahren breit und ausladend
BODEN: absolut robust, bevorzugt warme, durchlässige, lehmig-schottrige Böden, liebt Kalk, trocken bis frisch
VERWENDUNG: Solitärgehölz im Beet und am Sitzplatz; geschnitten als Hecke; Wildobst; Wind- und Vogelschutz; an Bachlauf und Teich; vor Mauern
WERT: wertvolles heimisches Gehölz; außergewöhnlich standorttolerant und robust; äußerst schnittverträglich und daher vielseitig verwendbar; Frühlingsbote, Herbstfärber; essbare Früchte; erste Bienenweide
GUTE PARTNER: niedrigere Blütensträucher in gemischter Hecke, Eiben und Buchs als heimische Immergrüne, Blauglöckchen, Lenzrosen, Schneeglöckchen, Winterling
MEIN TIPP: Sehr langsam wachsend. Ein schon größeres Exemplar lohnt die Anschaffung. Auch als Hochstamm erhältlich.

Montbretie

Crocosmia masoniorum 'Lucifer'

Höhe/Breite: 80–100 cm/bildet Kolonien
Blütezeit: März – April
› Blumenbeete S. 85

WUCHSFORM: Knollenpflanze, verzweigte Blütenstände, schwertförmiges Laub
BODEN: durchlässig, sandig-humos, sandig-lehmig, nährstoffreich, mäßig trocken bis frisch
VERWENDUNG: Gruppenpflanze in Beeten vor besonnten Mauern und immergrünen Hecken; in Kübeln für Wechselbepflanzung
WERT: die leuchtend rote Blütenfarbe und die elegante Form des Blütenstandes sind einmalig im Staudensortiment
GUTE PARTNER: Fackel- (*Kniphofia*), Inka- und Schmucklilie; Sommerblumen; Stauden wie Chinaschilf, Mädchenauge, Rote Lobelie (*Lobelia fulgens*), Sonnenhut 'Prärie Sun'
MEIN TIPP: Nach einigen Jahren im Frühjahr teilen und neu pflanzen. Ein geschützter Standort erhöht die Winterhärte, in rauen Lagen mit Laub abdecken bzw. die Knollen frostfrei und dunkel überwintern (Garage, Schuppen).

Wildkrokus

Crocus ancyriensis

Höhe/Breite: 5 cm/bildet Kolonien
Blütezeit: Februar – März
› Vorgärten S. 41, Blumenbeete S. 84

WUCHSFORM: zwergige Zwiebelpflanze
BODEN: steinig-mineralisch, schottrig-lehmig, durchlässig, mäßig trocken bis frisch, im Sommer unbedingt trocken!
VERWENDUNG: überall da, wo er als Vorfrühlingsblüher bewundert werden kann
WERT: einer der ersten Frühlingsblüher; samt sich willig aus
GUTE PARTNER: niedrige Bartiris (*Iris barbata nana*), Blaukissen, Lavendel, Rosmarin-Seidelbast, Staudenlein (*Linum perenne*), Steinquendel, Steppensalbei, Thymian, Zwiebeliris (*I. histrioides, I. reticulata*)
MEIN TIPP: Pflanzen Sie Tuffs von mindestens zehn Zwiebelchen, am besten zwischen Steppenstauden, die später mit ihrem Austrieb die welkenden Blätter kaschieren. Jäten statt hacken schont die Sämlinge.
WEITERE ARTEN: Wildkrokus (*Crocus chrysanthus* 'Cream Beauty'), Blüten cremegelb,
› Seite 41

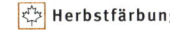 Blattschmuck  Fruchtschmuck   Herbstfärbung  immergrün   giftig   Bienenweide

Elfenbeinginster

Cytisus praecox 'Allgold'

Höhe/Breite: 120–150 cm/bis 150 cm
Blütezeit: April – Mai
› Vorgärten S. 41

WUCHSFORM: halbhoher Strauch, breit, überhängend
BODEN: sandig-humos, durchlässig, kalkfeindlich, nährstoffarm, trocken bis frisch
VERWENDUNG: Hintergrund in der Rabatte; vor Mauern; im Heide- und immergrünen Garten; im Vorgarten; in größeren Trögen
WERT: überschäumende Blüte trotz nährstoffarmen, sandigen Bodens; immergrüne Triebe auch im Winter attraktiv, besonders vor hellen Wänden und Mauern; verträgt viel Wärme und Trockenheit
GUTE PARTNER: Bärenfellschwingel, Heidekraut Pfeifengras, Schneeheide, Wacholder (*Juniperus communis* 'Hibernica'), Zwergkiefern
MEIN TIPP: Auf keinen Fall düngen, je magerer und sonniger der Standort, umso kompakter, blühfreudiger und langlebiger der Ginster. Nur vorsichtig im oberen Drittel auslichten, verjüngt sich nicht aus der Basis.

Rosmarin-Seidelbast

Daphne cneorum

Höhe/Breite: 6 cm/breitet sich aus
Blütezeit: April – Juni
› Gartengrenzen S. 118

WUCHSFORM: Zwerggehölz, bildet breite Polster
BODEN: durchlässig, locker, warm, sandig-lehmig, steinig, nährstoffarm
VERWENDUNG: im Steingarten; am sonnigen Gehölzrand; auf Mauerkronen; zwischen großen Steinen; am Sitzplatz; in Trögen
WERT: ein wahrer Gartenschatz: ganzjährig attraktives Laub, wunderschön kräftig rosarote, stark duftende Blütendolden; langsamwüchsig; verträgt Trockenheit
GUTE PARTNER: Bärenfellschwingel (im Halbschatten), Krokus, Pyrenäenaster, Schleifenblume, Schneeheide, Thymian, Zwergkiefern
MEIN TIPP: Der Rosmarin-Seidelbast sieht als Verkaufspflanze oft kümmerlich aus. Er entwickelt sich erst an zusagendem Standort. Nicht mit Rinde, sondern mit Schotter mulchen. Nur vorsichtig düngen und auch nur in der Anwachsphase wässern.

Rittersporn

Delphinium elatum 'Finsteraarhorn'

Höhe/Breite: 170 cm/60–80 cm
Blütezeit: Juni – Juli
› Blumenbeete S. 87

WUCHSFORM: buschige, aufrechte Staude
BODEN: lehmig-sandig, lehmig-humos, nährstoffreich, frisch, guter Gartenboden
VERWENDUNG: Solitär in Prachtstauden- und Rosenbeeten
WERT: besonders robuste, gesunde und standfeste Sorte; die straffen, hohen Blütenkerzen wirken dynamisch und kraftvoll
GUTE PARTNER: hellere Sorten wie 'Berghimmel'; alle Arten von Rosen; Prachtstauden wie Astern, Chinaschilf, Lampenputzergras, Pfingstrosen, Phlox, Sonnenbraut, Sonnenhut; Zwiebelblumen wie Lilien, Narzissen, Präriekerze, Taglilien und hohe Tulpen
MEIN TIPP: In Regionen mit trocken-heißen Sommern eher halbschattig pflanzen. Für 2. Flor sofort nach der Blüte knapp über dem Boden zurückschneiden. Den Austrieb vor Schneckenfraß und Spätfrösten schützen. Kompost für Gesundheit und Blühfreudigkeit (ca. 3 Liter/m²). Blütenstände stützen.

 Sonne 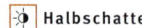 Halbschatten ● Schatten  Duft  Schnittblume  Blütenschmuck

Gämswurz
Doronicum orientale

Höhe/Breite: bis 40 cm/40 cm
Blütezeit: April – Mai
› Blumenbeete S. 84

WUCHSFORM: buschige Staude, bildet breite Polster
BODEN: durchlässig, lehmig-sandig, lehmig-humos, steinig, nährstoffreich, frisch, sommertrocken
VERWENDUNG: zur Blütezeit Leitstaude im Blumenbeet, später flacher Begleiter höherer Stauden; am Gehölzrand; im Bauerngarten
WERT: bringt leuchtendes Gelb in winterkahle Gärten; erste Schnittblume im Jahr; am zusagenden Standort robust und gesund
GUTE PARTNER: Bergenien, Blaustern, Buchs, Felsenbirne, Gleditsie, Haselnuss (*Corylus avellana*), Hundszahn, Kaukasus-Vergissmeinnicht (*Brunnera macrophylla*), Magnolien, Narzissen, rote Tulpen
MEIN TIPP: Sieht nach der Blüte unansehnlich aus, daher in den Beethintergrund pflanzen. Verträgt keinen Torf und Rindenmulch. Bei nachlassender Blühleistung die Staude teilen und neu pflanzen.

Purpursonnenhut
Echinacea purpurea 'Magnus'

Höhe/Breite: 80 cm/60 cm
Blütezeit: Juli – September
› Blumenbeete S. 86

WUCHSFORM: buschige Staude, Blütenstände straff aufrecht
BODEN: durchlässig, lehmig-sandig, mäßig trocken bis frisch, mäßig nährstoffreich
VERWENDUNG: Gruppenstaude; zu Gräsern und Präriestauden; im Bauerngarten; Heilpflanze
WERT: Dauerblüher; Blütenstand auch nach der Blüte über den ganzen Winter noch attraktiv (Samen als Vogelfutter); Schmetterlingsmagnet
GUTE PARTNER: Chinaschilf, Indianernessel (*Monarda didyma*), Lampenputzergras, Mädchenauge, Präriekerze, Prachtscharte (*Liatris spicata*), Rutenhirse (*Panicum virgatum*), hohe Tulpen, Zierlauch
MEIN TIPP: Kurzlebige Staude, daher öfter teilen und neu pflanzen. Rückschnitt erst im Spätwinter. Verträgt Trockenheit schlecht.
WEITERE SORTEN: 'Alba', Blüte mit weißen Strahlen und orangegrüner Mitte, › Seite 82

Schneeheide
Erica carnea 'Myretoun Ruby'

Höhe/Breite: 25 cm/bis 50 cm
Blütezeit: Februar – April
› Vorgärten S. 43

WUCHSFORM: Zwerggehölz
BODEN: durchlässig, sandig-humos, lehmig-humos, verträgt Kalk, mäßig nährstoffreich, mäßig trocken bis frisch
VERWENDUNG: in Gruppen im Vor-, Stein- und Heidegarten, im Frühlingsbeet; in Trögen
WERT: zur Blütezeit leuchtend roter Farbtupfer im winterkahlen Garten; weniger anspruchsvoll an den Standort als andere Eriken; langsamwüchsig; sehr gute, frühe Bienenweide
GUTE PARTNER: Heidekraut, Kriech- und Kissenkiefer, Pfeifengras, Preiselbeere (*Vaccinium vitis-idaea*), Wacholder (*Juniperus communis* 'Hibernica')
MEIN TIPP: Gelegentlich auf 10 cm über dem Boden zurückschneiden, das hält die Pflanze kompakt und blühfreudig. Frost und Schnee zur Blütezeit werden vertragen, Tropfenfall und Falllaub dagegen nicht.

 Blattschmuck   Fruchtschmuck   Herbstfärbung   immergrün   giftig   Bienenweide

Wolfsmilch

Euphorbia hypericifolia 'Diamond Frost'

Höhe/Breite: 30 cm/50 cm
Blütezeit: Mai – Oktober
> Sitzplätze S. 69

WUCHSFORM: einjährige Sommerblume, breit buschig
BODEN: locker, durchlässig, humos, sandig-lehmig, nährstoffreich, frisch, eventuell hochwertige Blumenerde
VERWENDUNG: Lückenfüller in neu angelegten Beeten; im Sommerblumenbeet; am Sitzplatz
WERT: wenig Ansprüche an Boden und Standort, gedeiht auch im Halbschatten; sehr witterungsfest; selbstreinigend; absolut pflegeleicht; ideal zum Kombinieren mit Sommerblumen und Stauden
GUTE PARTNER: Begonie, Buchs, Fächerahorn, Funkien, Rotes Lampenputzergras (*Pennisetum setaceum*), Männertreu, Rhododendron, Zauberglöckchen (*Calibrachoa*)
MEIN TIPP: Reagiert empfindlich auf niedrige Temperaturen, daher erst nach den Eisheiligen auspflanzen. In Gefäßen regelmäßig mit Flüssigdünger düngen. Hautreizend.

Walzenwolfsmilch

Euphorbia myrsinites

Höhe/Breite: 25 cm/40 cm
Blütezeit: Mai – Juni
> Gartengrenzen S. 117

WUCHSFORM: flach wachsende Staude mit walzenförmigen Trieben
BODEN: durchlässig, steinig, kalkhaltig, warm, trocken bis frisch
VERWENDUNG: im Steingarten und Kiesbeet; auf Trockenmauern; in Beeten an Südwänden; unterm Dachvorsprung
WERT: verträgt wochenlange Hitzeperioden; attraktives immergrünes Laub; die herabhängenden Triebe sind ein schöner Kontrast zu straff aufrechten Steppenpflanzen
GUTE PARTNER: Bartblume, Bartiris (*Iris barbata-nana*-Hybriden), Blaukissen, Blaustrahlhafer (*Helictotrichon sempervirens*), Federgras (*Nassella tenuissima* 'Pony Tails'), Katzenminze, Nachtkerze (*Oenothera missouriensis*), Palmlilie (*Yucca filimentosa*), Säckelblume, Wildkrokus, Zwiebeliris (*Iris reticulata*)
MEIN TIPP: Enthält einen hautreizenden Milchsaft – Handschuhe tragen!

Goldwolfsmilch

Euphorbia polychroma

Höhe/Breite: 35 cm/30–40 cm
Blütezeit: Mai – Juni
> Vorgärten S. 42, 49, Blumenbeete S. 91

WUCHSFORM: horstige Staude
BODEN: durchlässig, sandig-lehmig, schottrig, kalkhaltig, nährstoffarm, trocken bis frisch
VERWENDUNG: Begleitstaude in Steppen- und Kiesbeet; im Vorgarten; am sonnigen Gehölzrand; zwischen großen Steinen
WERT: sehr lange Blütezeit; im Herbst leuchtend rotes Laub; verträgt viel Trockenheit und auch den Wurzeldruck der Gehölze
GUTE PARTNER: Bartiris (*Iris barbata-nana*), Bergenien, Buchs, Duftnessel, Goldregen (*Laburnum watereri*), Lavendel, Silberbirne, Steppensalbei, Tränendes Herz, Tulpen, Waldaster, Zierapfel, Zierlauch 'Purple Sensation', Zwergkiefern
MEIN TIPP: Nicht düngen und keinen Kompost oder Rindenmulch verwenden. Nur in der Anwachsphase wässern. Samt sich an passendem Standort aus. Enthält einen hautreizenden Milchsaft – Handschuhe tragen.

 Sonne 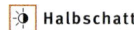 Halbschatten ● Schatten  Duft  Schnittblume  Blütenschmuck

Blauschwingel

Festuca cinerea 'Silbersee'

Höhe/Breite: 20 cm/20–25 cm
Blütezeit: Mai – Juni
› Gartengrenzen S. 119

WUCHSFORM: schmalblättrige, halbkugelige, niedrige Grasstaude
BODEN: durchlässig, sandig-schottrig, kalkhaltig, nährstoffarm, trocken bis frisch
VERWENDUNG: Begleiter in Steppenpflanzungen; im Kiesbeet und Steingarten; auf Mauerkronen; in Rabatten an Südwänden; in Trögen und Kästen
WERT: stahlblaues, besonders kompakt wachsendes, auch im Winter ansehnliches Gras; ideal für absolut sonnige, magere Standorte
GUTE PARTNER: Alpenskabiose (*Scabiosa alpina*), Bartblume, Federnelke (*Dianthus plumarius*), Krokus, Schnittknoblauch, Stachelnüsschen (*Acaena buchananii*), Wildtulpe
MEIN TIPP: Nur in der Anwachsphase wässern. Nicht düngen und nur mit Kies – nicht mit Rinde – mulchen. Dürre Halme herausziehen. Versamt sich unter Umständen stark.

Forsythie

Forsythia intermedia 'Weekend'

Höhe/Breite: 150–200 cm/200 cm
Blütezeit: März – April
› Gartengrenzen S. 106, 110

WUCHSFORM: mittelgroßer Strauch, aufrecht buschig, ältere Triebe überhängend
BODEN: anspruchslos, lehmig-sandig, humos, nährstoffreich, frisch bis feucht
VERWENDUNG: Solitärgehölz im Beet; in gemischten und geschnittenen Hecken; vor kleinen Bäumen
WERT: bleibt niedrig und kompakt, daher besonders für kleine Gärten geeignet; blüht sehr zeitig
GUTE PARTNER: Buchs, Eibe, Felsenbirne, Japanische Strauchspiere, Weigelie 'Eva Rathke', Zierquitte; Blaustern, Duftveilchen (*Viola odorata*), Gedenkemein
MEIN TIPP: Jedes Jahr 1–2 ältere Triebe bodennah entfernen. In der Hecke mit Rinde oder dünn mit Grasschnitt mulchen. Zweige eignen sich zum Vortreiben in der Vase.
WEITERE SORTEN: Zwergforsythie (*Forsythia*-Hybride 'Melée d'Or'), Höhe nur 1 m,
› Seite 83

Blumenesche

Fraxinus ornus 'Meczek'

Höhe/Breite: 5–6 m/3–4 m
Blütezeit: Mai
› Solitärgehölze S. 33

WUCHSFORM: kleiner Baum mit Kugelkrone
BODEN: durchlässig, sandig-lehmig bis lehmig, steinig, kalkverträglich
VERWENDUNG: Solitärgehölz im Beet; in formalen Gärten; im Rasen; in großen Vorgärten und Innenhöfen
WERT: ideal für kleine Gärten; langsamwüchsig; glänzend dunkelgrünes, im Herbst goldgelbes Laub; große, duftende Blütenrispen; außergewöhnlich trockenheits- und hitzeverträglich (Innenstadtklima); wunderschöner Schattenspender in Gebäudenähe; exzellente Bienenweide
GUTE PARTNER: in formalen Gärten Buchs und Eibe; Blut-Storchschnabel, Immergrün, Katzenminze, Perückenstrauch (*Cotinus coggygria*), Storchschnabel 'Biokovo' oder 'Berggarten', Winter-Heckenkirsche, Zwergliguster
MEIN TIPP: Spätfrost gefährdet, in rauen Lagen daher geschützten Standort wählen.

 Blattschmuck    Fruchtschmuck    Herbstfärbung   immergrün    giftig   Bienenweide

Scheinbeere
Gaultheria procumbens

Höhe/Breite: 10–20 cm/Boden deckend
Blütezeit: Juli – August
› Vorgärten S. 48, Sitzplätze S. 64

WUCHSFORM: kriechendes Zwerggehölz, breitet sich durch Ausläufer langsam aus
BODEN: durchlässig, humos, sandig-lehmig, sauer bis neutral, frisch bis feucht
VERWENDUNG: schwachwüchsiger Bodendecker vor und unter Gehölzen; im Heidebeet; zwischen großen Steinen; in Trögen
WERT: ausgezeichneter Bodendecker für kleine Flächen – soweit Standortansprüche erfüllt sind; im Winter leuchten die roten Früchte aus dem bronzegrün getönten Laub
GUTE PARTNER: Azaleen, Blumenhartriegel, Preiselbeere (*Vaccinium vitis-idaea*), Rhododendron, Schaumblüte, Teppichhartriegel, Zaubernuss
MEIN TIPP: Verträgt viel mehr Sonne als allgemein angenommen, ist aber empfindlich gegen Trockenheit und Hitze (dann lieber halbschattig). Bei Trockenheit gut wässern. In rauen Lagen geschützten Standort wählen. Nicht düngen. Mit Rinde oder Torf mulchen.

Prachtkerze
Gaura lindheimeri

Höhe/Breite: 60–80 cm/80 cm
Blütezeit: Juli – Oktober
› Vorgärten S. 40

WUCHSFORM: horstbildende Staude
BODEN: durchlässig, steinig, sandig-lehmig, kalkhaltig
VERWENDUNG: Solitärstaude in Steppen- und Kiesbeet; Begleiter Hitze liebender Gehölze; vor Wänden und Mauern; auf Mauerkronen; unterm Dachvorsprung; in Trögen
WERT: extrem hitze- und trockenverträglich; unverzichtbar im sommertrockenen Garten
GUTE PARTNER: Argentinisches Eisenkraut (*Verbena bonariensis*), Bartblume, Duftnessel, Lavendel, Purpur-Perückenstrauch (*Cotinus coggygria* 'Royal Purple'), Schafgarbe, Steppensalbei, Thymian, Zierlauch
MEIN TIPP: Wächst optimal in reinem Kies oder Schotter. Nicht düngen oder mulchen. Nur in der Anwachsphase wässern. Nicht sehr langlebig, sät sich aber aus.
WEITERE SORTEN: 'Siskyou Pink', rosarote Blüten an dunkelroten Stielen, Juni – Oktober, kompakt, sehr blühfreudig, › Seite 118

Steinginster
Genista lydia

Höhe/Breite: 30–50cm/100 cm
Blütezeit: Mai – Juni
› Gartengrenzen S. 116

WUCHSFORM: Zwerggehölz, bildet breite Polster
BODEN: durchlässig, warm, sandig, sandig-lehmig, steinig, mager, trocken
VERWENDUNG: Bodendecker im Steingarten; auf der Trockenmauer; in Trögen
WERT: zur Blütezeit eine Augenweide; auch nach der Blüte durch die ganzjährig grünen Triebe attraktiv; sehr schön in Verbindung mit Stein; ideal für trockene, heiße Gartenecken mit magerem Boden; Bienenweide
GUTE PARTNER: Bartblume, blaue Bartiris (*Iris barbata*), Bleibusch (*Amorpha canescens*), Katzenminze, Schleifenblume, Silberbirne, Steppensalbei, Zierlauch 'Purple Sensation'
MEIN TIPP: Den Steinginster nicht düngen und auch keinen Kompost und Humus aufbringen. Nur in der Anwachsphase wässern. Stets nach der Blüte einige Triebe auslichten. In rauen Lagen vor Spätfrost schützen.

 Sonne    Halbschatten   ● Schatten    Duft    Schnittblume    Blütenschmuck

Storchschnabel

Geranium × cantabrigiense 'Berggarten'

Höhe/Breite: 20 cm/Teppich bildend
Blütezeit: Juni – Juli
› Sitzplätze S. 72, Blumenbeete S. 86

WUCHSFORM: Staude, bildet Ausläufer
BODEN: durchlässig, warm, sandig-lehmig, sandig-humos, steinig, mäßig nährstoffreich, trocken bis frisch
VERWENDUNG: Bodendecker am sonnigen Gehölzrand, am Sitzplatz, im Steingarten und Kiesbeet; an Wegrändern; zur Beeteinfassung und Dachbegrünung; in Trögen
WERT: vollkommen anspruchslos an Standort und Boden; wüchsig, aber nicht verdrängend; mit intensiv roter Herbstfärbung; in milden Wintern wintergrün
GUTE PARTNER: Bäume und Sträucher, Bergenien, Chinaschilf, Erdbeere 'Florika', Günsel, Katzenminze, Lungenkraut, Pflaumen-Fetthenne, Waldaster
MEIN TIPP: Nicht düngen und nur in der Anwachsphase wässern. Lässt sich leicht durch Stecklinge oder Teilung vermehren.
WEITERE SORTEN: 'Biokovo', Blüte weiß,
› Seite 40

Blut-Storchschnabel

Geranium sanguineum 'Max Frei'

Höhe/Breite: 10–15 cm/40 cm
Blütezeit: Mai – September
› Vorgärten S. 51, Blumenbeete S. 85

WUCHSFORM: niedrige, kompakte Staude
BODEN: durchlässig, sandig-lehmig, sandig-humos, steinig, kalkhaltig, trocken bis frisch, nährstoffarm
VERWENDUNG: in kleinen Gruppen als Bodendecker am sonnigen Gehölzrand; unter Sträuchern und Bäumen; im Kiesbeet; an Wegrändern; auf der Trockenmauer
WERT: in der Sonne und im Halbschatten gleich gut; erträgt enormen Wurzeldruck und Trockenheit zwischen Gehölzen; sehr lange Blütezeit; im Herbst flammend rote Blätter; extrem robust, gesund und langlebig
GUTE PARTNER: Laub- und Nadelgehölze; Bergenien, Diptam (*Dictamnus albus*), Goldwolfsmilch, Katzenminze, Steinquendel, Waldanemone, Waldaster
MEIN TIPP: Samt sich an zusagenden Stellen aus, ohne lästig zu werden.
WEITERE SORTEN: 'Album', Blüte weiß, Höhe 25 cm, › Seite 47, 90

Sonnenbraut

Helenium-Hybride 'Kanaria'

Höhe/Breite: 120 cm/80 cm
Blütezeit: August – September
› Blumenbeete S. 83

WUCHSFORM: horstige, straff aufrechte Staude
BODEN: lehmig, lehmig-sandig, nährstoffreich, frisch bis feucht, gute Gartenerde
VERWENDUNG: Solitärstaude im Bauerngarten und Blumenbeet; in Präriepflanzungen; zu niedrigeren Prachtstauden
WERT: üppige und lang anhaltende leuchtend gelbe Blüte; sehr gute Schnittblume
GUTE PARTNER: Sonnenbraut-Sorten in Rot oder Rostbraun, Argentinisches Eisenkraut (*Verbena bonariensis*), Astern (*Aster*-Hybride 'Dauerblau'), Goldrute (*Solidago*-Hybriden), Indianergras (*Sorghastrum nutans*), Prachtscharte (*Liatris spicata*), Rutenhirse (*Panicum virgatum*), Schmuckkörbchen (*Cosmos sulphureus*), Sonnenhut
MEIN TIPP: Im Frühjahr mit Kompost düngen (1–2 Liter/m^2). Bei Trockenheit wässern. Alle 5–7 Jahre teilen und neu pflanzen. In leichte Böden viel Bentonit einarbeiten.

 Blattschmuck  Fruchtschmuck  Herbstfärbung immergrün  giftig  Bienenweide

Sonnenröschen

Helianthemum-Hybride 'Sterntaler'

Höhe/Breite: 15–20 cm/Teppich bildend
Blütezeit: Mai – Juli
› Gartengrenzen S. 117

WUCHSFORM: kissenförmige, am Grund verholzende Staude
BODEN: durchlässig, steinig, kalkhaltig, nährstoffarm, trocken bis frisch
VERWENDUNG: Bodendecker in Steingarten und Kiesbeet; auf Mauerkronen; an Wegrändern; in Trögen
WERT: üppige, bis in den Sommer anhaltende Blüte (verlängert die Blütezeit im Steingarten); an zusagendem Standort extrem langlebig und robust
GUTE PARTNER: Bartiris (*Iris barbata*), Bleibusch (*Amorpha canescens*), Federnelke (*Dianthus plumarius*), Lavendel, Präriegras, Steppensalbei, Staudenlein (*Linum perenne*), Silberährengras
MEIN TIPP: Nicht düngen. Nur in der Anwachsphase wässern. Mit Schotter mulchen, keine Rinde verwenden! Nach der Blüte mit der Heckenschere kräftig zurückschneiden. Bei Kahlfrost mit Reisig abdecken.

Eibisch

Hibiscus syriacus 'Blue Bird'

Höhe/Breite: 150–250 cm/150 cm
Blütezeit: Juli – September
› Blumenbeete S. 87

WUCHSFORM: straff aufrechtes Gehölz, auch als Hochstämmchen erhältlich
BODEN: durchlässig, lehmig-sandig, lehmig-schottrig, mäßig trocken bis frisch, mäßig nährstoffreich
VERWENDUNG: Solitärstrauch im Stauden-, Rosen- und Sommerblumenbeet; am Sitzplatz; im Vorgarten; in großen Gefäßen
WERT: besonders reichblütige Sorte; lang anhaltende Blütenpracht, ungewöhnlich spät für ein Gehölz; langsamwüchsig
GUTE PARTNER: Kleinstrauchrosen; Lavendel; Sommerblumen (Angelonia, Vanilleblume, Verbenen, Wolfsmilch 'Diamond Frost')
MEIN TIPP: Vor Wind und starken Frösten schützen. Bei anhaltender Trockenheit im Sommer wässern. Rückschnitt der vorjährigen Triebe vor dem Austrieb auf Zapfen.
WEITERE SORTEN: 'Hamabo', Blüte rosa mit rotem Auge, › Seite 66; 'Woodbridge', Blüte rotviolett, › Seite 42

Schleifenblume

Iberis sempervirens 'Findel'

Höhe/Breite: 20 cm/bildet breite Polster
Blütezeit: April – Mai
› Gartengrenzen S. 116

WUCHSFORM: polsterförmiger Zwergstrauch
BODEN: durchlässig, sandig-lehmig, steinig, mäßig trocken, kalkhaltig, eher mager
VERWENDUNG: im Stein- und Bauerngarten; an Wegrändern; als Beeteinfassung; auf der Trockenmauer; in Trögen
WERT: kompakte und gut winterharte Sorte; ganzjährig attraktives Polster mit fast nadelartigem, dunkelgrünem Laub; verträgt Hitze und Trockenheit besser als viele andere Steingartenpflanzen
GUTE PARTNER: Bartiris (*Iris barbata*), Federgras, Lavendel, Rosmarin-Seidelbast, Schnittknoblauch, Silberährengras, Steinkraut (*Alyssum saxatile*), Wildtulpen
MEIN TIPP: Umpflanzen wird schlecht vertragen. Lässt sich leicht aus Stecklingen vermehren. In rauen Lagen bei Kahl- und Spätfrost mit Reisig abdecken. Nach der Blüte mit der Heckenschere zurückstutzen.

 Sonne 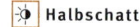 Halbschatten ● Schatten  Duft  Schnittblume  Blütenschmuck

Blasenbaum

Koelreuteria paniculata

Höhe/Breite: 5–7 m/7 m
Blütezeit: August
› Solitärgehölze S. 33

WUCHSFORM: kleiner Baum, breite Krone auf krummem Stamm
BODEN: unbedingt durchlässig, steinig, lehmig-sandig, kalkhaltig, mager, trocken bis frisch
VERWENDUNG: Solitärgehölz im Rasen; in Rabatten; in Innenhöfen; durch den langsamen Wuchs und die niedrige Endhöhe besonders für kleine Gärten geeignet
WERT: die zierlichen gelben Blütenrispen im Sommer sind heiß begehrt von den Bienen; schön gefiedertes Laub, im Austrieb rot, im Herbst gelb gefärbt; verträgt extreme Hitze und anhaltende Trockenheit
GUTE PARTNER: Blauglöckchen, Blut-Storchschnabel, Goldwolfsmilch, Krokus, Storchschnabel 'Biokovo' und 'Berggarten'
MEIN TIPP: Die Krone können Sie durch Schnitt klein halten. In rauen Lagen Spätfrostgefährdet, erfrorene Blätter werden aber gleich durch Neuaustrieb ersetzt.

Kolkwitzie

Kolkwitzia amabilis

Höhe/Breite: 2,5–3 m/2,5–3 m
Blütezeit: Mai – Juni
› Gartengrenzen S. 111

WUCHSFORM: mittelgroßer Strauch, vieltriebig, elegant überhängende Zweige
BODEN: ganz anspruchslos, mäßig nährstoffreich, sandig-humos oder lehmig-humos, mäßig trocken bis frisch, sauer bis schwach alkalisch
VERWENDUNG: Solitärgehölz in Rabatte, am Sitzplatz, im Rasen; für gemischte Hecken
WERT: zur Blütezeit ein Traum in Rosa; durch den eleganten Wuchs, das attraktive Laub, die violettrote Herbstfärbung und die abblätternde Rinde ganzjährig äußerst attraktiv; dabei anspruchslos, robust, gesund und konkurrenzstark
GUTE PARTNER: Apfelrose, Chinaschilf, Flieder, Goldregen, Strauchrosen
MEIN TIPP: Planen Sie genügend Platz ein, damit sich der Strauch frei entfalten kann! Nicht düngen. Mit Rinde oder Laubhäcksel mulchen. Regelmäßig ältere Triebe direkt am Boden entfernen.

Lavendel

Lavandula angustifolia 'Hidcote Blue'

Höhe/Breite: 30–40 cm/50 cm
Blütezeit: Juli – August
› Vorgärten S. 45, Gartengrenzen S. 119

WUCHSFORM: polsterförmiges Zwerggehölz
BODEN: durchlässig, steinig, sandig-lehmig, kalkhaltig, mäßig trocken bis frisch, mager
VERWENDUNG: einzeln oder in kleinen Gruppen für sonnige Gartenplätze und formale Anlagen; an der Südseite von Mauern und Wänden; auf Mauerkronen; in Trögen
WERT: das kompakte, silbergraue Polster passt zu sehr vielen Stauden, Zwiebelblumen und Gehölzen; am richtigen Standort und regelmäßig geschnitten langlebig und pflegeleicht; Heilpflanze; Bienenweide
GUTE PARTNER: Bartblume, Bartiris (*Iris barbata*), Buchs, Federgras, Fetthenne, Fingerkraut, Hibiskus, Schafgarbe, Steinginster, Steinquendel, Thymian, Wolfsmilch
MEIN TIPP: Schon als junge Pflanze und dann regelmäßig nach der Blüte kräftig zurückstutzen. Mit Schotter oder Kies mulchen. Nicht düngen. Nur in der Anwachsphase wässern.

 Blattschmuck    Fruchtschmuck    Herbstfärbung   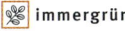 immergrün   giftig    Bienenweide

Buschmalve

Lavatera olbia 'Barnsley'

Höhe/Breite: 150 cm/100–150 cm
Blütezeit: Juni – Oktober
› Blumenbeete S. 86

WUCHSFORM: aufrechte, buschige Staude, am Grund verholzt
BODEN: durchlässig, sandig-lehmig, nährstoffreich, mäßig trocken bis frisch
VERWENDUNG: Solitär in der Staudenrabatte; Begleiter größerer Sträucher; in Kübeln
WERT: besonders frosthart; erfreut den ganzen Sommer hindurch mit vielen zarten großen Blüten (oft noch nach ersten Frösten); wächst rasant, blüht schon als junge Pflanze gut; leicht zu kultivieren; Bienenweide
GUTE PARTNER: Chinaschilf, Katzenminze, Lampenputzergras, Purpur-Perückenstrauch (*Cotinus coggygria* 'Royal Purple'), Rosen, Sommerflieder, Steinquendel, Steppensalbei
MEIN TIPP: Für anhaltende Blüte vor allem im Kübel regelmäßig wässern und düngen. Kurzlebig, lässt sich aber gut durch Stecklinge vermehren. Rückschnitt wird gut vertragen. In rauen Lagen mit Reisig abdecken.

Duftsteinrich

Lobularia maritima

Höhe/Breite: 20–30 cm/50 cm
Blütezeit: Mai – Oktober
› Sitzplätze S. 64

WUCHSFORM: Polster bildende Sommerblume
BODEN: durchlässig, sandig-lehmig, sandig-humos, mäßig trocken bis frisch, nährstoffarm
VERWENDUNG: am Sitzplatz; als Begleiter höherer Sommerblumen; im Bauern- und Steingarten; als Beeteinfassung, an Wegrändern und in Plattenfugen; im Kiesbeet, auf der Trockenmauer; in Trögen und Ampeln
WERT: sehr anspruchslose, attraktive Sommerblume; Dauerblüher
GUTE PARTNER: Duftnessel, Schmuckkörbchen (*Cosmea* Hybriden), Steppensalbei, Wandelröschen (*Lantana* Hybriden), Ziersalbei (*Salvia farinacea*)
MEIN TIPP: Im Gefäß nur schwach, ausgepflanzt gar nicht düngen. Bei nachlassender Blüte um mindestens die Hälfte zurückschneiden. Samt sich an zusagendem Standort aus, ohne lästig zu werden.

Große Sternmagnolie

Magnolia × loebneri 'Leonard Messel'

Höhe/Breite: 3–4 m/4–5 m
Blütezeit: April – Mai
› Solitärgehölze S. 34

WUCHSFORM: mehrstämmiger großer Strauch oder kleiner Baum
BODEN: locker, sandig-humos oder lehmig-humos, nährstoffreich, sauer bis neutral, frisch bis feucht, guter Gartenboden
VERWENDUNG: Solitärgehölz; an Sitzplatz und Terrasse; im Frühlingsbeet
WERT: wunderschöne anmutige Blüten in leuchtendem Rosa; durch den malerischen Wuchs auch nach der Blüte noch attraktiv; Blüte frosthärter als die der Tulpenmagnolie; Magnolien gehören – standortgerecht gepflanzt – zu den gesündesten Baumarten!
GUTE PARTNER: Bergenien, Hornveilchen (*Viola cornuta*), Kaukasus-Vergißmeinnicht (*Brunnera macrophylla*), Kugelprimel (*Primula denticulata*), Lungenkraut, weiße oder zartgelbe Narzissen, rosa Tulpen
MEIN TIPP: Dünn mit Rinde oder Laubhäcksel mulchen. Möglichst nicht schneiden. In rauen Lagen geschützten Standort wählen.

 Sonne  Halbschatten  Schatten  Duft  Schnittblume   Blütenschmuck

Zierapfel

Malus sargentii 'Tina'

Höhe/Breite: 150–200 cm/200 cm
Blütezeit: April – Mai
> Vorgärten S. 40

WUCHSFORM: breit-rundliches Gehölz, Äste stark verzweigt
BODEN: sandig-lehmig bis lehmig, nährstoffreich, durchlässig, frisch bis feucht
VERWENDUNG: Solitärgehölz für kleine Rabatten mit niedrigen Stauden und Zwiebeln; im Bauerngarten; in großen Trögen
WERT: sehr robuste, besonders reich blühende Zwergform des Zierapfels; passt in kleinste Gartenräume; schwachwüchsig; goldgelbes Laub und rote Früchte im Herbst; Früchte – wie alle Zieräpfel – stark pektinhaltig (als Zusatz für Gelee); Vogelnährgehölz
GUTE PARTNER: Gämswurz, Japanische Azalee, Kugelprimel (*Primula denticulata*), Lungenkraut, Narzissen, Tulpen
MEIN TIPP: Lichten Sie nur vorsichtig aus.
WEITERE ARTEN: Zierapfel (*Malus sargentii*), Höhe bis 3 m, > Seite 111; Apfel (*Malus domestica* 'Topaz'), aromatischer Essapfel, > Seite 114

Chinaschilf

Miscanthus sinensis 'Kleine Fontäne'

Höhe/Breite: 150–170 cm/100 cm
Blütezeit: Juli – Oktober
> Sitzplätze S. 68, Blumenbeete S. 88

WUCHSFORM: horstig wachsende Staude
BODEN: sandig-lehmig bis lehmig, nährstoffreich, mäßig trocken bis frisch
VERWENDUNG: einzeln oder in kleinen Gruppen am Sitzplatz; Solitärgras im Stauden- und Rosenbeet; für sonnigen Gehölzrand und Präriepflanzungen; am Wasser; vor Wänden und Mauern
WERT: besonders schöne Sorte mit grazilen Halmen, silbrig leuchtender Blüte und einer bronzenen Herbstfärbung; von besonderem Reiz bei Raureif und Schnee
GUTE PARTNER: herbstfärbende Laubgehölze, Rosen; Präriestauden wie Astern, Präriekerze, Sonnenbraut, Sonnenhut
MEIN TIPP: Im Frühjahr pflanzen. Rückschnitt wegen der Winterwirkung erst im Spätwinter. Bei verkahlender Mitte teilen und neu pflanzen.
WEITERE SORTEN: 'Adagio', August – September, nur 120 cm hoch, > Seite 46

Pfeifengras

Molinia caerulea 'Edith Dudzus'

Höhe/Breite: 60–80 cm/50 cm
Blütezeit: August – Oktober
> Vorgärten S. 46, Sitzplätze S. 73

WUCHSFORM: horstig wachsende Staude
BODEN: sandig-humos, moorig, sauer bis neutral, frisch bis feucht, auch nass
VERWENDUNG: einzeln oder in kleinen Gruppen im Heide- oder immergrünen Garten; an Teich und Bachlauf; Begleiter größerer Gehölze
WERT: grazile Sorte mit dunklen Halmen; standfest bis weit in den Winter; im Gegenlicht besonders schön leuchtend; schafft zauberhafte Stimmung im herbstlichen Garten
GUTE PARTNER: Hängebirke, Heidekraut, Herbstzeitlose (*Colchicum autumnale*), Lorbeerkrüglein 'Scarletta', Rhododendron, Scheinbeere, Schneeheide, Sterndolde (*Astrantia major*), Trollblume (*Trollius europaeus*), Zwergkiefer
MEIN TIPP: Nicht düngen. Zurückschneiden, wenn die Pflanze unansehnlich wird.
WEITERE SORTEN: 'Variegata', Halme weiß-grün, halbschattiger Standort, > Seite 96

 Blattschmuck  Fruchtschmuck 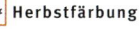 Herbstfärbung  immergrün   giftig  Bienenweide

Zwergnarzisse

Narcissus cyclamineus 'Jetfire'

Höhe/Breite: 30 cm/Kolonien bildend
Blütezeit: April
› Vorgärten S. 41

WUCHSFORM: eintriebige Zwiebelpflanze
BODEN: sandig-lehmig, humos, nährstoffreich, frisch bis feucht, guter Gartenboden
VERWENDUNG: in kleinen Tuffs oder großen Gruppen vielseitig verwendbar: im Staudenbeet; in Stein- und Bauerngarten; an Bachlauf und Teich; unter und vor Gehölzen; in Töpfen und Trögen
WERT: neue Sorte mit lang anhaltender, besonders üppiger Blüte auch noch nach Jahren; insgesamt zierlich; sehr robust; bildet mit der Zeit große Bestände
GUTE PARTNER: Blaustern, Felsenbirne, Lungenkraut, Primeln, weiße Sternmagnolie, Tulpen, Veilchen, Zierapfel
MEIN TIPP: Zur Blütezeit flüssig düngen. Blätter nach der Blüte nicht abschneiden. Zwischen höhere Stauden pflanzen, die mit ihrem Laub die absterbenden Blätter verdecken. Bei nachlassender Blüte teilen und neu pflanzen.

Katzenminze

Nepeta × faassenii

Höhe/Breite: 25–30 cm/bildet breite Polster
Blütezeit: Mai – September
› Sitzplätze S. 68

WUCHSFORM: breitbuschige Staude
BODEN: durchlässig, steinig, sandig-lehmig, nährstoffarm, trocken bis mäßig trocken, auch kalkhaltig
VERWENDUNG: Bodendecker zu Gehölzen der Steppe; im Kiesbeet; am Sitzplatz; zwischen Steinen; auf Mauerkronen; als Wegeinfassung oder Beetkante; an Südwänden
WERT: unverwüstlicher, aber zahmer Bodendecker; sehr lange Blütezeit, extrem hitze- und trockenheitsverträglich; attraktives graublaues, aromatisches Laub
GUTE PARTNER: Bartiris (*Iris barbata*), Kugelkirsche, Schafgarbe, Schmetterlingsflieder, Silberährengras, Silberbirne, Steppensalbei, Wolfsmilch, Zwergtulpen
MEIN TIPP: Nicht düngen, sonst wachsen die Polster zu stark und fallen auseinander. Nach der Blüte auf 10 cm zurückschneiden. Manche Katzen legen sich sehr gern ins Polster und knabbern an den Trieben.

Baumpfingstrose

Paeonia delavayi 'High Noon'

Höhe/Breite: 120–150 cm/120 cm
Blütezeit: Mai
› Sitzplätze S. 65

WUCHSFORM: aufrechtes Gehölz mit mehreren starren Trieben, wenig verzweigt
BODEN: vor allem durchlässig, sandig-lehmig bis lehmig, lehmig-schottrig, mäßig trocken bis frisch, schwach sauer bis alkalisch
VERWENDUNG: Solitär im Vorgarten, am Sitzplatz, in Rabatten; vor Gehölzen; im Innenhof
WERT: rötlicher Austrieb, große Knospen, schön gefiedertes Laub; traumhaft schöne, duftende Blüten; robust; am richtigen Standort gesund und langlebig
GUTE PARTNER: weitere Baumpfingstrosen-Sorten, Fächerahorn als Hintergrund; Kaukasus-Vergissmeinnicht (*Brunnera macrophylla*), Schaumblüte
MEIN TIPP: Im Halbschatten längere Blütezeit. In der Sonne früher Austrieb (vor Spätfrösten schützen). Keinen Torf, Kompost und vor allem keinen Stickstoffdünger verwenden (Pilzbefall). Nur totes Holz entfernen.

 Sonne 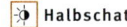 Halbschatten  Schatten Duft  Schnittblume  Blütenschmuck

Pfingstrose

Paeonia lactiflora 'Sarah Bernard'

Höhe/Breite: 100 cm/70–80 cm
Blütezeit: Juni
> Blumenbeete S. 86

WUCHSFORM: horstige Staude, buschig
BODEN: durchlässig, sandig-lehmig bis lehmig, lehmig-schottrig, mäßig trocken bis frisch
VERWENDUNG: einzeln oder in Gruppen zu anderen Stauden; am sonnigen Gehölzrand
WERT: eine der schönsten Sorten; im Herbst rötlich gefärbtes Laub; am richtigen Standort langlebig und robust; verträgt Sommertrockenheit erstaunlich gut
GUTE PARTNER: andere Sorten; Chinaschilf, Dahlien, Phlox, Rittersporn, Sonnenbraut, Storchschnabel 'Rozanne', Taglilien
MEIN TIPP: Die Knospen sollten beim Pflanzen 3–5 cm unter der Erde liegen. Möglichst nicht umpflanzen, werden am gleichen Platz von Jahr zu Jahr schöner. Keinen Torf, Humus oder Stickstoffdünger verwenden. Die schweren Blütenköpfe stützen.
WEITERE SORTEN: 'Red Charm', Blüte tiefrot, > Seite 70

Lampenputzergras

Pennisetum alopecuroides 'Hameln'

Höhe/Breite: 60 cm/80 cm
Blütezeit: August – September
> Vorgärten S. 46, Blumenbeete S. 88

WUCHSFORM: horstige Staude, Gräserblüten über dichtem Blattschopf
BODEN: durchlässig, sandig-lehmig, lehmig-schottrig, sandig-humos, nährstoffreich, mäßig trocken bis frisch
VERWENDUNG: Solitärgras zu niedrigen Stauden; Begleiter kleinerer herbstfärbender und herbstblühender Gehölze
WERT: eines der schönsten Ziergräser; goldgelbe Herbstfärbung; tolle Winterwirkung
GUTE PARTNER: niedrige Astern, Bartblume, Fächerahorn, hohe und niedrige Fetthennen, Pfaffenhütchen, Rosen, Säckelblume, Sonnenhut, Zierlauch, Zwergkiefern
MEIN TIPP: Im Frühjahr pflanzen. Wirkt am besten in freiem Stand. Bei anhaltender Trockenheit im Sommer wässern, blüht sonst weniger. Sandigen Böden Kompost und Bentonit beimischen. Wegen der Winterwirkung erst im Spätwinter zurückschneiden.

Polsterphlox

Phlox douglasii 'Cracker Jack'

Höhe/Breite: 5 cm/15–20 cm
Blütezeit: Mai
> Gartengrenzen S. 117

WUCHSFORM: wintergrüne Polsterstaude
BODEN: durchlässig, lehmig-schottrig, steinig, kalkhaltig, mäßig trocken bis frisch, mäßig nährstoffreich
VERWENDUNG: einzeln oder in kleinen Trupps im Steingarten; auf Trockenmauern; in Schalen und Trögen
WERT: karminrote Blüte von unglaublicher Leuchtkraft; hübsch auch das wintergrüne Polster mit fast nadelartigen Blättern
GUTE PARTNER: Blaukissen, Blauschwingel, Federnelke (*Dianthus caesius*), Krokus, Pfingstnelke (*Dianthus plumarius*), Rosmarin-Seidelbast, Schnittknoblauch, Sonnenröschen, Zwergkiefern
MEIN TIPP: Auf keinen Fall düngen. Auch keinen Torf, Kompost oder anderen Humus verwenden. Statt dessen mit feinem oder gröberem Kies mulchen. Nicht mit zu starkwüchsigen Polstern kombinieren.

Phlox
Phlox paniculata 'Rotkäppchen'

Höhe/Breite: 70 cm/60–80 cm
Blütezeit: Juli
> Blumenbeete S. 85

WUCHSFORM: buschig aufrechte Staude
BODEN: lehmig-sandig, lehmig humos, frisch bis feucht, nährstoffreich, guter Gartenboden
VERWENDUNG: Solitärstaude; zu anderen Präriestauden; im Bauerngarten; am Sitzplatz; im Blumenbeet
WERT: kompakte, standfeste Sorte mit langer Blütezeit; stark duftende Blüte
GUTE PARTNER: Pfingstrosen, weitere Phlox-Sorten, Rittersporn, weißer Sonnenhut, Storchschnabel 'Rozanne'
MEIN TIPP: Ein luftfeuchter, eher kühler Standort verhindert Befall mit Mehltau. Bei anhaltender Trockenheit wässern. Stützen. Verwelkte Blüten abschneiden, um Selbstaussaat zu verhindern. Jährlich im Frühjahr mit Kompost (2 Liter /m²) abdecken. Bei nachlassender Blüte teilen und neu pflanzen.
WEITERE SORTEN: 'Bright Eyes', rosa Blüte, besonders robust, > Seite 71

Polsterphlox
Phlox subulata 'Emerald Cushion Blue'

Höhe/Breite: 10–15 cm/Teppich bildend
Blütezeit: April – Mai
> Gartengrenzen S. 121

WUCHSFORM: immergrüne Polsterstaude
BODEN: durchlässig, sandig-lehmig, schottrig, mäßig trocken, mäßig nährstoffreich
VERWENDUNG: sehr guter Bodendecker in der Sonne; im Steingarten und Kiesbeet; an Plattenwegen und Terrassenkanten; auf Trockenmauern; in Trögen
WERT: viel wüchsiger und robuster als andere Polsterphlox-Sorten
GUTE PARTNER: Blaukissen, Blauschwingel, Federnelke (*Dianthus caesius*), Pfingstnelke (*Dianthus plumarius*), Rosmarin-Seidelbast, Schnittknoblauch, Seifenkraut (*Saponaria ocymoides*), Sonnenröschen, Steinkraut (*Alyssum saxatile*), Steinpilz-Thymian
MEIN TIPP: Nur in der Anwachsphase wässern. Mit Kies oder Schotter abdecken. Die Polster bleiben durch scharfen Rückschnitt gleich nach der Blüte schön kompakt. Nicht düngen. Keinen Torf, Kompost oder Humus verwenden.

Glanzmispel
Photinia fraseri 'Red Robin'

Höhe/Breite: 2–2,5 m/2 m
Blütezeit: Mai – Juni
> Vorgärten S. 50

WUCHSFORM: breitbuschiges, immergrünes Gehölz; auch als Hochstamm erhältlich
BODEN: durchlässig, sandig-lehmig, lehmig-schottrig, sandig-humos, schwach sauer bis alkalisch, mäßig trocken bis frisch, mäßig nährstoffreich
VERWENDUNG: Solitärgehölz in Rasen und Beet; im Vorgarten; am sonnigen Gehölzrand; Sichtschutz an Sitzplatz und Gartengrenze; auch für geschnittene Hecke geeignet
WERT: eine Bereicherung im Gehölzsortiment: der Austrieb bringt leuchtendes Rot in den Frühlingsgarten, lorbeerähnliches Laub, weiße Blütendolden und rote Früchte
GUTE PARTNER: Bambus, Blumenesche, Blut-Storchschnabel, Frühlingsspiere, Eichenblättrige Hortensie, Immergrün, Mahonie, Storchschnabel 'Berggarten', Winter-Heckenkirsche
MEIN TIPP: In rauen Lagen auf jeden Fall halbschattig und etwas geschützt pflanzen.

 Sonne 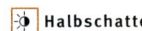 Halbschatten  Schatten  Duft  Schnittblume Blütenschmuck

Rote Fasanenspiere

Physocarpus opulifolius 'Diabolo'

Höhe/Breite: 2,5–3 m/2–2,5 m
Blütezeit: Mai – Juni
› Gartengrenzen S. 110

WUCHSFORM: aufrechter Strauch
BODEN: absolut anspruchslos, gedeiht außer in Ton- und Sandböden auf allen Böden
VERWENDUNG: für gemischte Hecken; Solitärgehölz im Beet; zu silberlaubigen Gehölzen; im Innenhof; vor hellen Mauern und Wänden; Sicht- und Windschutz; Bienenweide; Vogelschutzgehölz
WERT: schöner Zierstrauch, besonders auffällig der Kontrast der weißen Blütendolden zum tiefroten, metallisch glänzenden Laub; orangefarbenes Herbstlaub; sehr genügsam und robust; auch für schwierige Standorte geeignet
GUTE PARTNER: Bartblume, Chinaschilf Felsenbirne, Frühlingsspiere, Silberbirne, Sommerflieder, Zierquitte
MEIN TIPP: Durch regelmäßiges Auslichten älterer Triebe direkt am Boden bleibt der Strauch schmal und wird nicht zu hoch. In der Sonne färben sich die Blätter tiefer rot.

Kissenkiefer

Pinus mugo 'Mops'

Höhe/Breite: 80–100 cm/100 cm
immergrün
› Vorgärten S. 46

WUCHSFORM: rundliches Zwergnadelgehölz
BODEN: durchlässig, sandig-lehmig, lehmig-humos, trocken bis frisch, schwach sauer bis alkalisch, mäßig nährstoffreich, anspruchslos, auch auf steinigen Böden
VERWENDUNG: einzeln oder in kleinen Gruppen im Stein-, Heide- und Japangarten; in Steppenpflanzungen; in Kübeln
WERT: optimal für kleine Gärten; schönes Strukturelement zu Stauden und Heide
GUTE PARTNER: Fetthenne, Gräser, Hängebirke, Heide, Polsterstauden, Rosmarin-Seidelbast, Steinginster, niedrige Storchschnabel
MEIN TIPP: Möglichst freier Stand, da anderen Gehölzen gegenüber konkurrenzschwach. Wächst noch kompakter, wenn Sie im Mai die Neutriebe um mindestens die Hälfte einkürzen.
WEITERE ARTEN: Blaue Kriechkiefer (*Pinus pumila* 'Glauca'), 100–120 cm hoch, blaugrüne Nadeln, › Seite 45, 68

Silberkiefer

Pinus sylvestris 'Watereri'

Höhe/Breite: bis 3 m/bis 3 m
immergrün
› Blumenbeete S. 88

WUCHSFORM: breitbuschiges Nadelgehölz
BODEN: durchlässig, sandig- oder lehmig-humos, trocken bis frisch, schwach sauer bis stark alkalisch, mäßig nährstoffreich
VERWENDUNG: für Einzelstand; im Vor-, Heide-, Japan- und Rosengarten; zu Stein und Wasser; Solitär in Stauden- und Steppenpflanzungen; in Trögen und Kübeln
WERT: wunderschönes Nadelgehölz; kompakt in der Jugend, malerisch schirmförmig im Alter; absolut pflegeleicht und gesund
GUTE PARTNER: Winterharte Alpenveilchen, Bartblume, Duftnessel, Fingerstrauch, Frühlingsspiere, Gräser, Heidekraut, Säckelblume, Schneeheide, Zwergflieder (*Syringa meyeri* 'Palibin'), Zwergspiere
MEIN TIPP: Nicht düngen. Abgeworfene Nadeln liegen lassen. Lässt sich klein halten, wenn Sie im Frühjahr den Neuaustrieb mindestens um die Hälfte abzwicken. Ältere Pflanzen unten ausasten und unterpflanzen.

 Blattschmuck  Fruchtschmuck  Herbstfärbung   immergrün giftig  Bienenweide

Fingerstrauch

Potentilla fruticosa 'Kobold'

Höhe/Breite: 60–80 cm/100 cm
Blütezeit: Juni – Oktober
> Vorgärten S. 41, Gartengrenzen S. 106

WUCHSFORM: breitkugeliges Zwerggehölz
BODEN: anspruchslos, gerne frisch bis feucht, nährstoffreich, schwach sauer bis alkalisch
VERWENDUNG: Solitär zu niedrigen Stauden; im Stein- und Heidegarten; als niedrige Hecke
WERT: gehört zu den dankbarsten Gartenpflanzen überhaupt: anspruchslos, Dauerblüher, dicht Boden deckend; diese Sorte fällt durch zierliches, frischgrünes Laub und strahlend gelbe Blüten auf; Empfehlung für den pflegeleichten Seniorengarten!
GUTE PARTNER: Apfelbeere, Chinaschilf, Frühlingsspiere, Heide, Herbstflieder, Lampenputzergras, Rosen, Sommerspiere, Steppensalbei, Zierapfel, Zierquitte, Zwergkiefern
MEIN TIPP: Nach ungefähr 10 Jahren bis zum Boden zurückschneiden.
WEITERE SORTEN: 'Abbottswood', Blüte weiß, Höhe bis 1 m, > Seite 106, 116

Kugel-Steppenkirsche

Prunus fruticosa 'Globosa'

Höhe/Breite: 2–4 m/bis 3 m
Blütezeit: April
> Solitärgehölze S. 32

WUCHSFORM: kleiner Baum, Krone auf Stamm veredelt, Endgröße variiert je nach Veredlungshöhe
BODEN: durchlässig, sandig-lehmig, kiesig, trocken bis frisch, mäßig nährstoffreich, schwach sauer bis stark alkalisch
VERWENDUNG: Solitär im Eingangsbereich, an Terrasse und Sitzplatz; für formale Gärten; im Innenhof; für große Kübel und Tröge
WERT: vielseitig im Garten zu nutzen; langsamwüchsig; starke optische Wirkung der kugelrunden Krone; Blütenreichtum und orangerote Herbstfärbung; außergewöhnliche Hitze- und Trockenverträglichkeit
GUTE PARTNER: Blut-Storchschnabel, Fetthenne, Lavendel, Prachtkerze, Bodendecker-Rosen (auch flächig), Silberährengras, Steppensalbei, Thymian
MEIN TIPP: Wirkt am schönsten mit niedriger Unterpflanzung. In der Anwachsphase an Holzpflock fixieren. Schnitt nicht nötig.

Zierkirsche

Prunus hillieri 'Spire'

Höhe/Breite: 4–5 m/2 m
Blütezeit: April
> Solitärgehölze S. 32

WUCHSFORM: kleiner Baum mit schmalkegelförmiger Krone
BODEN: tiefgründig, sandig-lehmig bis lehmig, nährstoffreich, frisch bis feucht, kalkhaltig
VERWENDUNG: Solitär in kleinen Gartenräumen; im Japangarten; im Frühlingsbeet; am Sitzplatz; in gemischten Hecken; am Teich
WERT: reich blühend; durch den schlanken Wuchs besonders für kleine Gärten geeignet; langsamwüchsig; orangegelbes Herbstlaub
GUTE PARTNER: Buchs, Gedenkemein, Immergrün 'Marie', Hornveilchen (*Viola cornuta*), Kissenaster, Flacher Kirschlorbeer, Lampenputzergras, Narzissen, Primeln (*Primula vulgaris, Primula denticulata*), Beet- und Kleinstrauchrosen, Tulpen
MEIN TIPP: Wählen Sie den Standort so, dass Sie den Strauch auch von drinnen bewundern können.

 Sonne  Halbschatten  Schatten Duft  Schnittblume  Blütenschmuck

Hängekirsche
Prunus subhirtella 'Pendula'

Höhe/Breite: 2–4 m/bis 3 m
Blütezeit: April
› Solitärgehölze S. 33

WUCHSFORM: kleiner Baum, auf Stamm veredelt, schirmförmige Krone
BODEN: tiefgründig, sandig-lehmig bis lehmig, humos, nährstoffreich, frisch bis feucht, schwach sauer bis alkalisch, guter Gartenboden
VERWENDUNG: Solitärgehölz für freien Stand im Rasen und Frühlingsbeet; in Verbindung mit Wasser oder großen Steinen (auch am Hang!); vor immergrünen hohen Gehölzen oder Hecken; im Japangarten
WERT: durch den hängenden Wuchs entsteht im April das Bild wahrer Blütenkaskaden; rötlicher Blattaustrieb, gelbe Herbstfärbung; selbst im Winter ein attraktiver Blickfang
GUTE PARTNER: Balkananemone, Bergenien, Duftveilchen (*Viola odorata*), Narzissen, Primeln, Tulpen
MEIN TIPP: Nach dem Pflanzen in den ersten Jahren regelmäßig nach der Blüte zu dicht stehende Äste entfernen.

Hängende Silberbirne
Pyrus salicifolia 'Pendula'

Höhe/Breite: 3–4 m/bis 3 m
Blütezeit: April
› Solitärgehölze S. 34

WUCHSFORM: kleiner Baum, dichte malerische Krone mit herabhängenden Ästen
BODEN: durchlässig, warm, sandig-lehmig, schottrig, trocken bis frisch, mäßig nährstoffreich, schwach sauer bis alkalisch
VERWENDUNG: Solitärgehölz für sonnige trockene Gärten; in Steppenpflanzungen; im Kiesbeet; an Böschungen zwischen Felsen
WERT: langsamwüchsig; südliches Flair durch das feine silbergraue Laub und den malerischen Wuchs; wunderschöner Hintergrund für viele Sonne liebende Pflanzen
GUTE PARTNER: Bartblume, Buchs, Duftnessel, Gräser, Prachtkerze, Rosen, Säckelblume, Sommerflieder, Steppenkerze, Steppensalbei, Wildtulpen, Zierlauch
MEIN TIPP: Nur in der Anwachsphase wässern. Nicht düngen und keinen Kompost, Torf oder Rindenmulch verwenden. Mit Kies abdecken. Ein leichter Auslichtungs- und Korrekturschnitt ist möglich.

Apfelrose
Rosa rugosa 'Romantic Roadrunner'

Höhe/Breite: 70–90 cm/bis 120 cm
Blütezeit: Mai – Juni/September – Oktober
› Gartengrenzen S. 107

WUCHSFORM: niedriges, breitbuschiges Gehölz, breitet sich durch Ausläufer aus
BODEN: anspruchslos, am liebsten sandig-humos bis humos, frisch bis feucht, sauer bis neutral, durchlässig
VERWENDUNG: Bodendecker an Böschungen, auf Wällen, am sonnigen Gehölzrand; zwischen und vor Sträuchern der gemischten Hecke; niedrige Einfassungshecke
WERT: ideal zur flächigen Bepflanzung im pflegeleichten Garten; öfterblühend; duftende Blüten, leuchtend grünes Laub, kräftiger Wuchs
GUTE PARTNER: Apfelrose 'White Roadrunner', Chinaschilf, Felsenbirne 'Robin Hill', Kolkwitzie, Kornelkirsche (Hochstamm), Kugel-Trompetenbaum
MEIN TIPP: Kaufen Sie wurzelechte Pflanzen, wenn der Wuchs etwas »zahmer« sein soll. Je nährstoffreicher und feuchter der Boden, umso stärker das Wachstum.

 Blattschmuck    Fruchtschmuck    Herbstfärbung   immergrün    giftig   Bienenweide

Zwergrose
Rosa 'Bambino'

Höhe/Breite: 20–30 cm/30 cm
Blütezeit: Juni – Oktober
> Gartengrenzen S. 118

WUCHSFORM: Zwerggehölz, kompakt und buschig
BODEN: sandig-lehmig bis lehmig, nährstoffreich, mäßig trocken bis frisch
VERWENDUNG: in kleinen Gruppen oder flächig (als Bänder) in Rabatten; Beeteinfassung; einzeln auf Mauerkronen; in Trögen und Kübeln
WERT: neben der hübschen, leuchtend rosaroten Schalenblüte besticht das glänzend dunkelgrüne gesunde Laub; der zierliche Wuchs und der anhaltende reiche Flor machen diese Zwergrose besonders wertvoll
GUTE PARTNER: Bartblume, Buchs oder Ilex (Stämmchen), Steppensalbei
MEIN TIPP: Schneiden Sie die Rose im Frühjahr auf 3–4 Augen zurück. Sparsam düngen (10–20 g Hornmehl und Hornspäne/m²). Rosen im Kübel über Winter geschützt stellen oder mit dem Kübel in Erde einsenken und mit Reisig abdecken.

Strauchrose
Rosa 'Flashlight'

Höhe/Breite: 120 cm/bis 90 cm
Blütezeit: Juni – Oktober
> Sitzplätze S. 67

WUCHSFORM: aufrechter kleiner Strauch
BODEN: tiefgründig, durchlässig, sandiger Lehm oder Lehm, humos, nährstoffreich, mäßig trocken bis frisch
VERWENDUNG: Solitär zu Stauden; einzeln oder in kleinen Gruppen zu graulaubigen Gehölzen
WERT: große, stark gefüllte Blüten, zarter Duft; gesundes, hellgrünes Laub: ein Traum!
GUTE PARTNER: Katzenminze, Rittersporn, Steppensalbei, Silberbirne, Sommerflieder
MEIN TIPP: Verbessern Sie leichte sandige Böden mit Bentonit. Nur in der Anwachsphase wässern. Verwelkte Blüten ausputzen. Im Frühjahr (wenn die Forsythien blühen) ältere Triebe direkt am Boden auslichten, verbliebene Triebe um ein Drittel einkürzen.
WEITERE SORTEN: 'The Fairy', kleine gefüllte rosa Blüten, schön auch im Halbschatten, > Seite 72; 'Heidefeuer', Höhe 70 cm, Blüte rot, halbgefüllt, > Seite 42

Beetrose
Rosa 'Lions Rose'

Höhe/Breite: 60 cm/50 cm
Blütezeit: Juni – November
> Sitzplätze S. 64

WUCHSFORM: niedriges Gehölz, aufrecht buschig, auch als Stämmchen erhältlich
BODEN: tiefgründig, durchlässig, sandiger Lehm oder Lehm, humos, nährstoffreich, mäßig trocken bis frisch, guter Gartenboden
VERWENDUNG: einzeln oder in kleinen Gruppen zu niedrigen Gehölzen oder Stauden; am Sitzplatz; Solitär als Stämmchen
WERT: eine der besten Beetrosen in Cremeweiß; nostalgisch gefüllte Blüte; Dauerblüher; blattgesund bis in den Herbst
GUTE PARTNER: Feinstrahlaster (*Erigeron*-Hybriden), Frauenmantel, Kissenaster, Pfingstrose (rot), Rittersporn, Steppensalbei
MEIN TIPP: Beim Pflanzen Veredlungsstelle 10 cm tief in die Erde setzen (dafür kein Anhäufeln im Herbst). Schwaches und altes Holz im Frühjahr ausschneiden, restliche Triebe auf 15–20 cm zurückschneiden.
WEITERE SORTEN: 'Red Leonardo da Vinci', rote, stark gefüllte, duftende Blüte, > Seite 66

 Sonne  Halbschatten • Schatten  Duft  Schnittblume  Blütenschmuck

Kletterrose
Rosa 'New Dawn'

Höhe/Breite: 3 m/1,5–3 m am Spalier
Blütezeit: Juni – Juli/September – Oktober
› Sitzplätze S. 71

WUCHSFORM: langtriebiges Gehölz, braucht Kletterhilfe
BODEN: tiefgründig, durchlässig, sandiger Lehm oder Lehm, humos, nährstoffreich, mäßig trocken bis frisch, guter Gartenboden
VERWENDUNG: zur Begrünung von Wänden, Mauern und Zäunen; an Rosenbögen und anderen Kletterhilfen
WERT: hochaktueller »Klassiker« unter den Kletterrosen; gut gefüllt und mit zartem Duft
GUTE PARTNER: sommerblühende Clematis ('Etoile Violet', 'Royal Velours')
MEIN TIPP: Im Halbschatten schöner als in der prallen Sonne! Lässt sich am Spalier schön in die Breite ziehen, dazu junge Triebe waagerecht biegen und fixieren, Seitentriebe auf kurze Stummel einkürzen. Regelmäßig ältere Triebe an der Basis entfernen. Die Clematis im Herbst auf 20 cm zurückschneiden.
WEITERE SORTEN: 'Santana', Blüte tiefrot, nur 2,5 m hoch, › Seite 65, 114

Sonnenhut
Rudbeckia fulgida 'Goldsturm'

Höhe/Breite: 70 cm/50 cm
Blütezeit: Juli – Oktober
› Vorgärten S. 41

WUCHSFORM: horstige Staude, breitbuschig, bildet durch kurze Ausläufer dichte Bestände
BODEN: anspruchslos, gerne sandig-lehmig bis lehmig, sandig-humos, nährstoffreich, frisch bis feucht, guter Gartenboden
VERWENDUNG: in kleinen Gruppen oder flächig zu Prachtstauden; in Präriepflanzungen; am sonnigen Gehölzrand; als Beeteinfassung; am Teich
WERT: robust; pflegeleicht; standfest und wüchsig; wochenlange Blüte
GUTE PARTNER: Chinaschilf, Eisenhut, Funkien, Herbstastern, Lampenputzergras, Pfingstrosen, Rittersporn, Rutenhirse (*Panicum*), Sonnenbraut, weißer Sonnenhut, Storchschnabel 'Rozanne', Taglilien
MEIN TIPP: Braucht unbedingt ausreichend Feuchtigkeit, eventuell in den Halbschatten pflanzen. Bei nachlassender Blüte teilen und umpflanzen.

Einjähriger Sonnenhut
Rudbeckia hirta 'Prairie Sun'

Höhe/Breite: 60–70 cm/40–50 cm
Blütezeit: Juni – Oktober
› Sitzplätze S. 65

WUCHSFORM: einjährige Sommerblume, breitbuschig, aufrecht
BODEN: durchlässig, sandig-lehmig, sandig-humos, nährstoffreich, frisch bis feucht
VERWENDUNG: Solitärpflanze im Sommerblumenbeet; im Bauerngarten; Lückenfüller im frisch gepflanzten Staudenbeet; für Kästen und Kübel
WERT: Dauerblüher über Monate; zitronengelbe Blüten mit grünem Kopf und goldgelbem Ring; sehr vital und gesund
GUTE PARTNER: Chinaschilf oder Lampenputzergras als Gerüst, dazu Sommerblumen wie Duftsteinrich, Löwenmäulchen (*Anthirrhinum*), Ziersalbei (*Salvia farinacea*), Zinnien (*Zinnia*), Zwergdahlien (*Dahlia*)
MEIN TIPP: Der Einjährige Sonnenhut kann ab Mai direkt ins Freiland gesät, Jungpflanzen ab Mitte Mai (nach den Eisheiligen!) ausgepflanzt werden. Leicht durch Aussaat zu vermehren.

 Blattschmuck    Fruchtschmuck    Herbstfärbung   immergrün    giftig   Bienenweide

Engadinweide
Salix hastata 'Wehrhahnii'

Höhe/Breite: 100–120 cm/120–140 cm
Blütezeit: April
> Gartengrenzen S. 116

WUCHSFORM: breitbuschiges Zwerggehölz
BODEN: durchlässig, sandig-humos, kiesig-lehmig, auch felsig, sauer bis neutral, frisch bis feucht
VERWENDUNG: Solitärgehölz im Steingarten; auf Mauerkronen; am Wasser; in Trögen
WERT: zahlreiche, zunächst silbrige Kätzchen an rotbraunen Trieben, zur Blüte dann goldgelb, groß und auffallend; silbriger Blattaustrieb, goldgelbe Herbstfärbung; verträgt zeitweise Nässe genauso wie zeitweise Trockenheit
GUTE PARTNER: Bärenfellschwingel, Blaukissen, Glockenblume 'Birch', Schneeheide, Silberwurz (*Dryas octopetala*), Zwiebeliris (*Iris danfordiae, Iris reticulata*), Zwergkiefer
MEIN TIPP: Liebt luftfeuchte, eher kühle Gartenplätze, gerne auch absonnig. Boden mit Kies abdecken. Verträgt Hitze nur schlecht. Ältere Triebe immer wieder zurückschneiden, neigt sonst zum Vergreisen.

Steppensalbei
Salvia nemorosa 'Caradonna'

Höhe/Breite: 50–60 cm/40 cm
Blütezeit: Mai – Oktober
> Vorgärten S. 45, Sitzplätze S. 67

WUCHSFORM: horstige Staude mit straff aufrechten, verzweigten Blütenständen
BODEN: durchlässig, sandig-lehmig bis lehmig, auch schottrig, mehr oder weniger nährstoffreich
VERWENDUNG: einzeln, in kleinen Tuffs oder größeren Gruppen zu Prachtstauden, Rosen, Gräsern und Steppenpflanzen; im Kiesbeet; im Vorgarten und am Sitzplatz
WERT: durch ihre außerordentliche Vielseitigkeit, die lange Blütezeit und den grazilen Wuchs für mich die Nummer 1 der Sommerstauden; übrigens auch im gedüngten Rosenbeet langlebiger und kompakter als Lavendel!
GUTE PARTNER: Bartblume, Fetthenne, Gräser, Rosen, Schafgarbe, Silberbirne, Steinquendel, Wolfsmilch und, und, und …
MEIN TIPP: Nur in der Anwachsphase wässern. Bei nachlassender Blüte für Folgeflor bis zum Boden zurückschneiden. Blüht auf gehaltvollen Böden durch.

Pflaumenfetthenne
Sedum cauticolum 'Robustum'

Höhe/Breite: 15–20 cm/30–40 cm
Blütezeit: September – Oktober
> Gartengrenzen S. 117

WUCHSFORM: niedrige Staude, breitet sich langsam flächig aus, ohne den Boden voll zu bedecken
BODEN: durchlässig, sandig-lehmig, steinig, mager, trocken
VERWENDUNG: für Steingarten und Trockenmauer, Kiesbeet und Dachgarten, Tröge und Kästen; als Beeteinfassung
WERT: eine der wenigen herbstblühenden Steingartenstauden; rosarote Blütendolden in schönem Kontrast zu blaugrau bereiftem Laub; wächst noch in trockensten und steinigsten Böden; verträgt extreme Hitze; wichtige späte Bienenweide
GUTE PARTNER: Bartblume, Bartiris (*Iris barbata*), Blaustrahlhafer, Bleibusch (*Amorpha canescens*), Hohe Fetthenne, Palmlilie (*Yucca filimentosa*), Schnittknoblauch, Silberährengras, Steppensalbei, Zierlauch
MEIN TIPP: Verwelkte Blütenstände zurückschneiden. Sonst keine weitere Pflege!

 Sonne   **Halbschatten**    **Schatten**   **Duft**    **Schnittblume**    **Blütenschmuck**

Hohe Fetthenne

Sedum telephium 'Herbstfreude'

Höhe/Breite: 50 cm/60 cm
Blütezeit: September – Oktober
› Vorgärten S. 42, Blumenbeete S. 85

WUCHSFORM: horstige Staude mit vielen straff aufrechten Trieben
BODEN: lehmig-sandig bis lehmig, schottrig, trocken bis frisch, mäßig nährstoffreich
VERWENDUNG: im Kiesbeet; für Rabatten; im Dachgarten; vor Südwänden
WERT: attraktiv vom Austrieb bis in den Spätwinter; bringt mit straffen Stielen und breiten Blütentellern Ordnung ins Beet; Hitze- und Trockenheitsverträglich wie kaum eine andere Staude
GUTE PARTNER: wie Pflaumenfetthenne, dazu Blauraute (*Perovskia abratonoides*), Buchs, Chinaschilf, Duftnessel, Katzenminze, Kissenastern, Lampenputzergras, Lavendel, Sonnenhut, Steinquendel
MEIN TIPP: Nicht düngen – kippt bei zu nahrhaftem Boden um. Verträgt keine Rinde, Kompost und ähnliche humose Substrate. Rückschnitt erst im Februar. Kann leicht durch Teilung vermehrt werden.

Tomate

Solanum lycopersicum 'Philovita'

Höhe/Breite: 120 cm/60–80 cm
Erntezeit: August – September
› Sitzplätze S. 66

WUCHSFORM: einjährige Gemüsepflanze, langtriebig, braucht Stützvorrichtung
BODEN: lehmig-sandig, humos, nährstoffreich, frisch bis feucht, guter Gartenboden
VERWENDUNG: fürs Beet oder große Töpfe und Kübel
WERT: aromatische Kirschtomate; wenig empfindlich gegen Kraut- und Braunfäule und andere Krankheiten; schön als »Naschgemüse« im Kübel
GUTE PARTNER: Paprika, rotstieliger Mangold
MEIN TIPP: An Pfahl oder Rankgitter pflanzen. Regelmäßig gießen, dabei darauf achten, dass das Laub trocken bleibt. Boden mit Kompost oder Hornmehl anreichern. Bewährt hat sich auch eine dünne Mulchschicht aus Gras. Eine zur Wetterseite geschlossene, lichtdurchlässige Überdachung bringt frühere Ernte und schützt vor Braunfäule. Geiztriebe regelmäßig entfernen.

Rote Sommerspiere

Spiraea bumalda 'Anthony Waterer'

Höhe/Breite: 60–80 cm/60 cm
Blütezeit: Juli – September
› Vorgärten S. 42, Gartengrenzen S. 106

WUCHSFORM: buschiges Zwerggehölz
BODEN: anspruchslos, gerne frisch bis feucht, nährstoffreich, schwach sauer bis alkalisch
VERWENDUNG: in kleinen Tuffs oder größeren Gruppen als Bodendecker; Solitär zu niedrigen Stauden, Rosen und Sommerblumen; als niedrige Einfassungshecke
WERT: ein in jeder Hinsicht dankbarer kleiner Strauch: anspruchslos, pflegeleicht, dauerblühend; sehr schön als Strukturpflanze zu Sommerblumen und Stauden; Empfehlung für den »Seniorengarten«
GUTE PARTNER: Argentinisches Eisenkraut (*Verbena bonariensis*), Duftsteinrich, weißer Fingerstrauch, Rosen ('Lions Rose', 'The Fairy'), Schmuckkörbchen (*Cosmea*), Steppensalbei, Zwergkiefer
MEIN TIPP: Alle paar Jahre im Frühjahr bis zum Boden zurückschneiden; im Anschluss mit Kompost oder Hornspänen düngen.

 Blattschmuck   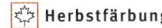 Fruchtschmuck    Herbstfärbung   immergrün    giftig   Bienenweide

Rosa Zwergspiere
Spiraea japonica 'Little Princess'

Höhe/Breite: 30–40 cm/50 cm
Blütezeit: Juni – Juli
> Vorgärten S. 43, Gartengrenzen S. 107

WUCHSFORM: kompakter Zwergstrauch
BODEN: absolut anspruchslos, gerne aber frisch bis feucht, nährstoffreich, locker
VERWENDUNG: als niedrige Hecke und Beeteinfassung; einzeln oder in kleinen Gruppen als Bodendecker im Heidebeet und Steingarten; vor kleineren Gehölzen; zu Rosen und Stauden; in Trögen
WERT: absolut pflegeleichter, zierlicher Bodendecker für sonnige Gartenecken; robust und zäh; verträgt Sommertrockenheit
GUTE PARTNER: Brandkraut (*Phlomis samia*), Buchs, Chinaschilf, Heidekraut, kleine Kiefern, Kleinstrauchrosen, Schneeheide, Steppensalbei
MEIN TIPP: Die Blütenfarbe verblasst in der prallen Sonne, besser lichtschattig pflanzen. Alle paar Jahre bis zum Boden zurückschneiden und danach mit Hornspäne oder Kompost düngen.

Japan. Strauchspiere
Spiraea nipponica 'Snowmound'

Höhe/Breite: 130–200 cm/150–200 cm
Blütezeit: Mai – Juni
> Gartengrenzen S. 110

WUCHSFORM: breitbuschiger Strauch mit überhängenden Zweigen
BODEN: sandig-lehmig bis lehmig, humos, nährstoffreich, frisch bis feucht, schwach sauer bis alkalisch
VERWENDUNG: Solitärgehölz im Beet; zur Vorpflanzung vor höheren Sträuchern
WERT: weiße Blüten dicht an dicht auf den elegant überhängenden Zweigen; auch nach der Blüte sehr ansprechend; robuster und konkurrenzstärker als andere Spieren; die bräunlichen Fruchtstände zieren den Strauch bis in den Winter hinein
GUTE PARTNER: Apfelrose, Blasenspiere, Flieder, Goldregen, Kolkwitzie, Ranunkelstrauch, Strauchrosen
MEIN TIPP: Planen Sie genügend Platz ein, damit der elegante Wuchs gut zur Geltung kommt. Regelmäßig ältere Triebe am Boden ausschneiden.

Frühlingsspiere
Spiraea thunbergii

Höhe/Breite: 100–120 cm/bis 120 cm
Blütezeit: April
> Vorgärten S. 40, Blumenbeete S. 82

WUCHSFORM: kleiner, vieltriebiger Strauch mit aufrechten Trieben, leicht überhängend
BODEN: durchlässig, sandig-lehmig, sandighumos, mäßig nährstoffreich, mäßig trocken bis frisch
VERWENDUNG: einzeln oder zu mehreren gestreut; als Solitär zu Rosen, Stauden, Sommerblumen und Blumenzwiebeln
WERT: anmutiges Gehölz; überschäumend weiß zur Blütezeit; frischgrünes, schmales Laub, wunderschön orange-gelb im Herbst, bis weit in den November haftend; hitzeverträglich; verträgt auch Bodentrockenheit
GUTE PARTNER: Aster 'Lutetia', Buchs, Forsythie 'Melée d'Or', Gämswurz, Hornveilchen (*Viola cornuta*), Kleinstrauchrosen, Lampenputzergras, Narzissen, Präriegras, Primeln, Tulpen, Zierquitte, Zwergrosen
MEIN TIPP: Zur Verjüngung regelmäßig einige ältere Triebe am Boden ausschneiden.

 Sonne Halbschatten  Schatten Duft  Schnittblume  Blütenschmuck

Präriegras

Sporobolus heterolepis 'Duftwolke'

Höhe/Breite: 60 cm/50 cm
Blütezeit: August – September
› Gartengrenzen S. 119

WUCHSFORM: horstiges Gras
BODEN: durchlässig, sandig-lehmig bis lehmig, mäßig nährstoffreich, trocken bis frisch
VERWENDUNG: im Prärie- und Kiesbeet; auf Mauerkronen; vor Wänden und zu großen Steinen
WERT: elegante Neuheit im Gräsersortiment: die Halme schmal, zart und duftig die Blüten; passt wunderbar zu vielen Stauden, Rosen und anderen Ziergehölzen; die bronzegelbe Herbstfärbung und ein angenehmer Duft runden das Bild ab; verträgt Trockenheit sehr gut
GUTE PARTNER: Apfelbeere, Duftnessel, Fetthenne, kleine Kiefern, Prachtscharte (*Liatris spicata*), Purpur-Perückenstrauch (*Cotinus* 'Royal Purple'), Sonnenhut, Zierapfel und viele andere …
MEIN TIPP: Auch im Winter noch eine Zierde, daher erst ab Februar bodennah zurückschneiden.

Silberährengras

Stipa calamagrostis 'Lemperg'

Höhe/Breite: 70–90 cm/80 cm
Blütezeit: Juli – September
› Vorgärten S. 68

WUCHSFORM: horstiges Gras
BODEN: durchlässig, steinig, trocken, kalkhaltig, mäßig nährstoffreich
VERWENDUNG: am wirkungsvollsten im Einzelstand; verstreut in Steppenpflanzungen, im Kiesbeet, Vor- und Dachgarten; vor Südwänden, unter Dachvorsprüngen
WERT: überhängende, fedrige, sich im Wind wiegende Blüten, zur Blütezeit silbrig, später goldbraun; besonders schön im Winter, wenn von Raureif überzogen
GUTE PARTNER: Aster 'Lutetia', Bergenien, Blut-Storchschnabel, Hohe und Niedrige Fetthenne, Goldwolfsmilch, Katzenminze, Niedrige Schafgarbe, Steppensalbei, Thymian, Zierlauch
MEIN TIPP: Auf keinen Fall düngen, kippt sonst um. Die Blütentriebe legen sich im Sommer vorübergehend nieder, stehen aber bald wieder straff. Erst im Februar zurückschneiden (Raureif-Schönheit!).

Königsflieder

Syringa chinensis 'Saugeana'

Höhe/Breite: 3 m/bis 3 m
Blütezeit: Mai – Juni
› Gartengrenzen S. 111

WUCHSFORM: dichtbuschiger Strauch mit bogig übergeneigten Zweigen
BODEN: anspruchslos, aber gerne tiefgründig, lehmig-sandig, humos, nährstoffreich, frisch bis feucht
VERWENDUNG: Solitärgehölz in Beet und Rasen; in Hecken zusamen mit anderen Ziersträuchern
WERT: Aufsehen erregende Fülle großer, duftender, rotvioletter Blütenrispen; niedriger, aber breiter als der bekannte Edelflieder; deckt den Boden vollkommen ab und lässt kein Unkraut aufkommen; langsamwüchsig
GUTE PARTNER: Felsenbirne, Goldregen, Kolkwitzie, Japanische Strauchspiere, Zierapfel
MEIN TIPP: Der Königsflieder ist am passenden Standort absolut pflegeleicht.
WEITERE ARTEN: Edelflieder (*Syringa vulgaris* 'Charles Joly'), tief violette, gefüllte Blüten

 Blattschmuck    Fruchtschmuck    Herbstfärbung   immergrün   giftig    Bienenweide

Herbstflieder
Syringa microphylla 'Superba'

Höhe/Breite: 120–150 cm/120 cm
Blütezeit: Mai/September – Oktober
› Vorgärten S. 43, Sitzplätze S. 66

WUCHSFORM: kleiner Strauch mit vielen dünnen Trieben, insgesamt dichtbuschig, fast halbkugelig; auch als Hochstamm
BODEN: anspruchslos, wächst auf allen Gartenböden, bis auf mageren Sand und schweren Ton, mäßig trocken bis frisch, verträgt Trockenheit gut
VERWENDUNG: Solitärgehölz für kleine Gärten und schmale Beete; am Sitzplatz; im Steingarten zusammen mit kleinen Gehölzen und Stauden; für große Tröge
WERT: Miniatur des großen Flieders; stark duftend, mit zweitem Flor im Herbst; trotzt Hitze und Trockenheit; langsamwüchsig
GUTE PARTNER: Frauenmantel, Fingerstrauch, kleine Kiefern, Kissenastern, Kletterrosen als Hintergrund, Kleinstrauchrosen (schön unter Stämmchen), Lampenputzergras, Steppensalbei, Zierlauch, Zwergrosen
MEIN TIPP: Gelegentlich ältere Triebe auslichten. Hochstämmchen abstützen.

Thuja
Thuja occidentalis 'Smaragd'

Höhe/Breite: variabel je nach Schnitt
immergrün
› Gartengrenzen S. 107

WUCHSFORM: schmal kegelförmiges Gehölz
BODEN: sandig-lehmig bis lehmig, humos, frisch bis feucht, mäßig nährstoffreich, schwach sauer bis alkalisch
VERWENDUNG: Einzelpflanze als immergrüner Blickfang; geschnitten als Hecke; Hintergrund in der Staudenrabatte; in Kübeln
WERT: langsamer im Wuchs als die Art; dicht geschlossen auch ohne Schnitt; Benadelung tatsächlich smaragdgrün; behält die frische Farbe auch im Winter
GUTE PARTNER: niedrige Gräser und Stauden
MEIN TIPP: Die Thuja ist in heißen, sommertrockenen Regionen pilzanfällig – hier lieber auf die Eibe ausweichen. Nur bei bedecktem Wetter und nicht in Trockenperioden schneiden. Nach Erreichen der Endhöhe reicht ein Schnitt pro Jahr aus. Nicht mit Laubgehölzen kombinieren, die Thuja bekommt sonst kahle Stellen.

Steinpilz-Thymian
Thymus longicaulis

Höhe/Breite: 5 cm/bildet breite Polster
Blütezeit: Juni – Juli
› Vorgärten S. 44, Gartengrenzen S. 118

WUCHSFORM: immergrüne, kriechende Polsterstaude
BODEN: durchlässig, schottrig, trocken bis frisch, mager, gerne kalkhaltig
VERWENDUNG: Boden deckend an sonnigen, trockenen Gartenplätzen; im Kies-, Gewürz- und Aromabeet; für Tröge und Kübel
WERT: ein wirklicher »Bodendecker«, ganz flach anliegend, immergrün; tolles Aroma!
GUTE PARTNER: Bartblume, Duftnessel, kleine Kiefern, Lavendel, Origanum, Rote Schafgarbe (*Achillea millefolium* 'Red Beauty'), Sonnenröschen, Steinquendel, an geschützten Plätzen Zistrose (*Cistus laurifolius*)
MEIN TIPP: Breitet sich flott aus. Wenn er zu vital wird, einfach kräftig zurückschneiden. Nicht wässern und düngen. Keinen Humus verwenden, statt dessen den Boden mit Kies abdecken.

 Sonne 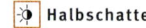 Halbschatten  Schatten   Duft  Schnittblume  Blütenschmuck

Tulpe
Tulipa viridiflora 'Spring Green'

Höhe/Breite: 50 cm/eintriebig
Blütezeit: April – Mai
› Sitzplätze S. 69

WUCHSFORM: straffwüchsige Zwiebelblume
BODEN: durchlässig, sandig-lehmig, sandig-humos, im Frühjahr frisch, im Sommer trocken, mäßig nährstoffreich, kalkverträglich
VERWENDUNG: einzeln eingestreut, in kleinen Tuffs oder größeren Gruppen zu früh blühenden Gehölzen und Stauden; in Trögen
WERT: elegante Tulpe: elfenbeinfarbene Blüte mit grünem Mittelstreifen; wirkt besonders frisch im Halbschatten zwischen austreibenden Stauden; robuste Sorte, auch nach Jahren in Sonne und Halbschatten noch blühfreudig!
GUTE PARTNER: Buchs, Funkien, Pfingstrosen, Taglilien, Tränendes Herz, Waldphlox
MEIN TIPP: Zwiebeln 10–15 cm tief pflanzen. Sorgen Sie unbedingt für guten Wasserabzug. Bei leichten Böden zur Blütezeit flüssig düngen. Blätter in Ruhe einziehen lassen.
WEITERE ARTEN: Wildtulpe (*Tulipa praestans* 'Fusilier'), niedrig, rote große Blüte

Duftschneeball
Viburnum carlesii 'Aurora'

Höhe/Breite: 150–200 cm/bis 150 cm
Blütezeit: April – Mai
› Sitzplätze S. 64

WUCHSFORM: aufrechter, stark verzweigter Strauch
BODEN: sandig-humos oder lehmig-humos, frisch bis feucht, nährstoffreich
VERWENDUNG: Solitärgehölz auf Beeten; im Vorgarten; am Sitzplatz; zu großen Steinen
WERT: gelackte rosarote Knospen, stark duftend, im Verblühen weiß; im Herbst rotbraun gefärbtes Laub; langsamwüchsig; vitaler und gesünder als die Art
GUTE PARTNER: Buchs, Hornveilchen, Kaukasus-Vergissmeinnicht (*Brunnera macrophylla*), Kissenaster, Kugelprimel (*Primula denticulata*), Narzissen, Pfingstrosen, rotlaubige Purpurglöckchen, Rutenhirse (*Panicum virgatum*), Sonnenhut, Stiefmütterchen, Taglilie, Tulpen, Waldphlox
MEIN TIPP: Vor Mittagshitze geschützt pflanzen. Mit Rinde mulchen. Nur vorsichtig auslichten. Um gelegentlichen Blattlausbefall kümmern sich Marienkäfer.

Tafeltraube
Vitis vinifera 'Palatina'

Höhe/Breite: je nach Spalierart
Erntezeit: September – Oktober
› Gartengrenzen S. 114

WUCHSFORM: Klettergehölz
BODEN: durchlässig, tiefgründig, sandig-lehmig, lehmig-schottrig, nährstoffreich
VERWENDUNG: Begrünung von Pergola, Sichtschutzwand, Mauern und hohen Zäunen; Obstgehölz
WERT: diese Sorte ist unempfindlich gegen Mehltau; große Trauben mit süßen, fein aromatischen Beeren; geschmacklich dem Importobst überlegen; rückstandsfrei aus »heimischem Anbau«
GUTE PARTNER: am liebsten solo
MEIN TIPP: So sonnig und luftig wie nur möglich pflanzen. Waagerechte Triebe blühen und fruchten gut. Regelmäßig im zeitigen Frühjahr kräftig zurückschneiden. Auf leichten Böden bei anhaltender Trockenheit wässern. Vorsicht mit Stickstoffdünger, gute Kali- und Magnesiumversorgung ist dagegen wichtig. Reifende Früchte vor Amseln und Wespen schützen!

 Blattschmuck   Fruchtschmuck   Herbstfärbung   immergrün   giftig  Bienenweide

Niedrige Weigelie
Weigela florida 'Purpurea'

Höhe/Breite: 100–120 cm/bis 120 cm
Blütezeit: Juni – Juli
› Vorgärten S. 44, Blumenbeete S. 86

WUCHSFORM: buschiger, fast halbkugeliger Strauch
BODEN: anspruchslos, auf allen Gartenböden bis auf Ton- und Sandböden
VERWENDUNG: Solitär in Rabatten (einzeln oder zu mehreren eingestreut); zur Abstufung höherer Sträucher; in großen Trögen
WERT: rosa Blütenglocken und purpurrotes Laub; auch nach der Blüte schöner Hintergrund vor allem für Stauden; ganz gesunder, robuster kleiner Strauch, der besonders kleinen Gärten gut steht
GUTE PARTNER: Chinaschilf, Duftschneeball, weißer Fingerstrauch, Frühlingsspiere, Hibiskus, Kleinstrauchrosen, Lampenputzergras, Pfingstrosen, rotblättriges Purpurglöckchen, Sonnenhut, Taglilie, Zierapfel 'Tina'
MEIN TIPP: Ab und zu ältere Triebe an der Basis entfernen, sonst ist keine weitere Pflege notwendig.

Weigelie
Weigela-Hybride 'Eva Rathke'

Höhe/Breite: 2 m/bis 2 m
Blütezeit: Juni
› Gartengrenzen S. 111

WUCHSFORM: dichtbuschiger, überhängender Strauch
BODEN: anspruchslos, auf allen Gartenböden bis auf Ton- und Sandböden
VERWENDUNG: Solitärstrauch im Beet; als gemischte Hecke zusammen mit niedrigeren Blütensträuchern
WERT: niedriger als andere Sorten und für kleine Gärten bestens geeignet; robust und langlebig; schöner Partner für Rosen und Prachtstauden
GUTE PARTNER: Apfelrosen, Brandkraut (*Phlomis samia*), Fingerstrauch, Forsythie 'Weekend', Japanische Strauchspiere, Pfingstrosen, Rosen, Storchschnabel 'Rozanne'
MEIN TIPP: Konkurrenzschwach, daher nicht mit starkwüchsigen Sträuchern kombinieren. Regelmäßig ältere Triebe direkt am Boden ausschneiden. Bei leichten Böden Kompost (3 Liter/m² jährlich) und Bentonit einarbeiten.

Glyzinie
Wisteria sinensis

Höhe/Breite: 8–10 m/je nach Spalierart
Blütezeit: Mai
› Gartengrenzen S. 114

WUCHSFORM: Klettergehölz, braucht Kletterhilfe
BODEN: tiefgründig, sandig-lehmig, lehmig-humos, mäßig trocken bis frisch, schwach sauer bis neutral, mäßig nährstoffreich
VERWENDUNG: Solitärpflanze zur Begrünung von Spalier, Wänden, Pergolen und Lauben; am Balkon entlang
WERT: überwältigendes Blühereignis im Mai; wärmeliebend; hitzeverträglich; schnellwüchsig
GUTE PARTNER: am besten solo!
MEIN TIPP: Der starkwüchsige, kräftige Schlinger benötigt eine ganz stabile Rankhilfe (keine Regenrinnen!). Um den Blütenansatz zu fördern, Triebe waagerecht ziehen. Einjährige Triebe zum Teil entfernen, den Rest auf Zapfen zurückschneiden. Auf kalkhaltigen Böden gelbe Blätter durch Eisenchlorose. Bei zu viel Stickstoffdünger entstehen Frostschäden.

 Sonne  **Halbschatten** ● **Schatten**  **Duft**   **Schnittblume**   **Blütenschmuck**

Roter Fächerahorn

Acer palmatum 'Atropurpureum'

Höhe/Breite: 3–4 m/3 m
Blattschmuckpflanze
› Solitärgehölze S. 32, 34

WUCHSFORM: großer Strauch oder kleiner Baum, Krone im Alter fast schirmförmig
BODEN: tiefgründig, durchlässig, lehmig-sandig, humos, sauer bis neutral, frisch bis feucht
VERWENDUNG: Solitärgehölz am Sitzplatz; in Rabatten und Rasenflächen; vor hellen Wänden und Mauern; am Teich; in Kübeln
WERT: malerischer Wuchs, filigranes rötliches Laub, intensive Herbstfärbung; der »kahlfüßige Wuchs« lässt eine Unterpflanzung mit Stauden und Zwiebelblumen zu
GUTE PARTNER: niedrige Azaleen und Rhododendren, Balkan- und Herbstanemone, Bergenien, Funkien, Japansegge
MEIN TIPP: Der Fächerahorn mag es gern feucht, aber nicht nass. Für guten Wasserabzug sorgen! In der Jugend spätfrostgefährdet, daher geschützt pflanzen.
WEITERE SORTEN: 'Shaina', nur 1,5 m hoch, tiefer geschlitzte Blätter, › Seite 50

Herbsteisenhut

Aconitum carmichaelii 'Arendsii'

Höhe/Breite: 130 cm/40–50 cm
Blütezeit: September – Oktober
› Blumenbeete S. 95

WUCHSFORM: horstige, straff aufrechte Staude
BODEN: lehmig-sandig, lehmig-humos, nährstoffreich, frisch bis feucht
VERWENDUNG: Solitärstaude im Halbschatten; im Bauerngarten; gute Schnittblume
WERT: gehört zu den langlebigsten Stauden; robust und gesund; wichtiger Herbstblüher im Halbschatten; standfest; glänzend grünes, attraktives Laub
GUTE PARTNER: herbstfärbende Sträucher und Bäume; Herbstanemone, Prachtspiere, Waldaster, Waldschmiele (*Deschampsia caespitosa*)
MEIN TIPP: Bei anhaltender Trockenheit sollten Sie gut wässern. Regelmäßig im Frühjahr mit Kompost mulchen (1–2 Liter/m²).

Schmucklilie

Agapanthus campanulatus

Höhe/Breite: 60 cm/80 cm
Blütezeit: Juni – September
› Sitzplätze S. 72

WUCHSFORM: horstige Staude, Doldenblüten auf kräftigen straffen Stielen
BODEN: durchlässig, humos, lehmig-sandig, nährstoffreich
VERWENDUNG: Solitärpflanze im Beet, am Sitzplatz; zur Unterpflanzung kleinkroniger Bäume, aber auch hoher Gräser; im Kübel
WERT: Dauerblüher in klarem Blau (seltene Farbe im Hochsommer!); ganz anspruchslos: verträgt Sonne und Schatten, Wurzeldruck und Falllaub
GUTE PARTNER: andere »Exoten« wie Fackel- und Inkalilien, Montbretien; Buchs und Eibe als Hintergrund, kleine Bäume (Fächerahorn, Felsenbirne), hohe Gräser (Chinaschilf, Reitgras)
MEIN TIPP: Vom Blattaustrieb bis zum Blühbeginn bei Trockenheit gut wässern. Im Winter einen guten Wasserabzug sicherstellen. Im Kübel erst umtopfen, wenn dieser völlig durchgewurzelt ist.

 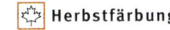

Kahler Frauenmantel
Alchemilla epipsila

Höhe/Breite: 30 cm/40 cm
Blütezeit: Juni – Juli
› Blumenbeete S. 92

WUCHSFORM: Staude, bildet kompakte, rundliche Polster
BODEN: lehmig, humos, bei ausreichender Feuchte auch sandig, frisch bis feucht
VERWENDUNG: Begleiter zu Gehölzen und robusten Stauden; unter Rosen; zwischen großen Steinen; an Teich und Bachlauf
WERT: lässt sich vielfältig kombinieren; Laub und Blütenfarbe schöner Kontrast zu vielen Gartenpflanzen; anspruchslos und robust; standfester und ansehnlicher als der Schleier-Frauenmantel (*Alchemilla mollis*)
GUTE PARTNER: Sträucher und Bäume als Hintergrund; Immergrüne (Buchs, Eibe); andere Blattschmuckstauden (Bergenien, Funkien, Japanisches Waldgras, Purpurglöckchen); Akelei, Hohe Glockenblumen, Rosen, Taglilien
MEIN TIPP: Absolut schneckenfest. Ein Rückschnitt gleich nach der Blüte verhindert die Aussaat und fördert frischen Austrieb.

Zwergfrauenmantel
Alchemilla erythropoda

Höhe/Breite: 10 cm/30–40 cm
Blütezeit: Juni – August
› Gartengrenzen S. 120

WUCHSFORM: Staude, bildet breite, flache Polster
BODEN: sandig-lehmig, lehmig-schottrig, frisch
VERWENDUNG: langsamwüchsiger Bodendecker im Steingarten; auf Trockenmauern; in Pflasterritzen; in kleinen Rabatten als Einfassung; in Trögen
WERT: robust und wüchsig, aber nicht verdrängend; insgesamt zierlich; lange Blütezeit; attraktive Belaubung; schneckenfest; absolut pflegeleicht; lässt sich hervorragend mit anderen Farben kombinieren
GUTE PARTNER: Bergenien, Funkien (zwergige oder gelblaubige), Japanisches Waldgras, Primeln, Purpurglöckchen (besonders rotlaubige!), Zwerggeißbart; Klein-Blumenzwiebeln (Balkananemone, Schneeglöckchen, Schnittknoblauch)
MEIN TIPP: Wenn die Polster verkahlen, dann sollten Sie sie teilen und neu pflanzen.

Herbstanemone
Anemone japonica 'Pamina'

Höhe/Breite: 60–80 cm/50 cm
Blütezeit: August – Oktober
› Vorgärten S. 51, Blumenbeete S. 94

WUCHSFORM: breitbuschige Staude
BODEN: lehmig-sandig, lehmig-humos, frisch bis feucht, nährstoffreich, guter Gartenboden
VERWENDUNG: Begleiter für hohe Herbststauden, Gräser und Gehölze; in größeren Gruppen am wirkungsvollsten
WERT: blüht wunderschön und wächst auch nach Jahren noch kompakt; nicht so ausbreitungsfreudig wie andere Herbstanemonen-Sorten
GUTE PARTNER: herbstfärbende Gehölze wie Apfelbeere und Felsenbirne; Buchs, Chinaschilf 'Adagio', Eibe, Eisenhut, Japansegge, Kirschlorbeer, Lampenputzergras, Prachtspiere, Silberkerze, Waldaster
MEIN TIPP: In der Anwachsphase ist die Herbstanemone frostgefährdet, daher besser im Frühjahr pflanzen. In der Sonne (bei genügend feuchtem Boden) entwickelt sie üppigere, straffere Blüten.

 Sonne  **Halbschatten**  **Schatten** **Duft**  **Schnittblume**  **Blütenschmuck**

Waldanemone
Anemone sylvestris

Höhe/Breite: 40 cm/Kolonien bildend
Blütezeit: April – Mai
› Blumenbeete S. 90

WUCHSFORM: buschige Staude, breitet sich durch Ausläufer langsam aus
BODEN: durchlässig, lehmig-schottrig, kalkhaltig, mäßig trocken
VERWENDUNG: Gruppenstaude am sonnigen, warmen Gehölzrand; im Kiesbeet; in Wildstaudenpflanzungen
WERT: heimische Waldrandstaude; verträgt extreme Hitze und Sommertrockenheit; fühlt sich in der Sonne mindestens so wohl wie im Halbschatten; unempfindlich gegen Wurzeldruck; zierende Samenstände
GUTE PARTNER: Goldregen, Kornelkirsche; robuste Stauden und Blumenzwiebeln wie Blut-Storchschnabel 'Max Frei', Diptam, Goldwolfsmilch, Hohe Glockenblume, Silberährengras, Wildtulpe 'Fusilier'; im Halbschatten Winterhartes Alpenveilchen
MEIN TIPP: Die Waldanemone sollten Sie am besten in Ruhe lassen und die wunderschöne Blüte genießen.

Waldgeißbart
Aruncus dioicus

Höhe/Breite: 150–180 cm/150 cm
Blütezeit: Juni – Juli
› Blumenbeete S. 89

WUCHSFORM: buschige, aufrechte Staude
BODEN: am liebsten lehmig, frisch bis feucht, aber auch sandig-humos, verträgt Trockenheit
VERWENDUNG: Solitär in schattigen Staudenbeeten; unter hochkronigen Bäumen; an Teich und Bachlauf
WERT: heimische Waldstaude mit hoher Standorttoleranz; imposanter üppiger Blickfang im Frühsommer
GUTE PARTNER: robuste Schattenstauden (Farne Funkien, Herbstanemonen, Immergrün, Japansegge, Schaumblüte, Tränendes Herz, Waldsteinie); Azaleen, Buchs, Kirschlorbeer, Narzissen, Rhododendren, Schneeglöckchen, Winterlinge
MEIN TIPP: Eine der langlebigsten Stauden überhaupt. Kann Jahrzehnte ungeteilt an ihrem Platz stehen. An zusagendem Standort ist Selbstaussaat möglich. Bei anhaltender Trockenheit sollten Sie im Frühjahr wässern.

Waldaster
Aster divaricatus

Höhe/Breite: 60 cm/60 cm
Blütezeit: August – September
› Blumenbeete S. 89

WUCHSFORM: buschige Staude, wird allmählich breiter
BODEN: bevorzugt lehmig-sandig, frisch, verträgt aber auch sandige, eher trockene Böden
VERWENDUNG: Begleiter hoher Stauden; Boden deckend vor Sträuchern und Bäumen
WERT: hervorragend am sonnigen und halbschattigen Gehölzrand; gedeiht und blüht auch im Schatten; unverzichtbar in älteren Gärten mit eingewachsenem Baumbestand; verträgt Wurzeldruck; zuverlässiger Bodendecker für kleinere Partien; konkurrenzstark, aber nicht wuchernd; silbrige Samenstände zieren noch im Winter
GUTE PARTNER: herbstfärbende Gehölze; robuste Gehölzrandstauden wie Bergenien, Goldwolfsmilch, Storchschnabel, Waldsteinie; Eibe, hoher und flacher Kirschlorbeer
MEIN TIPP: Verträgt – anders als andere Astern – Rindenmulch als Abdeckung.

 Blattschmuck  Fruchtschmuck  Herbstfärbung   immergrün  giftig Bienenweide

Prachtspiere
Astilbe arendsii 'Fanal'

Höhe/Breite: 70 cm/50 cm
Blütezeit: Juli – August
> Sitzplätze S. 76, Blumenbeete S. 93

WUCHSFORM: buschige, aufrechte Staude
BODEN: lehmig-humos, frisch bis feucht, nicht kalkhaltig, nährstoffreich, guter Gartenboden
VERWENDUNG: in Gruppen als Begleiter hoher Schattenstauden; als Solitär zwischen niedrigen Farnen, Schattengräsern und Schattenstauden; an Teichen und Bachläufen
WERT: verträgt bei ausreichender Bodenfeuchte auch Sonne; eine der wenigen Prachtstauden für den Schatten
GUTE PARTNER: Azaleen, Blumenhartriegel, Fächerahorn, Farne, Funkien, Hundszahn, Kirschlorbeer, Lungenkraut, Pfeifengras, Narzissen, Rhododendron
MEIN TIPP: Austrieb spätfrostgefährdet, daher geschützt pflanzen und eventuell abdecken. Blütenstände erst im Februar abschneiden.Bei nachlassender Blühleistung teilen und an anderer Stelle neu pflanzen.

Bergenie
Bergenia cordifolia 'Rotblum'

Höhe/Breite: 35–40 cm/50 cm
Blütezeit: April – Mai
> Vorgärten S. 52, Gartengrenzen S. 121

WUCHSFORM: breitwüchsige, flach kriechende Staude
BODEN: gedeiht auf jedem Boden, am liebsten frisch und lehmig-humos
VERWENDUNG: Bodendecker; unter Gehölzen; Beeteinfassung; zu großen Steinen; auf Mauerkronen; an Teich und Bachrand
WERT: ganzjährig attraktive Strukturpflanze; das große, glänzende Laub schafft Kontraste zu filigranen Blattpflanzen; auch im Winter hoher Schmuckwert durch rot verfärbte Blätter; gedeiht sogar unter Birken!
GUTE PARTNER: Azaleen, Elfenblumen, Fächerahorn, Farne, Frauenmantel, Hängebirke, Japanisches Waldgras, Japansegge, Narzissen, Prachtspieren, Rhododendron, Schaumblüte, Storchschnabel, Waldaster; auch Hohe Fetthenne, Kiefern, Lampenputzergras
MEIN TIPP: Eine Kompostgabe alle 3 Jahre (1–2 Liter/m²) erhöht die Blühfreudigkeit.

Buchsbaum
Buxus sempervirens

Höhe/Breite: bis 200 cm/180 cm
immergrün
> universell zu verwenden

WUCHSFORM: dichtbuschiger, immergrüner Strauch, auch als Hochstamm erhältlich
BODEN: bevorzugt mäßig trocken bis frisch, alkalisch, sandig-lehmig, humos
VERWENDUNG: zu Sommerflor aller Art; unter Bäumen und Sträuchern; als Beeteinfassung; für formale Gestaltung; für Kübel
WERT: überaus standorttolerant; sehr gut schnittverträglich; anpassungsfähig an viele Gestaltungsthemen; sehr schön auch als Hochstamm; Bienen- und Hummelweide!
GUTE PARTNER: Azaleen, Blütenstauden, Blumenzwiebeln, Gräser, Rhododendron, Rosen, Sommerblumen und, und, und …
MEIN TIPP: Hohe Niederschläge begünstigen Pilzerkrankungen, daher eher einen trockenen Standort wählen. Nicht übers Blatt gießen. Im Winter bei anhaltender Trockenheit wässern, sonst besteht bei Kahlfrost Gefahr von Frosttrocknis. Nur bei bedecktem Wetter schneiden.

 Sonne Halbschatten ● Schatten  Duft  Schnittblume ✺ Blütenschmuck

Hohe Glockenblume

Campanula persicifolia 'Grandiflora'

Höhe/Breite: 80 cm/10cm
Blütezeit: Juni – Juli
› Blumenbeete S. 94

WUCHSFORM: Staude mit hohen, schmalen Blütenständen über niedrigen Blattrosetten
BODEN: durchlässig, lehmig-sandig oder schottrig, kalkhaltig, auch sandig-humos, mäßig trocken bis frisch
VERWENDUNG: Begleiter in der Staudenrabatte; am sonnigen Gehölzrand; im Wechselschatten eingewachsener Gehölze
WERT: bestimmt zur Blütezeit das Gartenbild; anspruchslos und pflegeleicht; übersteht Sommertrockenheit ausgezeichnet; nicht sehr langlebig, sorgt aber durch Selbstaussaat für Fortbestand
GUTE PARTNER: Fingerhut, Frauenmantel, Pfingstrosen, Strauch- und Kletterrosen, gefüllte Strauch- und Beetrosen; aber auch Blut-Storchschnabel, Diptam, Waldanemone
MEIN TIPP: Entfernen Sie verwelkte Blüten, das vermeidet zu starke Selbstaussaat.
WEITERE SORTEN: 'Grandiflora Alba', weiße Blüten

Clematis

Clematis-Hybride 'Etoile Violet'

Höhe/Breite: 250–350 cm/60–90 cm
Blütezeit: Juni – Juli/Oktober
› Sitzplätze S. 72, Gartengrenzen S. 114

WUCHSFORM: mehrtriebiges Klettergehölz
BODEN: durchlässig, sandig-lehmig, lehmig-schottrig, auch kalkhaltig, mäßig trocken bis frisch
VERWENDUNG: Begrünung von Wänden, Mauern und Zäunen; in Kombination mit Ziersträuchern, Bäumen und Kletterrosen
WERT: Hybride der robusten gesunden *Clematis viticella*; unempfindlich gegen die gefürchtete Clematiswelke
GUTE PARTNER: weiße, zartrosa und kräftig rosafarbene Kletterrosen; kleine Bäume
MEIN TIPP: So pflanzen, dass 1–2 Augenpaare mit Erde bedeckt sind. Nach der Pflanzung zur besseren Verzweigung um die Hälfte zurückschneiden. Mit Rinde, Kies oder Schotter mulchen. Jährlich im November oder März auf 30 cm über dem Boden zurückschneiden.
WEITERE SORTEN: 'Prince Charles', Blüte hellblau, › Seite 115

Weißbunter Hartriegel

Cornus alba 'Elegantissima'

Höhe/Breite: 2,5–3 m/2–3 m
Blütezeit: Mai – Juni
› Gartengrenzen S. 112

WUCHSFORM: straff aufrechter Strauch, zunächst trichterförmig, später breit
BODEN: anspruchslos, bevorzugt lehmig, sandig-humos
VERWENDUNG: für größere Gärten; in Sicht- und Windschutzpflanzungen; für gemischte Hecken
WERT: sehr robust; verträgt jedoch längere Trockenheit schlecht; das cremeweiß gerandete Laub hellt immergrüne Pflanzungen auf, besonders im Halbschatten; schöner Kontrast zu grünlaubigen Blütensträuchern; die rote Rindenfärbung bringt Farbe in den winterlichen Garten; Vogelschutzgehölz
GUTE PARTNER: Buchs, Eibe, Heckenmyrte, weiße Hortensien, Kirschlorbeer, Immergrüner Schneeball
MEIN TIPP: Bei starker Sonneneinstrahlung entstehen Blattverbrennungen, deshalb eher halbschattig pflanzen. Regelmäßig kräftig an der Basis auslichten.

 Blattschmuck 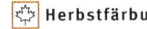 Fruchtschmuck  Herbstfärbung   immergrün  giftig Bienenweide

Teppichhartriegel

Cornus canadensis

Höhe/Breite: 30 cm/50 cm
Blütezeit: Juni – August
› Sitzplätze S. 74

WUCHSFORM: Zwerggehölz, breitet sich langsam durch kurze Ausläufer aus
BODEN: feucht bis nass, locker humos-sandig, auch reiner Torf, sauer
VERWENDUNG: Bodendecker; in Kombination zu Moorbeet- und Schattenpflanzen; am Sitzplatz
WERT: anspruchsvoll; verträgt Trockenheit nur schlecht; sehr schöner Bodendecker
GUTE PARTNER: Azaleen und Rhododendren, Bergenien, horstige Elfenblumen, Frauenfarn, Japanisches Waldgras, Kissen-Hemlockstanne, Lavendelheide, Schaumblüte; am schönsten aber flächendeckend alleine
MEIN TIPP: Konkurrenzschwach, daher keine starkwüchsigen Bodendecker kombinieren. Mit Rindenmulch oder Laubhäcksel (Eichenlaub) mulchen. Unbedingt kühlen, luftfeuchten Standort wählen. Bei Trockenheit mit Regenwasser wässern.

Blumenhartriegel

Cornus kousa var. *chinensis*

Höhe/Breite: 5–6 m/4–6 m
Blütezeit: Mai – Juni
› Solitärgehölze S. 33, 34

WUCHSFORM: Großstrauch
BODEN: sandig-humos, lehmig-humos, locker, frisch bis feucht, sauer
VERWENDUNG: Solitärgehölz; zu immergrünen Gehölzen; an Sitzplatz und Teich; im Rasen; vor Gebäudewänden
WERT: robust und gesund – richtige Standortwahl vorausgesetzt; verträgt durchaus Sommertrockenheit; wochenlange Blüte, intensive Blatt- und Fruchtfarbe; lange Herbstfärbung; der malerische Wuchs kommt auch im Winter zur Geltung
GUTE PARTNER: rotlaubige Bergenien, Buchs, Eiben als Hintergrund, Funkien, Hundszahn, Märzenbecher, Narzissen, Pfeifengras, niedrige Rhododendren und Azaleen, Taglilien
MEIN TIPP: Nicht schneiden, nur totes Holz entfernen. Windgeschützt pflanzen.
WEITERE SORTEN: 'Satomi', Blüte kräftig rosa

Hohe Scheinhasel

Corylopsis spicata

Höhe/Breite: 2,5–3 m/2–3 m
Blütezeit: April – Mai
› Vorgärten S. 48, Blumenbeete S. 90

WUCHSFORM: aufrechter Strauch, locker verzweigt, langsam wachsend
BODEN: tiefgründig, locker, reif, humos-sandig, sauer bis neutral, frisch bis feucht
VERWENDUNG: Solitärgehölz, in (entsprechend großen) Vorgärten und Blumenbeeten
WERT: zauberhafter Frühjahrsblüher; Blüte verhaltener als die zeitgleich blühende goldgelbe Forsythie; der malerische Wuchs und die Herbstfärbung machen den Strauch ganzjährig attraktiv
GUTE PARTNER: Buchs, Eiben oder Kirschlorbeer als Hintergrund; am Boden Balkananemone, Bergenien, Blauglöckchen, Duftveilchen (*Viola odorata*), rotlaubiger Günsel, flacher Kirschlorbeer, Märzenbecher, Pfeifengras, Winterheide
MEIN TIPP: Bei genügend feuchtem Boden erhöht ein sonniger Standort die Blühfreude, extreme Sonneneinstrahlung aber vermeiden. Vor Spätfrost und Ostwind schützen.

Sonne · Halbschatten · Schatten · Duft · Schnittblume · Blütenschmuck

Alpenveilchen

Cyclamen coum

Höhe/Breite: 6 cm/breitet sich aus
Blütezeit: Januar – März
› Vorgärten S. 52, Blumenbeete S. 94, 100

WUCHSFORM: Boden deckende, winterharte Knollenpflanze, zieht nach der Blüte ein
BODEN: durchlässig, lehmig-humos, gerne kalkhaltig, sommertrocken!
VERWENDUNG: Unterpflanzung großer und kleiner Laub- oder Nadelgehölze; absonniger Steingarten; in Naturgärten
WERT: allererster Frühjahrsblüher; auch die rundlichen Blätter zierend; verträgt Wurzeldruck der Gehölze und liebt sommerliche Trockenheit
GUTE PARTNER: Buchs, Christrosen, Fächerahorn, Haselnuss, Kiefern (niedrige und hohe), Schneeglöckchen, Winterschneeball, Zierkirschen
MEIN TIPP: Markieren Sie die Pflanzstellen, sie hinterlassen nach dem Einziehen Lücken – hier nicht hacken, das zerstört die Knollen!
WEITERE ARTEN: Winterhartes Alpenveilchen (*Cyclamen hederifolium*), August – September, › Seite 52, 100

Tränendes Herz

Dicentra spectabilis

Höhe/Breite: 80–100 cm/80 cm
Blütezeit: Mai – Juni
› Blumenbeete S. 94

WUCHSFORM: buschige Staude (zieht nach der Blüte ein)
BODEN: lehmig-sandig, humos, tiefgründig, nährstoffreich, frisch
VERWENDUNG: Leitstaude während der Blütezeit im Staudenbeet; vor lichten Gehölzen; im Bauerngarten; vor absonnigen Mauern und Wänden
WERT: grazile, anmutige Blütenstände mit auffallenden herzförmigen Blüten; hält am zusagenden Standort Jahrzehnte aus – wenn sie ungestört bleibt
GUTE PARTNER: lichte Gehölze (Fächerahorn, Felsenbirne, Zaubernuss); Bergenien, Buchs, Frauenmantel, Funkien, Hundszahn, Narzissen, Pfingstrosen, Storchschnabel, Taglilien
MEIN TIPP: Schützen Sie den Austrieb vor Spätfrösten (Eisheilige!) und Schneckenfraß. Einzeln zwischen Stauden pflanzen, die die Lücke im Sommer kaschieren.

Hundszahn

Erythronium-Hybride 'Pagode'

Höhe/Breite: 25 cm/25 cm
Blütezeit: April
› Vorgärten S. 49, Blumenbeete S. 98

WUCHSFORM: Zwiebelpflanze
BODEN: durchlässig, locker, humos, sandig-lehmig, nicht kalkhaltig, zur Blütezeit feucht, im Sommer trockener
VERWENDUNG: einzeln oder in Gruppen unter Gehölzen; Solitär zur Blütezeit; im Steingarten
WERT: aparte Erscheinung im Halbschatten (schwefelgelbe Blüten, Blätter frischgrün, bronzefarben marmoriert); robust
GUTE PARTNER: Azaleen, Balkananemone, Bergenien, Blausternchen, Fächerahorn, Farne, Felsenbirne, Funkien, Glockenhasel, Haselnuss, Japansegge, Rhododendron, Schmuckmahonie
MEIN TIPP: Zwiebeln nach dem Kauf gleich pflanzen, sie dürfen nicht trocken werden. Vergilbendes Laub nicht abschneiden, überhaupt in Ruhe lassen. Ungestört bildet der Hundszahn im Lauf der Jahre Kolonien. Falllaub der Bäume nicht entfernen.

 Blattschmuck    Fruchtschmuck   Herbstfärbung   immergrün    giftig   Bienenweide

Kriechspindel

Euonymus fortunei 'Silver Queen'

Höhe/Breite: 60–80 cm/80–100 cm
Blattschmuckpflanze
› Gartengrenzen S. 115

   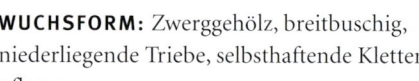

WUCHSFORM: Zwerggehölz, breitbuschig, niederliegende Triebe, selbsthaftende Kletterpflanze
BODEN: anspruchslos, sandig-lehmig, humos, mäßig trocken bis feucht
VERWENDUNG: ganzjährige Begrünung von Wänden und Mauern; immergrüner Bodendecker in Beeten, unter Gehölzen und zwischen großen Steinen; in Kübeln und Trögen
WERT: vielseitig zu verwendendes Gehölz; sehr gut Boden deckend; besonders robuste und gesunde Sorte mit schönem, weißbuntem Laub, verfärbt sich im Winter rötlich
GUTE PARTNER: Buchs, Eibe, Flache Heckenmyrte (*Lonicera elegans* 'Tibet'), Hoher und Flacher Kirschlorbeer
MEIN TIPP: Eignet sich bei ausreichend feuchten Böden auch gut für sonnige Gartenecken – hier ist die Laubausfärbung besonders ausgeprägt. Vergrünt im Schatten.

Pfaffenhütchen

Euonymus planipes

Höhe/Breite: 3–4 m/4 m
Fruchtreife: September
› Blumenbeete S. 92

WUCHSFORM: großer Strauch mit kurzem Stamm, Zweige elegant überhängend
BODEN: sandig-lehmig oder lehmig, nährstoffreich, frisch bis feucht, auch kalkhaltig
VERWENDUNG: Solitärgehölz im Staudenbeet; vor Mauern und Wänden; in Kübeln
WERT: robust und gesund; langsamwüchsig; früher, hellgrüner Austrieb aus glänzend braunen Knospen; karminrote Früchte mit orangefarbener Samenkugel, weithin leuchtend; intensiv rote Herbstfärbung; graziler Wintereindruck; Vogelnährgehölz
GUTE PARTNER: immergrüner Hintergrund aus Buchs, Eiben, Kirschlorbeer; unterpflanzt mit Duftveilchen (*Viola odorata*), Herbstanemone, Hundszahn, Narzissen, Schlüsselblume (*Primula veris*), Waldaster
MEIN TIPP: Planen Sie genügend Platz ein, der Strauch sollte möglichst nicht geschnitten werden. In der Anwachsphase bei anhaltender Trockenheit wässern.

Bambus

Fargesia murielae 'Simba'

Höhe/Breite: 180–200 cm/100–150 cm
Blattschmuckpflanze
› Sitzplätze S. 73, Blumenbeete S. 96, 101

WUCHSFORM: vieltriebiges Gehölz, Triebe leicht überhängend, horstig
BODEN: frisch bis feucht, dabei durchlässig und locker, lehmig-sandig, humos
VERWENDUNG: Solitär im Schattenblumenbeet; im Japangarten; an Teich und Bachlauf; als Sichtschutzhecke
WERT: asiatisch anmutendes Gehölz; vielseitig verwendbar; zuverlässig winterhart; dazu nicht Ausläufer treibend und für kleine Gärten bestens geeignet; sehr schattenverträglich
GUTE PARTNER: Blattschmuckstauden; Gedenkemein, Herbstanemone, Hundszahn, Lenzrose, Narzissen, Taglilie, Waldaster, Winterling; immergrüne Gehölze; Gräser
MEIN TIPP: Bei anhaltender Trockenheit wässern, spätestens bei eingerollten Blättern. Sonniger Standort nur bei ausreichender Bodenfeuchtigkeit. Abgefallene Blätter nicht entfernen. Ältere Triebe können bodennah ausgelichtet werden.

 Sonne 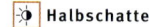 **Halbschatten**  **Schatten**   **Duft**  **Schnittblume**  **Blütenschmuck**

Bärenfellschwingel
Festuca gautieri 'Pic Carlit'

Höhe/Breite: 10 cm/20–30 cm
Blütezeit: Juni – Juli
› Vorgärten S. 54, Blumenbeete S. 96

WUCHSFORM: Polster bildende Grasstaude
BODEN: durchlässig, sandig, steinig, nährstoffarm, trocken bis frisch
VERWENDUNG: Boden deckendes Gras für trockene, magere Gartenplätzen; vor und unter Gehölzen; im Kiesbeet; für Tröge, nicht flächig, sondern einzeln oder in kleinen Gruppen
WERT: ganzjährig frischgrünes Polster; unentbehrlich im trockenen Halbschatten; verträgt Wurzeldruck der Bäume, gedeiht sogar im trockenen Wurzelfilz der Birken; auf mageren Böden langlebig und pflegeleicht; verkahlt nicht von innen wie die Art
GUTE PARTNER: Bergenien, Blut-Storchschnabel, Buchs, Felsenbirne, Hängebirke, Flacher Kirschlorbeer, Kornelkirsche
MEIN TIPP: Nur in der Anwachsphase wässern, nicht düngen. In sommerheißen Regionen nicht in die Sonne, sondern in den Halbschatten pflanzen.

Federbuschstrauch
Fothergilla major

Höhe/Breite: 150–200 cm/150 cm
Blütezeit: Mai
› Sitzplätze S. 69

WUCHSFORM: aufrechter Strauch, rundlich
BODEN: durchlässig, sandig-lehmig, humos, frisch bis feucht, nicht kalkhaltig
VERWENDUNG: Solitärgehölz im Beet; zu niedrigen Stauden und Gehölzen
WERT: formschöner Wuchs, cremeweiße, duftende Blüten, leuchtend rotes Herbstlaub; äußerst wertvolles Solitärgehölz für den reiferen Garten; langsamwüchsig
GUTE PARTNER: Buchs, Herbstanemone, Herbststeinbrech, Hundszahn, Japansegge, Japanische Azalee, Kirschlorbeer, Lungenkraut, Preiselbeere (*Vaccinium vitis-idaea*), Niedriger Rhododendron (*Rhododendron repens*), Scheinbeere, Teppichhartriegel, Flache Waldsteinie
MEIN TIPP: Lichtschattig und geschützt vor praller Mittagssonne und Wind pflanzen. Konkurrenzschwach, daher nicht in die Nähe starkwüchsiger Sträucher oder Stauden setzen. Mit Rinde dünn mulchen.

Erdbeere
Fragaria × vescana 'Florika'

Höhe/Breite: 10–20 cm/Boden deckend
Fruchtreife: Juni/September – Oktober
› Blumenbeete S. 93

WUCHSFORM: Boden deckende Staude, verbreitet sich durch Ausläufer
BODEN: insgesamt anspruchslos, lehmig-sandig, humos, nährstoffreich, frisch bis feucht
VERWENDUNG: Unterpflanzung lichter (Obst-)Gehölze; »Erdbeerwiese«; in Kübeln
WERT: Mischung aus Monats- und Gartenerdbeere; besonders aromatisch; kann viele Jahre am gleichen Standort bleiben; trittfest; Fruchtstand schön hoch über dem Laub; toll für Kinder als Naschobst
GUTE PARTNER: Apfelbeere, Beerensträucher, Obstbäume, Zierapfel
MEIN TIPP: Wie bei der Gartenerdbeere bewährt sich Stroh zum Mulchen. Mit Kompost düngen (1–2 Liter/m²).
WEITERE SORTEN: Erdbeere (*Fragaria vesca* var. *semperflorens* 'Alexandria'), dauertragende Monatserdbeere, bildet keine Ausläufer, › Seite 71

 Blattschmuck    Fruchtschmuck    Herbstfärbung    immergrün   giftig    Bienenweide

Kaiserkrone
Fritillaria imperialis 'Lutea'

Höhe/Breite: 90–100 cm/10–20 cm
Blütezeit: April – Mai
> Blumenbeete S. 90

WUCHSFORM: eintriebige Zwiebelblume
BODEN: insgesamt anspruchslos, am liebsten lehmig-sandig, humos, nährstoffreich, frisch bis feucht
VERWENDUNG: im Bauerngarten und Frühlingsbeet; zu frühjahrsblühenden Gehölzen; am Teich
WERT: zur Blütezeit eine prächtige, auffällige, fast exotische Zwiebelblume, zieht nach der Blüte ein; sehr robust
GUTE PARTNER: Apfelbeere, Buchs (als niedrige Hecke), Felsenbirne, Goldlack (*Cheiranthus cheirii*), orangefarbene Kaiserkronen, Pfingstrosen, hohe Tulpen (rot oder weiß), Zierapfel
MEIN TIPP: Zwischen Stauden pflanzen, die das vergilbende Laub kaschieren. Verwelkte Blüte abschneiden, welkenden Trieb einziehen lassen. Zur Blütezeit flüssig düngen. Übrigens: Die Wühlmaus abwehrende Wirkung lässt sich nicht bestätigen!

Fuchsie
Fuchsia-Hybride 'Eden Rock'

Höhe/Breite: 35 cm/30–40 cm
Blütezeit: Mai – Oktober
> Sitzplätze S. 71

WUCHSFORM: buschig, aufrechte Sommerblume
BODEN: durchlässig, humos, sauer bis neutral, frisch bis feucht, nährstoffreich; im Kübel oder Kasten hochwertige Blumenerde
VERWENDUNG: Begleiter zu Schatten liebenden Stauden und Gehölzen; Solitär in Kästen und Kübeln
WERT: sommerlicher Dauerblüher; bringt feuriges Rot in ruhiges schattiges Grün
GUTE PARTNER: alle Schattenpflanzen
MEIN TIPP: Geschützt vor praller Mittagssonne pflanzen. Nur morgens oder abends gießen, nie bei schlappenden Blättern. Im Kasten regelmäßig flüssig düngen. Fruchtansatz entfernen. Lässt sich gut im frostfreien Schuppen überwintern – dann kräftig zurückschneiden.
WEITERE ARTEN: Winterharte Fuchsie (*Fuchsia magellanica* 'Riccartoni'), bis 1 m,
> Seite 50, 93

Schneeglöckchen
Galanthus elwesii

Höhe/Breite: 10–15 cm/5 cm
Blütezeit: Januar – März
> Vorgärten S. 47, Blumenbeete S. 90

WUCHSFORM: eintriebige Zwiebelblume, breitet sich langsam durch Aussaat aus
BODEN: insgesamt anspruchslos, lehmig-sandig, humos, frisch bis feucht zur Blütezeit, sommertrocken
VERWENDUNG: in großen Gruppen unter Bäumen und Sträuchern; im Rasen; im Steingarten; in Trögen und Schalen
WERT: blüht oft schon an milden Wintertagen (früher als andere Schneeglöckchen), besonders großblumig; breitet sich nicht so stark aus; welkendes Laub verschwindet unauffällig zwischen austreibenden Stauden
GUTE PARTNER: Christrosen, Frühlings-Alpenveilchen, Haselnuss, Japansegge, Lenzrosen, Winter-Heckenkirsche, Winterling, Zaubernuss
MEIN TIPP: Gekaufte Zwiebeln sofort nach Erhalt pflanzen (Pflanztiefe 5–7 cm). Nicht düngen. Die Zwiebelhorste lassen sich gleich nach der Blüte gut teilen.

 Sonne 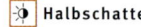 Halbschatten  Schatten Duft  Schnittblume  Blütenschmuck

Storchschnabel
Geranium-Hybride 'Rozanne'

Höhe/Breite: 40–50 cm/50 cm
Blütezeit: Juni – Oktober
› Sitzplätze S. 72, Blumenbeete S. 95

WUCHSFORM: horstige Staude
BODEN: durchlässig, lehmig-sandig, humos, nährstoffreich, mäßig trocken bis feucht
VERWENDUNG: in kleinen Gruppen als Bodendecker am sonnigen Gehölzrand; Begleiter zu Prachtstauden und Rosen; am Sitzplatz; in Kübeln und Kästen
WERT: blüht als einziger Storchschnabel den Sommer durch bis zum Frost; Blüten von großer Fernwirkung; robust und gesund
GUTE PARTNER: Apfelbeere, hohe Astern (*Aster novi-belgii*), Chinaschilf, Frauenmantel, Pfingstrose, Phlox, Sonnenbraut, Strauch- und Kletterrosen, Taglilie, Zierapfel
MEIN TIPP: Bildet in der Sonne besonders viele Blüten. Bei nachlassender Blühfreude teilen und neu pflanzen. Rückschnitt nach dem ersten Frost. Jährlich mit Kompost düngen (1–2 Liter/m²). Im Gefäß regelmäßig gießen und flüssig düngen.

Dreiblattspiere
Gillenia trifoliata

Höhe/Breite: 80 cm/60 cm
Blütezeit: Juni – Juli
› Blumenbeete S. 89

WUCHSFORM: vieltriebige, buschige, straff aufrechte Staude
BODEN: humos, sandig-humos, leicht sauer, mäßig nährstoffreich, frisch bis feucht
VERWENDUNG: Solitärstaude
WERT: ein Juwel im Halbschatten, noch viel zu wenig bekannt; rötlicher Austrieb, elegant und anmutig im Sommer die unzähligen grazilen weißen Blüten, dazu attraktives Laub, im Herbst gelb und orange leuchtend; eine der besten Strukturstauden im Halbschatten; einmal eingewachsen langlebig und robust
GUTE PARTNER: Astilben, Buchs, Eibe, Fächerahorn, Frauenmantel, Funkien, Japansegge, Japanisches Waldgras, Blut-Storchschnabel 'Max Frei', Taglilie 'Corky'
MEIN TIPP: Austrieb vor Schnecken schützen. In den ersten Jahren bei Trockenheit gießen. Mit Laubhäcksel oder Rinde mulchen. Nach dem ersten Frost zurückschneiden.

Japanisches Waldgras
Hakonechloa macra 'Aureola'

Höhe/Breite: 20–40 cm/40–80 cm
Blütezeit: Juli – August
› Vorgärten S. 56, Sitzplätze S. 75

WUCHSFORM: Staude, dichte Blattschöpfe mit überhängenden schmalen Halmen, breitet sich langsam durch kurze Ausläufer aus
BODEN: durchlässig, locker, humos, sandig-humos, frisch bis feucht, sauer bis neutral
VERWENDUNG: einzeln oder in kleinen Gruppen zur Unterpflanzung von Gehölzen; als Begleiter von Schattenstauden; im Japangarten; am Sitzplatz; in Verbindung mit Stein
WERT: wunderschönes Schattengras: leuchtend gelbgrüne, elegant überhängende feine Halme; anmutig auch die zarten Blütenrispen
GUTE PARTNER: Azaleen, Bambus, Bergenien, Blumenhartriegel, Bronzeschaublatt, Elfenblume, Fächerahorn, Farne, Funkien, Hundszahn, Narzissen, Purpurglöckchen (rotlaubig), Rhododendron, Waldsteinie
MEIN TIPP: Lässt sich leicht teilen (Frühjahr). Bei Trockenheit gießen und mit Laubhäcksel oder Rinde mulchen.

 Blattschmuck  Fruchtschmuck   Herbstfärbung   immergrün  giftig Bienenweide

Zaubernuss

Hamamelis × intermedia 'Pallida'

Höhe/Breite: 3–4 m/4 m
Blütezeit: Dezember – Februar
› Solitärgehölze S. 34

     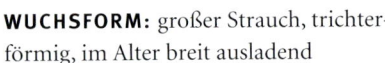

WUCHSFORM: großer Strauch, trichterförmig, im Alter breit ausladend
BODEN: sandig-lehmig, lehmig, humos, nährstoffreich, sauer bis neutral, frisch bis feucht, guter Gartenboden
VERWENDUNG: Solitärgehölz für ausgewählte Gartenplätze
WERT: besonders kostbarer Winterblüher; frostfeste, duftende Blüte; gelbe Herbstfärbung (besonders stark in saurem Boden); langsamwüchsig; erste Bienenweide
GUTE PARTNER: Blaustern, Buchs, Christrosen, Eibe, Herbststeinbrech zur Unterpflanzung, Japansegge, Kirschlorbeer, Schneeglöckchen, Schneeheide, Stechpalme im Hintergrund (als Hecke), Winterlinge
MEIN TIPP: Standort so wählen, dass die Blüte im Winter zu sehen und zu riechen ist. Falllaub liegen lassen. Mit Rinde mulchen. Möglichst nicht schneiden. Die Zweige lassen sich gut in der Vase antreiben.

Christrose

Helleborus niger

Höhe/Breite: 25 cm/50 cm
Blütezeit: Dezember – März
› Gartengrenzen S. 122

WUCHSFORM: horstbildende Staude
BODEN: durchlässig, lehmig, lehmig-sandig, humos, kalkhaltig, frisch bis feucht, im Sommer trocken
VERWENDUNG: zur Unterpflanzung von Laubgehölzen; vor und auf absonnigen Mauern; im Bauerngarten; in Trögen; Heilpflanze
WERT: am geeigneten Standort robust, gesund und langlebig; begehrte Schnittblume
GUTE PARTNER: Winterharte Alpenveilchen, Buchs, Glanzmispel, Haselnuss, Haselwurz, Kornelkirsche, Leberblümchen, Lenzrosen, Schlüsselblume (*Primula veris*), Winterschneeball
MEIN TIPP: In rauen Lagen geschützten Standort wählen. Falllaub liegen lassen. Nicht mit Rinde mulchen oder Torf verwenden. Im Sommer nicht gießen. Wenn das Laub zur Blütezeit unansehnlich wird, abschneiden.

Rote Lenzrose

Helleborus orientalis 'Rote Auslese'

Höhe/Breite: 40 cm/50 cm
Blütezeit: Februar – April
› Vorgärten S. 57, Blumenbeete S. 99

WUCHSFORM: horstige, aufrechte Staude
BODEN: lehmig, lehmig-sandig, humos, kalkhaltig, im Sommer trocken
VERWENDUNG: zur Unterpflanzung von Gehölzen; zur Blütezeit Solitärstaude
WERT: robuster als Christrose; in milden Wintern immergrün
GUTE PARTNER: wie Christrose, zusätzlich Schattenstauden wie Elfenblume, Farne, Funkien, Lungenkraut, Schaublatt; in sonnigeren Partien auch Narzissen, Storchschnabel, Taglilie
MEIN TIPP: Lenzrosen wirken am besten im Einzelstand. Falllaub liegen lassen. Nicht hacken. Falls das Laub durch Frost unansehnlich wird, vor der Blüte abschneiden. Blüten schlappen nach Frostnächten, erholen sich aber wieder.
WEITERE ARTEN: Orientalische Lenzrose (*Helleborus orientalis*), Blüte cremefarben, grün-weiß, rosa, › Seite 94

 Sonne  **Halbschatten**  **Schatten**   **Duft**  **Schnittblume**  **Blütenschmuck**

Taglilie

Hemerocallis-Hybride 'Corky'

Höhe/Breite: 70–80 cm/50 cm
Blütezeit: Juni – August
› Blumenbeete S. 91

WUCHSFORM: horstige Staude
BODEN: bevorzugt lehmig-sandig, humos, aber völlig anspruchslos
VERWENDUNG: einzeln, in kleinen Tuffs oder größeren Gruppen; am sonnigen Gehölzrand; an Teich und Bachlauf (im trockenen Bereich)
WERT: sehr lange Blütezeit; langlebig, pflegeleicht; verträgt zeitweise Trockenheit; Blüten essbar
GUTE PARTNER: Bambus, Funkie, Eichenblättrige Hortensie, Narzissen, Pfingstrosen, Präriekerze, Purpurglöckchen, Rispenhortensie, Schaublatt, Steppensalbei
MEIN TIPP: Sandigen Böden Bentonit beigeben und mit Rinde mulchen. Mit Kompost düngen (2 Liter/m² im Jahr). Bei nachlassender Blüte teilen und neu pflanzen.
WEITERE ARTEN: Zitronengelbe Taglilie (*Hemerocallis citrina),* bis 1 m, duftend,
› Seite 70

Leberblümchen

Hepatica nobilis

Höhe/Breite: 10 cm/20 cm
Blütezeit: März – April
› Vorgärten S. 53, Gartengrenzen S. 121

WUCHSFORM: niedrige, horstige Staude
BODEN: durchlässig, lehmig-sandig, humos, auch kalkhaltig, frisch bis mäßig trocken
VERWENDUNG: in reifen Gärten im Schatten der Gehölze; in absonnigen Steingärten; einzeln oder in kleinen Tuffs
WERT: einer der schönsten heimischen Frühjahrsblüher, von dem man gar nicht genug haben kann; attraktiv auch das hellgrüne, dreilappige Laub
GUTE PARTNER: Ziersträucher und Laubbäume, Buchs und Eibe, winterharte Alpenveilchen, Christrosen, Haselwurz, Lenzrosen, Lungenkraut, Märzenbecher, Schneemarbel (*Luzula nivea*), Waldsteinie
MEIN TIPP: Sät sich an zusagendem Standort aus, nicht hacken! Falllaub liegen lassen. Weitere Pflege nicht nötig. Möglichst nicht umpflanzen, kann lange Jahre am gleichen Standort bleiben.

Purpurglöckchen

Heuchera americana 'Palace Purple'

Höhe/Breite: 50–70 cm/40–50 cm
Blütezeit: Juli – August
› Vorgärten S. 50

WUCHSFORM: niedrige, buschige Staude
BODEN: durchlässig, lehmig-sandig, humos, nährstoffreich, frisch bis feucht
VERWENDUNG: Begleiter kleiner Gehölze; in Rabatten zu Pracht- und Wildstauden; im Steingarten; einzeln oder in kleinen Tuffs
WERT: die Laubfarbe unterstreicht die Wirkung der beigefügten Gehölze und Stauden; die weißen Blütenrispen beleben zusätzlich
GUTE PARTNER: schwachwüchsige Clematis-Hybriden, Fächerahorn, Fingerhut (*Digitalis purpurea*), Frauenmantel, Gämswurz, Hohe Glockenblume, kleine Strauchrosen
MEIN TIPP: Verträgt Wurzeldruck der Gehölze und längere Trockenheit schlecht, eventuell umpflanzen bzw. gießen. Gedeiht schwer in leichten Böden. Nicht in großer Menge als Bodendecker verwenden.
WEITERE ARTEN: Purpurglöckchen (*Heuchera sanguinea* 'Leuchtkäfer'), Blüte rot, Blatt grün, › Seite 92, 120

 Blattschmuck  Fruchtschmuck   Herbstfärbung  immergrün  giftig   Bienenweide

Funkie
Hosta-Hybride 'June'

Höhe/Breite: 40–50 cm/50cm
Blütezeit: Juli – August
> Vorgärten S. 51, 58, Blumenbeete S. 99

WUCHSFORM: horstige Staude
BODEN: anspruchslos, lehmig-sandig, humos, mäßig trocken bis feucht, mäßig nährstoffreich
VERWENDUNG: einzeln oder in kleinen Gruppen als Begleiter von Gehölzen und hohen Stauden; Solitär zwischen niedrigeren Stauden; an Teich und Bachlauf; in Kübeln
WERT: anspruchslos; verträgt Wurzeldruck und längere Trockenheit
GUTE PARTNER: Azaleen, Elfenblumen, Fächerahorn, Farne, Hundszahn, Japanisches Waldgras, Lenzrosen, Lerchensporn, Narzissen, Rhododendron, Taglilien
MEIN TIPP: Vor Schnecken schützen!
WEITERE SORTEN: 'Fire Island', gelber Austrieb), > Seite 57; 'Royal Standard', Blüte weiß, > Seite 97; *Hosta sieboldiana* 'Snowflakes', schmales Laub, weiße Blüten niedrig, > Seite 56, 75; *Hosta sieboldiana* 'Elegans', blaugraues Laub, > Seite 76

Rispenhortensie
Hydrangea paniculata 'Kyushu'

Höhe/Breite: 2–2,5 m/1,5 m
Blütezeit: Juli – September
> Blumenbeete S. 89

WUCHSFORM: mittelgroßes, aufrechtes Gehölz, zur Blütezeit überhängend
BODEN: durchlässig, locker, humos, lehmig-sandig, leicht sauer bis neutral, nährstoffreich, frisch bis feucht, guter Gartenboden
VERWENDUNG: in kühlen, feuchten Lagen auch sonnig; Solitärgehölz
WERT: lang andauernde, stark duftende Blüte; Blütenstände zieren bis weit in den Winter; Bienenweide
GUTE PARTNER: Azaleen, Bambus, Bauern- und Tellerhortensie, Buchs, Farne, Funkien, Japanisches Waldgras, Kirschlorbeer, Prachtspiere, niedrige Rhododendren, Storchschnabel 'Rozanne', Taglilie, Teppichhartriegel, Waldschmiele (*Deschampsia caespitosa*)
MEIN TIPP: Regelmäßig im Frühjahr schneiden. Mit Laubhäcksel oder Rinde mulchen. Bei Trockenheit wässern. In sommerheißen Regionen einen vor Mittagssonne geschützten Standort wählen.

Kletterhortensie
Hydrangea petiolaris

Höhe/Breite: 8–10 m/6–8 m
Blütezeit: Juni – Juli
> Gartengrenzen S. 115

WUCHSFORM: Klettergehölz oder freistehender, breiter Strauch
BODEN: durchlässig, locker, lehmig-sandig, humos, frisch bis feucht, leicht sauer bis neutral, mäßig nährstoffreich
VERWENDUNG: zur Begrünung von Wänden, Mauern und Zäunen; Boden deckender Strauch unter hochkronigen Bäumen
WERT: eines der wenigen blühenden Klettergehölze im Halbschatten, selbsthaftend und dicht anliegend; braucht keinen Schnitt; Dauerblüher; nach dem Abblühen zieren die trockenen Blüten bis in den Winter hinein
GUTE PARTNER: wirkt »solo« am besten
MEIN TIPP: Ältere Exemplare können oft das Gewicht allein mit ihren Haftscheiben nicht halten. Zur Vorsicht – besonders bei glatten Wänden – Kletterhilfe (Spanndrähte, Drahtgitter) anbringen. Wächst auch freistehend unter hochkronigen Bäumen, wenn der Boden ausreichend feucht ist.

 Sonne Halbschatten  Schatten  Duft Schnittblume  Blütenschmuck

Eichenbl. Hortensie
Hydrangea quercifolia

Höhe/Breite: 120–150 cm/150–200 cm
Blütezeit: Juli – August
› Vorgärten S. 47, Sitzplätze S. 69

WUCHSFORM: breitbuschiges Gehölz
BODEN: durchlässig, sandig-lehmig, humos, leicht sauer bis schwach alkalisch, mäßig trocken bis frisch, mäßig nährstoffreich
VERWENDUNG: unter lichten Bäumen; am sonnigen und absonnigen Gehölzrand; Solitär zu Stauden; an Teich und Bachlauf
WERT: verträgt mehr Kalk, Luft- und Bodentrockenheit als andere Hortensien
GUTE PARTNER: Blumenesche, Funkenblatt, Funkien, Glanzmispel, Immergrün 'Marie', Hoher und Flacher Kirschlorbeer
MEIN TIPP: Bei ausreichender Bodenfeuchte und Schutz vor Mittagshitze auch für sonnigen Standort geeignet, hier intensivere Herbstfärbung. Mit Rinde oder Laubhäcksel mulchen. Nicht düngen. Bei anhaltender Trockenheit wässern.
WEITERE ARTEN: Samthortensie (*Hydrangea sargentiana),* Blüten hellviolett mit weiß, sehr große, samtige Blätter, › Seite 51

Tellerhortensie
Hydrangea serrata 'Blue Bird'

Höhe/Breite: 130 cm/100 cm
Blütezeit: Juni – September
› Vorgärten S. 52

WUCHSFORM: breitbuschiges Gehölz
BODEN: humos, frisch bis feucht, nicht kalkhaltig
VERWENDUNG: vor und unter Gehölzen; Solitär zwischen Stauden; im Bauerngarten; am Wasser; auch in Kübeln und Trögen
WERT: wunderschönes, zu Recht beliebtes Blütengehölz; lange Blütezeit; Blüten auch im abgeblühten Zustand attraktiv
GUTE PARTNER: Azaleen, Fächerahorn, Rhododendron, Rispen- oder Ballhortensie (*Hydrangea arborescens* 'Annabell')
MEIN TIPP: Blütenknospen sitzen am Triebende, daher nur alte Blüten entfernen und einige Triebe an der Basis abschneiden. Flachwurzler – wie alle Hortensien – daher nicht hacken, besser mit Rinde oder Laubhäcksel mulchen. Ständig feucht, aber nicht nass halten. Blaue Blütenfarbe nur bei saurem Boden, sonst eher rosa.
WEITERE SORTEN: 'Preziosa' (Blüte rosarot)

Mannsblut
Hypericum androsaemum 'Autumn Blaze'

Höhe/Breite: 100 cm/80 cm
Blütezeit: Juni – September
› Vorgärten S. 49, Sitzplätze S. 70

WUCHSFORM: kleines Gehölz, Triebe straff aufrecht
BODEN: sandig-lehmig, lehmig, mäßig trocken bis frisch, verträgt zeitweise Bodentrockenheit, auch kalkhaltig
VERWENDUNG: einzeln oder in Gruppen zur Unterpflanzung lichter Gehölze; Solitär zu niedrigen Gruppen; in Kübeln und Trögen; die fruchtenden Triebe in Sträußen
WERT: lang anhaltende Blüte, straffer Wuchs, zunächst rote, später schwarze Früchte; verträgt Lufttrockenheit und Hitze
GUTE PARTNER: Blut-Storchschnabel, Buchs, Duftschneeball, Eisenhut, Felsenbirne, Frühlingsspiere, Lampenputzergras, Waldaster
MEIN TIPP: Frostempfindlich, daher einen geschützten Standort wählen (eventuell erfrorene Triebe zurückschneiden). Weitere Sorten: Johanniskraut (Hypericum-Hybride 'Hidcote'), › Seite 113

 Blattschmuck   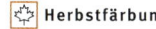 Fruchtschmuck    Herbstfärbung   immergrün    giftig   Bienenweide

Japan. Stechpalme

Ilex crenata 'Convexa'

Höhe/Breite: 150–200 cm/100–150 cm
immergrün
› Blumenbeete S. 101, Gartengrenzen S. 109

WUCHSFORM: breitbuschiges Gehölz
BODEN: durchlässig, sandig- oder lehmig-humos, frisch bis feucht, mäßig nährstoffreich, sauer bis neutral
VERWENDUNG: im immergrünen und formalen, Heide- und Bauerngarten; als Hecke; als Hochstamm im Eingangsbereich
WERT: besonders schattenverträgliche und frostharte Sorte; sehr gut schnittverträglich; bei genügender Boden- und Luftfeuchte guter Ersatz für Buchs
GUTE PARTNER: Azaleen, Fächerahorn, winterharte Fuchsie, Hohe Glockenhasel, Hundszahn, Japanisches Waldgras, Lavendelheide, Narzisse, Prachtspiere, Rhododendren, Wachsglocke, Zaubernuss
MEIN TIPP: Im Frühjahr oder Ende Juni schneiden. Mit Rinde oder Laubhäcksel mulchen. Bei anhaltender Trockenheit gießen.
WEITERE SORTEN: Niedriger Berg-Ilex 'Stokes', wird nur ca. 50 cm hoch, › Seite 73, 77

Fleißiges Lieschen

Impatiens walleriana

Höhe/Breite: 20–25 cm/30–40 cm
Blütezeit: Mai – Oktober
› Vorgärten S. 52, 58, Sitzplätze S. 74, 76

WUCHSFORM: buschige, einjährige Sommerblume
BODEN: durchlässig, humos, nährstoffreich, frisch bis feucht
VERWENDUNG: in Gruppen auf absonnigen Beeten; in Kästen, Trögen und Kübeln
WERT: bringt üppige, pastellfarbene Blüte in den eher grünen Halbschatten und Schatten; mit ein bisschen Pflege ganz dankbar und robust; die gefüllt blühenden Sorten sind besonders schön – wie kleine Röschen
GUTE PARTNER: immergrüne Gehölze und Schattenstauden
MEIN TIPP: Kälteempfindlich, daher erst nach den Eisheiligen pflanzen. Unter Gehölzen in Gefäße pflanzen und in die Erde einsenken. Gleichmäßig feucht halten, aber nie nass. Vor Schnecken schützen! Im Gefäß hochwertige Blumenerde verwenden und regelmäßig flüssig düngen.

Ranunkelstrauch

Kerria japonica 'Plena'

Höhe/Breite: 2–2,5 m/2–3 m
Blütezeit: Mai – Juni
› Gartengrenzen S. 112

WUCHSFORM: mittelhohes Gehölz, Triebe straff aufrecht, treibt Ausläufer
BODEN: anspruchslos, lehmig-sandig, sandig-humos, mäßig trocken bis frisch, auch kalkhaltig
VERWENDUNG: Solitär im Beet; Begleiter großer Bäume und anderer Ziersträucher
WERT: völlig anspruchslos; wächst in fast allen Böden in Sonne und Halbschatten; gedeiht auch noch gut im Schatten und unter Wurzeldruck der Gehölze; lange Blütezeit mit Nachblüte durch den ganzen Sommer – vor allem im Schatten
GUTE PARTNER: Felsenbirne, Flieder und Zierquitte; Immergrün (als Bodendecker)
MEIN TIPP: Da die Pflanze Ausläufer treibt, sollten Sie ausreichend Platz für sie einplanen. Regelmäßig ältere und abgestorbene Triebe an der Basis entfernen. Gegen Unkräuter mit Rinde mulchen. Weitere Pflegemaßnahmen sind nicht nötig.

 Sonne  Halbschatten  Schatten Duft  Schnittblume  Blütenschmuck

Wachsglocke
Kirengeshoma palmata

Höhe/Breite: 60–80 cm/80 cm
Blütezeit: August – September
› Blumenbeete S. 91, 98

WUCHSFORM: aufrecht wachsende Staude
BODEN: durchlässig, humos, nährstoffreich, frisch bis feucht
VERWENDUNG: zur Unterpflanzung lichter Gehölze; Solitärstaude zu niedrigen Schattenstauden
WERT: eine vornehme, im Schatten einzigartige Staude mit wunderschönen ahornähnlichen Blättern; zarte, anmutige, hellgelbe, wie von Wachs überzogene Blüten im Spätsommer
GUTE PARTNER: Azaleen, Blumenhartriegel, Farne, Funkien, weiße Herbstanemone, Hundszahn, Narzissen, Prachtspiere, Rhododendron, Rispenhortensie, Schaublatt, Schaumblüte
MEIN TIPP: Mit einer dünnen Decke aus Rindenmulch halten Sie die Feuchtigkeit. Bei anhaltender Trockenheit wässern. Nach dem ersten Frost bodengleich zurückschneiden. Falllaub der Bäume liegenlassen.

Goldregen
Laburnum watereri 'Vossii'

Höhe/Breite: 5–6 m/3–4 m
Blütezeit: Mai – Juni
› Solitärgehölze S. 35

WUCHSFORM: großer mehrstämmiger Strauch oder kleiner Baum
BODEN: durchlässig, sandig-lehmig, sandig-humos, mäßig nährstoffreich, schwach sauer bis alkalisch, mäßig trocken bis frisch
VERWENDUNG: Solitärgehölz für Rabatte, Sitzplatz, Rasen; zu anderen Ziersträuchern
WERT: prägt das Gartenbild im Mai durch bis zu 50 cm lange, hängende, goldgelbe Blütenrispen in reicher Fülle; verträgt anhaltende Sommertrockenheit und Hitze gut; in den ersten Jahren langsamwüchsig
GUTE PARTNER: immergrüne Gehölze als Hintergrund; Azaleen und Apfelrose in eher sauren Böden; Brautspiere, Duftschneeball, Perückenstrauch (*Cotinus coggygria*)
MEIN TIPP: Konkurrenzschwach, erst als ältere Pflanze mit starkwüchsigen Sträuchern kombinieren. Nur vorsichtig auslichten, die Pflanze verträgt keinen scharfen Rückschnitt.

Lorbeerkrüglein
Leucothoe walteri 'Scarletta'

Höhe/Breite: 40 cm/100 cm
Blütezeit: Mai – Juni
› Vorgärten S. 55, Gartengrenzen S. 120, 122

WUCHSFORM: niedriger, breitbuschiger Zwergstrauch
BODEN: durchlässig, sandig-lehmig, lehmig-humos, frisch bis feucht, kurzzeitig auch nass, sauer bis neutral
VERWENDUNG: zur Unterpflanzung von Immergrünen und Laubgehölzen; zu Stauden und Zwergsträuchern; in Heidegärten; in Kübeln und Trögen
WERT: immergrünes Laub, im Austrieb purpurrot, rostrot über Herbst und Winter, hübsche weiße Blütenglöckchen, kompakter Wuchs – all das lässt den großen Durst und die Frostempfindlichkeit verzeihen
GUTE PARTNER: Niedriger Berg-Ilex, Blumenhartriegel, Lorbeerrose, Pfeifengras, Rhododendron, Scheinbeere, Scheinhasel
MEIN TIPP: Standort luftfeucht und eher kühl. Mit Rinde mulchen. Bei Trockenheit wässern. Empfindlich bei Spät- und Kahlfrösten – daher nichts für raue Lagen.

 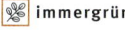

Liguster

Ligustrum vulgare 'Atrovirens'

Höhe/Breite: abhängig vom Schnitt
Blütezeit: Juni – Juli
› Gartengrenzen S. 106, 108

WUCHSFORM: mittelgroßes Gehölz; ungeschnitten im Alter breit ausladend
BODEN: absolut anspruchslos, bevorzugt sandig-lehmig, lehmig, mäßig trocken bis frisch, kalkhaltig
VERWENDUNG: heimisches Gehölz zur Unterpflanzung höherer Sträucher und Bäume; für gemischte Hecken; als geschnittene Hecke
WERT: robust und anspruchslos; verträgt Nässe und Wind, extreme Hitze und Trockenheit; ausgezeichnet schnittverträglich; durch den gebremsten Wuchs, die straffere Wuchsform und das lang haftende Laub besser für Hecken geeignet als der Gemeine Liguster (*Ligustrum vulgare*); Insektenmagnet und Vogelschutzgehölz
MEIN TIPP: Hecke erst schneiden, wenn die Vogelbrutzeit zu Ende ist.
WEITERE SORTEN: 'Lodense', 50–70 cm hoch, für niedrige Hecken, › Seite 112

Königslilie

Lilium regale 'Royal Gold'

Höhe/Breite: 130–150 cm/eintriebig
Blütezeit: Juli – August
› Sitzplätze S. 70

WUCHSFORM: Zwiebelpflanze
BODEN: durchlässig, sandig-lehmig bis lehmig, nährstoffreich, mäßig trocken bis trocken
VERWENDUNG: in kleinen Gruppen am Sitzplatz; in der Staudenrabatte; am sonnigen Gehölzrand; im Bauerngarten; in Pflanzgefäßen
WERT: große, goldgelbe, stark duftende Blüten; recht anspruchslos und leicht zu kultivieren (»Einsteigerlilie«)
GUTE PARTNER: Beetrosen, Rittersporn
MEIN TIPP: Zum Schutz vor Mäusen die Zwiebeln in Drahtkörbchen pflanzen. Bei Spätfrostgefahr mit Vlies abdecken. Austrieb vor Schnecken schützen. Nach Blütenansatz stützen und festbinden.
WEITERE ARTEN: Madonnenlilie (*Lilium candidum*), Blüte weiß, wintergrüne Blattrosette

Männertreu

Lobelia erinus

Höhe/Breite: 20–50 cm/30 cm
Blütezeit: Mai – Oktober
› Vorgärten S. 53, Sitzplätze S. 73

WUCHSFORM: buschige Sommerblume
BODEN: durchlässig, humos, nährstoffreich, frisch bis feucht, leicht sauer
VERWENDUNG: zur Unterpflanzung lichtkroniger Gehölze; zur Einfassung von Rabatten; in Kästen, Kübeln und Trögen
WERT: klassische Sommerblume; die azurblaue Blütenfülle bringt über Wochen Farbe in den Halbschatten
GUTE PARTNER: im Halbschatten Fuchsien und Fleißige Lieschen (gefüllt); in der Sonne Margeriten (*Agyranthemum frutescens*)
MEIN TIPP: Senken Sie die Pflanzen am besten mit Topf im Garten ein. Am schönsten im Halbschatten. Nie austrocknen lassen. Bei nachlassender Blüte im Hochsommer kräftiger Rückschnitt um mindestens die Hälfte. In Pflanzgefäßen hochwertige Blumenerde verwenden, regelmäßig gießen und flüssig düngen. Neue Sorten (Stecklings vermehrt) blühen durch, auch in der Sonne.

 Sonne  Halbschatten  Schatten Duft  Schnittblume  Blütenschmuck

Winter-Heckenkirsche

Lonicera purpusii

Höhe/Breite: 2–2,5 m/2 m
Blütezeit: Februar – März
> Gartengrenzen S. 112

WUCHSFORM: dicht verzweigter Strauch, Äste elegant überhängend
BODEN: anspruchslos, gerne sandig-lehmig bis lehmig, mäßig trocken bis frisch
VERWENDUNG: Solitärgehölz; Unterpflanzung lichtkroniger Bäume; in Kombination mit anderen Sträuchern
WERT: anmutiger Winterblüher (erste Blüten oft schon im Dezember); wirkt mit Immergrünen kombiniert besonders duftig; an milden Wintertagen zieht der Duft durch den Garten; anspruchslos, robust; verträgt Schatten und Wurzeldruck größerer Gehölze
GUTE PARTNER: Blaustern, Christrosen, Eibe, Japansegge, Kirschlorbeer, Kornelkirsche, Lenzrosen, Mahonie, Immergrüner Schneeball, Winterjasmin (*Jasminum nudiflorum*), Winterling
MEIN TIPP: Der Strauch ist am geschützten Standort wintergrün. Regelmäßiges Auslichten an der Basis hält den Strauch jung.

Niedrige Mahonie

Mahonia aquifolium 'Apollo'

Höhe/Breite: 60–80 cm/80 cm
Blütezeit: April – Mai
> Vorgärten S. 48, 56, Blumenbeete S. 98

WUCHSFORM: buschiges, immergrünes Zwerggehölz
BODEN: absolut anspruchslos, gerne aber durchlässig, frisch bis feucht, sandig-humos, sauer bis neutral
VERWENDUNG: Solitär zu niedrigen Stauden und Zwiebelblumen; in Gruppen als Bodendecker; unter Sträuchern und Bäumen
WERT: anspruchslos; unempfindlich gegen Wurzeldruck; im Schatten so schön wie in der Sonne; von der goldgelben Blüte über die schwarzblauen Früchte bis zum bronzegrünen Winterlaub immer ansprechend; besonders kompakte, großblütige und frostharte Sorte; Vogelnährgehölz; Bienenweide
GUTE PARTNER: Felsenbirne, Kornelkirsche, Winter-Heckenkirsche, Zier-Johannisbeere (*Ribes sanguineum*), Zierquitte
MEIN TIPP: Sehr gut schnittverträglich.
WEITERE ARTEN: Mahonie (*Mahonia aquifolium*), bis 1 m hoch, > Seite 109, 113

Schmuckmahonie

Mahonia bealii

Höhe/Breite: 150–200 cm/100–150 cm
Blütezeit: Februar – April
> Vorgärten S. 48, 56

WUCHSFORM: Gehölz mit straff aufrechten, starren Trieben
BODEN: sandig-lehmig bis lehmig, sandig-humos, mäßig nährstoffreich, frisch bis feucht, leicht sauer bis leicht alkalisch
VERWENDUNG: immergrünes Solitärgehölz; einzeln oder in kleinen Gruppen; vor hellen Wänden und Mauern; in großen Trögen
WERT: fast exotisch anmutendes Gehölz: ornamentaler Wuchs, schon früh im Jahr große, primelgelbe Blüten, große gefiederte Blätter; passt durch den schmalen Wuchs in kleinste Gartenräume; langsamwüchsig
GUTE PARTNER: Bergenien, niedriger Berg-Ilex, Funkien, Hundszahn, Immergrün, Japanisches Waldgras, Japansegge, Flacher Kirschlorbeer, Narzissen, Waldmarbel (*Luzula sylvatica*), Schneeglöckchen, Winterling
MEIN TIPP: Wählen Sie einen geschützten Platz, da sowohl Frost als auch Spätfrost gefährdet. Nicht schneiden.

 Blattschmuck    Fruchtschmuck   Herbstfärbung   immergrün   giftig   Bienenweide

Gedenkemein
Omphalodes verna

Höhe/Breite: 15 cm/Teppich bildend
Blütezeit: März – April
› Vorgärten S. 53

WUCHSFORM: Staude, bildet Ausläufer
BODEN: sandig-lehmig, humos, locker, frisch bis feucht
VERWENDUNG: flacher Bodendecker unter Gehölzen; ideal in schattigen, etwas düsteren Gartenecken
WERT: wüchsig und gesund; verträgt sich gut mit allen nicht zu zarten Schattenpflanzen; unempfindlich gegen Wurzeldruck; wächst bis dicht an Baumstämme heran
GUTE PARTNER: Felsenbirne, Hohe Glockenhasel, Flacher Kirschlorbeer, Rhododendron; immergrüne Gehölze; Kissenprimel (*Primula vulgaris*), Lungenkraut, hohe Narzissen (*Narcissus* Hybride 'Golden Harvest'), Schaumblüte, Storchschnabel ('Biokovo', 'Berggarten'), Waldsteinie, Zierapfel
MEIN TIPP: An zusagendem Standort keine Pflegemaßnahmen. In eher sandigen Böden im Frühjahr 1–2 l Kompost pro m² verteilen. Lässt sich leicht durch Ausläufer vermehren.

Waldphlox
Phlox divaricata 'Clouds of Perfume'

Höhe/Breite: 30–40 cm/40 cm
Blütezeit: April – Mai
› Sitzplätze S. 73

WUCHSFORM: niedrige Staude mit niederliegenden Trieben
BODEN: sandig-lehmig bis lehmig, nährstoffreich, durchlässig, frisch bis feucht, im Sommer auch trocken
VERWENDUNG: einzeln oder in kleinen Gruppen; Bodendecker unter Bäumen und Sträuchern; im Beet zu höheren Stauden; im absonnigen Steingarten; im Vorgarten; am Sitzplatz
WERT: unzählige himmelblaue, duftende Blüten; lässt sich im Halbschatten zu vielen Stauden und Gehölzen kombinieren
GUTE PARTNER: Azaleen, Bergenien, Christrosen, Eisenhut, Farne, Goldregen, Lenzrosen, Lungenkraut, Narzissen, Sonnenhut, Sternmagnolie, Storchschnabel, Tränendes Herz, Zierkirsche
MEIN TIPP: Sät sich an zusagendem Standort aus. Ein kräftiger Rückschnitt nach der Blüte erhält die Sortenreinheit.

Kirschlorbeer
Prunus laurocerasus 'Etna'

Höhe/Breite: bis 200 cm/150 cm
Blütezeit: Mai
› Vorgärten S. 47, 55, Gartengrenzen S. 108, 109

WUCHSFORM: breitbuschiges Laubgehölz
BODEN: ganz anspruchslos, gerne aber frisch bis feucht, nährstoffreich, sandig-lehmig, lehmig
VERWENDUNG: einzeln oder in Gruppen als Bodendecker unter Gehölzen
WERT: besonders winterharte Sorte mit rötlichem Austrieb und glänzend grünen, wohlgeformten Blättern; verträgt Wurzeldruck, Schatten und Trockenheit, daher ideal zur Unterpflanzung von Bäumen und höheren Sträuchern, wo er Falllaub »schluckt« und Unkraut fernhält; gute Heckensorte
GUTE PARTNER: Felsenbirne, Haselnuss (*Corylus colurna*), Kornelkirsche; Schattenstauden wie Elfenblume, Gedenkemein, Japansegge, Schaumblüte, Tafelblatt
MEIN TIPP: In wintermilden Gebieten ohne anhaltenden Kahlfrost auch für sonnigen Standort geeignet. Versamt sich an zusagendem Standort.

 Sonne  Halbschatten  Schatten   Duft  Schnittblume  Blütenschmuck

Flacher Kirschlorbeer
Prunus laurocerasus 'Mount Vernon'

Höhe/Breite: 20–30 cm/bis 100 cm
Blütezeit: blüht fast nie
› Vorgärten S. 54, 59, Sitzplätze S. 97

WUCHSFORM: immergrünes Zwerggehölz, Triebe am Boden aufliegend
BODEN: anspruchslos, gerne aber sandig-lehmig, sandig-humos, frisch bis feucht
VERWENDUNG: einzeln oder in Gruppen unter Sträuchern und Bäumen
WERT: eine derart schöne immergrüne Bodendecke ist mit kaum einem anderen Gehölz machbar; außer anfänglichem Frostschutz absolut pflegeleicht; langsamwüchsig, verträgt Trockenheit
GUTE PARTNER: Schattenstauden wie Elfenblume, Farne, Gedenkemein, Lenzrose, Lerchensporn, Schattengräser; Azaleen, Bambus, Fächerahorn, Glockenhasel, Pfaffenhütchen, Rhododendren, Zwerg-Hemlockstanne
MEIN TIPP: Kommt in schweren Böden schlecht in Schwung, daher viel groben Sand oder Kies einarbeiten. In den ersten Jahren gegen Kahlfrostschäden mit Reisig abdecken.

Lungenkraut
Pulmonaria angustifolia 'Azurea'

Höhe/Breite: 20 cm/Boden deckend
Blütezeit: März – April
› Blumenbeete S. 95

WUCHSFORM: niedrige heimische Staude, bildet durch Ausläufer breite Teppiche
BODEN: sandig-lehmig, lehmig-humos, frisch bis feucht, nährstoffreich
VERWENDUNG: einzeln verstreut oder in kleinen Gruppen; als Bodendecker unter Gehölzen; im Frühlingsbeet
WERT: robuster verträglicher Bodendecker
GUTE PARTNER: Felsenbirne, Gämswurz, Hundszahn, Lenzrosen, Narzisse, Pfingstrose, Rhododendron, Sternmagnolie, Taglilie, Waldsteinie, Zierapfel
MEIN TIPP: Trockener Boden erhöht die Anfälligkeit für Mehltau. Mit Rinde oder Laubhäcksel mulchen. Lässt sich leicht durch bewurzelte Ausläufer vermehren. Fragen Sie im Fachhandel auch nach neuen Sorten mit Blattschmuckwirkung.
WEITERE ARTEN: *Pulmonaria rubra* 'Red Star', horstiger Wuchs, rote Blüte, › Seite 57

Japanische Azalee
Rhododendron obtusum 'Maruschka'

Höhe/Breite: 40–50 cm/bis 80 cm
Blütezeit: Mai
› Vorgärten S. 50, Blumenbeete S. 92

WUCHSFORM: kompaktes Zwerggehölz
BODEN: locker, durchlässig, sandig- oder lehmig-humos, mäßig nährstoffreich, mäßig trocken bis frisch
VERWENDUNG: einzeln oder in Gruppen als Bodendecker für Japan- und Heidegarten; im absonnigen Steingarten; zu großen Steinen; an Teich und Bachlauf; in großen Trögen
WERT: die tiefrote Blüte setzt leuchtende Akzente im Halbschatten; fast noch reizvoller das glänzend grüne Laub mit bronzefarbener Herbstfärbung
GUTE PARTNER: Fächerahorn, Farne, Funkien, Herbststeinbrech, Hundszahn, Japansegge, Pfeifengras, Rhododendron, Schaumblüte, Hohe Scheinhasel, Wachsglocke
MEIN TIPP: Mit Rinde mulchen. In rauen Lagen mit Reisig abdecken. Nicht trocken in den Winter gehen lassen! Verträgt Rückschnitt gut. In kühlen, feuchten Regionen auch gerne sonnig.

 Blattschmuck    Fruchtschmuck    Herbstfärbung   immergrün   giftig   Bienenweide

Rhododendron
Rhod. yakushimanum 'Fantastica'

Höhe/Breite: 100–120 cm/120–150 cm
Blütezeit: Mai
> Vorgärten S. 49

WUCHSFORM: immergrünes, niedriges Gehölz, rundlich kompakt
BODEN: durchlässig, sandig-humos, sandig-lehmig, frisch bis feucht, sauer bis neutral
VERWENDUNG: einzeln oder in Gruppen vor hohen Rhododendren; Japangarten; zwischen großen Steinen; an Teich und Bachlauf
WERT: Yakushimanum-Sorten vertragen mehr Sonne und Trockenheit als andere Rhododendren; das schmale, unterseits weißfilzige Laub und der kompakte Wuchs erhöhen den Reiz
GUTE PARTNER: Azaleen, Blumenhartriegel, Engadinweide, Fächerahorn, Federbuschstrauch, Kriechspindel, andere Rhododendron-Sorten, Scheinbeere, Hohe Scheinhasel, Sternmagnolie
MEIN TIPP: Dünn mit Rinde oder gehäckseltem Laub von Eiche oder Walnuss mulchen. In kühlen, regenreichen Klimaten auch sehr gut in der Sonne.

Hohe Azalee
Rhododendron-Genter-Hybride 'Daviesii'

Höhe/Breite: 150–200 cm/150 cm
Blütezeit: Mai
> Sitzplätze S. 70

WUCHSFORM: breitaufrechtes Gehölz
BODEN: durchlässig, humos, sandig-lehmig, frisch bis feucht, sauer bis neutral
VERWENDUNG: einzeln oder zu mehreren unter lichten Gehölzen; im Japangarten; zu großen Steinen; in Verbindung mit Wasser
WERT: schöne, stark duftende Blüte, attraktives, im Herbst orangerotes Laub; besonders gesunde Sorte mit großer Fernwirkung
GUTE PARTNER: Japanische Azaleen, Niedriger Berg-Ilex, Elfenblume, Funkien, Gedenkemein, Herbststeinbrech, Hundszahn, Männertreu, Narzissen, Preiselbeere (*Vaccinium vitis-idaea*), Schaumblüte, Scheinbeere
MEIN TIPP: Liebt Mulch aus Laubhäcksel. Bei genügend Luft- und Bodenfeuchtigkeit auch sonnig, verträgt keine Mittagshitze! Nicht mit Starkwüchsigen kombinieren!
WEITERE SORTEN: *Rhododendron*-Knapp-Hill-Hybride 'Fireball', Blüte leuchtend rot,
> Seite 92

Alpenrose
Rhododendron-Hybride 'Praecox'

Höhe/Breite: 150–180 cm/bis 150 cm
Blütezeit: März – April
> Blumenbeete S. 93

WUCHSFORM: halbimmergrünes Gehölz, buschig aufrecht
BODEN: sandig-lehmig, kiesig, mäßig trocken bis feucht, schwach sauer bis schwach alkalisch, nährstoffarm
VERWENDUNG: ideal für kleine Gärten; im Japan- und absonnigen Vorgarten; Solitärgehölz zu Stauden und Blumenzwiebeln; an geschützten Gartenplätzen; vor Wänden und Mauern
WERT: Frühblüher; zierlich und langsam wachsend; in milden Wintern immergrün; kalkverträglicher als andere Rhododendren
GUTE PARTNER: Japanische Azalee, Lorbeerkrüglein 'Scarletta', Narzissen, Primeln (*Primula vulgaris*), Schneeheide
MEIN TIPP: Wählen Sie einen gut einsehbaren Standort. Da konkurrenzschwach, am besten einzeln stellen. Vor Spätfrost (frühe Blüte!) und Wind schützen. Boden mit Laubhäcksel oder Rinde abdecken.

 Sonne   Halbschatten ● Schatten  Duft  Schnittblume  Blütenschmuck

Schw. Johannisbeere
Ribes nigrum 'Titania'

Höhe/Breite: 120 cm/100 cm
Reifezeit: Anfang bis Mitte Juli
› Gartengrenzen S. 115

WUCHSFORM: straffaufrechter, mehrtriebiger Strauch, auch auf Stamm veredelt
BODEN: locker, durchlässig, sandig- oder lehmig-humos, mäßig trocken bis frisch
VERWENDUNG: Obstgehölz
WERT: eine der wenigen Obstsorten, die auch im Halbschatten gut gedeihen; robuste, gesunde Sorte mit relativ großen, verrieselungsfesten Beeren; die Früchte enthalten viel Vitamin C und andere Gesundheits fördernde Stoffe und ergeben hocharomatische Säfte, Liköre und Gelees
GUTE PARTNER: andere Beerensträucher, z. B. *Ribes nigrum* 'Bona'
MEIN TIPP: Auch gut in der Sonne. Regelmäßig nach der Ernte ältere Triebe am Boden entfernen. Stämmchen an Pflock fixieren und Krone regelmäßig auslichten. Mit Grasschnitt oder Laubhäcksel dünn mulchen. Durch den intensiven Duft von der Roten Johannisbeere leicht zu unterscheiden.

Brombeere
Rubus fruticosa 'Navaho'

Höhe/Breite: 2–3 m/100–150 cm
Erntezeit: Juli – Oktober
› Gartengrenzen S. 115

WUCHSFORM: Klettergehölz mit aufrechten Trieben, braucht Kletterhilfe
BODEN: anspruchslos, gerne sandig- oder lehmig-humos, nährstoffreich, frisch bis feucht
VERWENDUNG: schattenverträgliches Obstgehölz; auch als Sichtschutz an Terrasse und Sitzplatz
WERT: erste stachellose Brombeersorte mit gutem Aroma; Platz sparender Anbau durch aufrechten Wuchs; sehr frühe und lange Erntezeit; frosthärter als andere Sorten
GUTE PARTNER: am besten solo
MEIN TIPP: An zu schattigem Standort wenig Blüte und Frucht; sehr gut in der Sonne. Im Frühjahr pflanzen. Ruten fächerförmig am Spalier fixieren. Mit Rinde oder Laubhäcksel dünn mulchen. Abgeerntete zweijährige Ruten im März auf 10 cm über dem Boden zurückschneiden, die Seitentriebe an einjährigen Ruten auf Stummel einkürzen.

Holunder
Sambucus nigra

Höhe/Breite: 5–7 m/3–4 m
Blütezeit: Juni
› Solitärgehölze S. 35

WUCHSFORM: großer Strauch oder kleiner Baum, breite, runde Gestalt
BODEN: anspruchslos, gerne aber tiefgründig, nährstoffreich, mäßig trocken bis frisch, schwach sauer bis alkalisch
VERWENDUNG: für größere Gärten; im Naturgarten; Schattenspender am Kompost
WERT: heimisches Wildgehölz; schnellwüchsig; aus Blüten und Früchten lassen sich hocharomatische, vitaminreiche Säfte und Gelees bereiten; der Fruchtsaft wirkt heilsam bei Grippe und Erkältung; Vogelschutz- und Nährgehölz, Trachtpflanze für viele Insekten
GUTE PARTNER: Immergrün, Kolkwitzie, Kriechspindel, Ranunkelstrauch, Winter-Heckenkirsche, hohe Zierquitten
MEIN TIPP: Lässt sich durch regelmäßigen Rückschnitt der mehrjährigen Triebe klein halten. Fruchtet am einjährigen Holz.
WEITERE SORTEN: 'Haschberg', besonders großfruchtig

 Blattschmuck    Fruchtschmuck   Herbstfärbung    immergrün    giftig   Bienenweide

Herbststeinbrech
Saxifraga cortusifolia var. *fortunei*

Höhe/Breite: 30 cm/30–40 cm
Blütezeit: September – Oktober
› Vorgärten S. 48, Blumenbeete S. 98

WUCHSFORM: niedrige, horstige Staude
BODEN: durchlässig, humos, sauer bis neutral, frisch bis feucht, mäßig nährstoffreich
VERWENDUNG: einzeln oder in kleinen Tuffs vor und zwischen Gehölzen; im Japangarten und absonnigen Steingarten; an Teich und Bachlauf
WERT: im Herbst läuft dieser Steinbrech zu großer Form auf und liefert mit den zarten weißen Blüten und dem gelborange gefärbten Laub stimmungsvolle Bilder in halbschattigen Gartenecken
GUTE PARTNER: Azaleen, Blumenhartriegel, Hängebirke, Ilex, Lilientraube (*Liriope muscari*), Pfeifengras, Prachtspiere, Rhododendren, Schaumblüte, Sternmagnolie, Wachsglocke
MEIN TIPP: Wählen Sie einen geschützten Standort (frühe Fröste!). Bei nachlassender Blüte teilen. Falllaub der Gehölze liegenlassen. Ansonsten absolut pflegeleicht!

Blaustern
Scilla siberica

Höhe/Breite: 10 cm/ bildet Teppiche
Blütezeit: März – April
› Vorgärten S. 53

WUCHSFORM: eintriebige Zwiebelpflanze
BODEN: absolut anspruchslos, versagt nur in verdichteten tonigen Böden
VERWENDUNG: in größeren Gruppen in Beeten; vor und unter Gehölzen
WERT: strahlendblauer Frühlingsbote; genügsam und anspruchslos, gedeiht »wie von selbst«; am schönsten in Massen
GUTE PARTNER: Frühjahrs blühende Gehölze wie Forsythien, Scheinhasel, Zierkirschen; Frühlingsblumen wie Buschwindröschen (*Anemone nemorosa*), Gedenkemein, Kissenprimel (*Primula vulgaris*), Lenzrosen, frühe Narzissen und Tulpen, Waldsteinie
MEIN TIPP: Die beste Pflanzzeit ist im September oder Oktober. Zwiebeln sofort nach Erhalt ca. 10 cm tief pflanzen. Absolut pflegeleicht – sie verwildern an zusagendem Standort, ohne je zu stören. Austreibende Stauden kaschieren das vergilbende Laub.

Funkenblatt
Stranvesia davidiana

Höhe/Breite: 2–3 m/2–2,5 m
immergrün
› Sitzplätze S. 75

WUCHSFORM: breit ausladendes Gehölz
BODEN: anspruchslos, gerne aber sandig-lehmig bis lehmig, sandig-humos, mäßig nährstoffreich, schwach sauer bis alkalisch, mäßig trocken bis frisch, verträgt vorübergehend auch Bodentrockenheit
VERWENDUNG: Solitär vor Mauern und Wänden; zu niedrigeren Stauden und Gehölzen; zur Unterpflanzung hoher Bäume
WERT: weiße Blütendolden im Juni, rote, sehr langhaftende Früchte; ältere Blätter färben sich feuerrot, die Färbung hält bis zum Frühjahr an (besonders schön im Schnee); gerne lichtschattig, aber auch sehr gut schattenverträglich; langsamwüchsig
GUTE PARTNER: Bergenien, Christrosen, Immergrün, Lenzrosen, Mahonie, Schaumblüte, Waldsteinie
MEIN TIPP: Im Jugendstadium etwas frostempfindlich, am besten geschützt pflanzen.

 Sonne  Halbschatten  Schatten   Duft  Schnittblume  Blütenschmuck

Eibe
Taxus baccata

Höhe/Breite: variabel nach Schnitthöhe
immergrün
> Gartengrenzen S. 108

WUCHSFORM: ungeschnitten kleiner Baum
BODEN: anspruchslos, am liebsten aber lehmig, mäßig trocken bis feucht, nährstoffreich, kalkhaltig
VERWENDUNG: Hintergrund für Stauden und Ziersträucher; vor hellen Wänden; geschnitten als Hecke
WERT: verträgt Sonne, Hitze und Trockenheit, Schatten und Wurzeldruck; langlebig und schnittverträglich
GUTE PARTNER: Blattschmuckstauden, Gräser, Laubbäume, Rosen, Prachtstauden, Sommerblumen, Ziersträucher, Zwiebelblumen
MEIN TIPP: Bis zum Erreichen der gewünschten Endhöhe zweimal, dann nur noch einmal jährlich schneiden.
WEITERE SORTEN: Gelbe Säuleneibe ('Fastigiata Aureomarginata'), Säulenform, grüngelbe Nadeln, > Seite 59; Japanische Zwergeibe (*Taxus cuspidata* 'Nana'), Höhe 1–2 m, malerischer Wuchs, > Seite 53

Wiesenraute
Thalictrum delavayi

Höhe/Breite: 150 cm/bis 100 cm
Blütezeit: Juli – September
> Blumenbeete S. 93

WUCHSFORM: horstige Stauden mit aufrechten Stielen, locker verzweigt
BODEN: lehmig-sandig, lehmig-humos, frisch bis feucht, nährstoffreich
VERWENDUNG: im lichten Schatten der Gehölze; vor Mauern und Wänden; im Naturgarten; an Teichen und Bachläufen
WERT: alles an dieser Staude ist zart: die lindgrünen Blättchen, die dunklen Stiele mit den großen Rispenblüten; wirkt wie ein Schleier vor dunklem Hintergrund und über großblättrigen Partnern
GUTE PARTNER: Bergenien, Buchs, Christrosen, Eibe, Fächerahorn, Farne, Funkien, Ilex, Japanisches Waldgras, Kirschlorbeer, Lenzrosen, Schau- und Tafelblatt
MEIN TIPP: Kippt in schattigeren Partien gerne um, dann stützen. Fallaub der Gehölze nicht entfernen. Rückschnitt bereits im Herbst, da keine Winterwirkung.

Kissen-Hemlock
Tsuga canadensis 'Nana'

Höhe/Breite: 80–100 cm/100– 200 cm
immergrün
> Vorgarten S. 54, Gartengrenzen S. 123

WUCHSFORM: rundliches Nadelgehölz
BODEN: durchlässig, locker, sandig-humos, lehmig-humos, frisch bis feucht, mäßig nährstoffreich, nicht kalkhaltig
VERWENDUNG: Solitär zu niedrigen Schattenpflanzen; an Quellen, Bachlauf und Teich; zu großen Steinen; vor und auf Mauern und Wänden; in großen Trögen
WERT: davon haben wir wenig: eine kleine, langsam wachsende Konifere für den Schatten mit feinen, frischgrünen weichen Nadeln, an den Triebspitzen anmutig überhängend
GUTE PARTNER: kleine Azaleen und Rhododendren, niedriger Berg-Ilex, Eibe, Farne, Funkien, Haselwurz, Kirschlorbeer, Lorbeerkrüglein 'Scarletta', Pfeifengras, Schaublatt, Schaumblüte
MEIN TIPP: Verträgt bei ausreichender Bodenfeuchte auch Sonne, auf keinen Fall aber Hitze und austrocknenden Wind.

 Blattschmuck Fruchtschmuck  Herbstfärbung 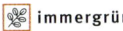 immergrün giftig  Bienenweide

Heidelbeere
Vaccinium corymbosum 'Blue Crop'

Höhe/Breite: 100–120 cm/100 cm
Erntezeit: Juli – August
› Blumenbeete S. 95

WUCHSFORM: niedriges Gehölz, aufrecht und buschig
BODEN: durchlässig, sandig-humos, frisch bis feucht, sauer, nährstoffarm
VERWENDUNG: Obstgehölz; unter lichtkronigen Bäumen; in größeren Trögen
WERT: so schmackhaft wie zierend: prima Naschobst für Kinder mit süßen großen, dunkelblauen Früchten; recht hübsche Blüten und eine knallrote Herbstfärbung
GUTE PARTNER: Azaleen und Rhododendren, Lorbeerkrüglein 'Scarletta', Pfeifengras, Scheinbeere, Teppichhartriegel
MEIN TIPP: Vor Hitze schützen und gleichmäßig feucht halten. Mit Rinde mulchen. Nicht düngen. Regelmäßig ältere Triebe am Boden entfernen, mit Schwefelblüte absauern (› Seite 13). In Trögen mit Sand gemischte Lauberde oder alternativ Sand/Rhododendronerde verwenden. Selbstfruchtbar, eine zweite Sorte erhöht jedoch den Ertrag!

Winterschneeball
Viburnum bodnantense 'Dawn'

Höhe/Breite: 2–3 m/1,5 m
Blütezeit: November – April
› Vorgärten S. 43, 51

WUCHSFORM: trichterförmiger Strauch
BODEN: durchlässig, locker, sandig-lehmig bis lehmig, humos, nährstoffreich, frisch bis feucht
VERWENDUNG: Solitärgehölz zu niedrigen immergrünen Gehölzen; mit anderen Gehölzen in gemischten Hecken; vor Mauern und (Holz-)Wänden; passt durch den aufrechten schmalen Wuchs gut in kleine Gartenräume
WERT: erfreut den ganzen Winter durch mit duftenden porzellanrosa Blüten; das attraktive Laub färbt sich im Herbst violettrot
GUTE PARTNER: winterharte Alpenveilchen, Christrosen, Immergrün, Japansegge, Lenzrose, flacher Kirschlorbeer, frühe Narzissen, Pfeifengras, Schneeglöckchen
MEIN TIPP: Den Standort am besten so wählen, dass die Blüte im Winter bewundert werden kann: vom Fenster aus oder im Vorbeigehen im Vorgarten. Möglichst nicht schneiden. Keine Pflegemaßnahmen nötig.

Prager Schneeball
Viburnum × 'Pragense'

Höhe/Breite: 2,5–3 m/2 m
Blütezeit: Mai – Juni
› Blumenbeete S. 89, Gartengrenzen S. 112

WUCHSFORM: breitbuschiges Gehölz
BODEN: durchlässig, sandig-lehmig, sandig-humos, mäßig nährstoffreich, mäßig trocken bis frisch, verträgt auch längere Trockenheit, schwach sauer bis schwach alkalisch
VERWENDUNG: Solitär im Beet; zur Unterpflanzung von Bäumen; vor hellen Wänden und Mauern
WERT: passt sich überall an; sieht übers ganze Jahr attraktiv aus; trotzt Wurzeldruck, Schatten, Hitze und Trockenheit; langsam wachsend; diesen bescheidenen Schneeball kann ich gar nicht genug loben!
GUTE PARTNER: Brandkraut (*Phlomis samia*), Felsenbirne, Funkenblatt, Immergrün, Kirschlorbeer, Kolkwitzie, Kornelkirsche, Storchschnabel, Winterheckenkirsche, Zierapfel
MEIN TIPP: Der Prager Schneeball lässt sich sehr gut schneiden.

 Sonne  Halbschatten  Schatten Duft  Schnittblume  Blütenschmuck

Porträts

Pfauenradfarn
Adiantum pedatum

Höhe/Breite: 40 cm/40 cm
Blattschmuckpflanze
› Vorgärten S. 59, Sitzplätze S. 77

WUCHSFORM: breitbuschige Staude, gefiederte Wedel, fächerförmig ausgebreitet
BODEN: durchlässig, humos, sauer, frisch bis feucht
VERWENDUNG: Solitärfarn zu niedrigen Stauden; Begleiter immergrüner Gehölze; im Vorgarten und am Sitzplatz; an Teich und Bachlauf; zwischen großen Steinen
WERT: wunderschöne Blattschmuckstaude, unverzichtbar im Schatten; wirkt duftig, frisch und grazil, dabei zäh und langlebig
GUTE PARTNER: Azaleen, Fächerahorn, Funkien, Haselwurz, Rhododendron, Waldsteine
MEIN TIPP: Der Pfauenradfarn mag gerne luftfeuchte, kühle Gartenplätze. Der Austrieb ist oftmals Spätfrost gefährdet, daher geschützt pflanzen. Falllaub der Bäume nicht entfernen.

Kriechender Günsel
Ajuga reptans 'Burgundy Glow'

Höhe/Breite: 20 cm/bildet breite Teppiche
Blütezeit: April – Mai
› Gartengrenzen S. 123

WUCHSFORM: Boden deckende Staude, breitet sich langsam aus
BODEN: lehmig-sandig, humos, frisch bis feucht, nährstoffreich
VERWENDUNG: Bodendecker am Gehölzrand; unter Bäumen, an Teichen und Wasserläufen; vorübergehend auch im Kübel als Hängepflanze
WERT: besonders wirkungsvolles mehrfarbiges Laub (silbrig und bronzefarben); wintergrün; leuchtet im Schatten; breitet sich aus, ohne zu wuchern; bedeckt den Boden zuverlässig; absolut pflegeleicht
GUTE PARTNER: Sträucher und Bäume; robuste Schattenstauden (Elfenblumen, Funkien, Japansegge, Schaumblüte); Immergrüne (Eiben, Kirschlorbeer, Rhododendren); rotlaubiger Günsel ('Atropurpureum')
MEIN TIPP: Guter Rasenersatz im Schatten unter Bäumen! Wichtig ist ausreichende Feuchtigkeit.

Balkananemone
Anemone blanda 'Blue Shades'

Höhe/Breite: 15 cm/Teppich bildend
Blütezeit: März – April
› Vorgärten S. 58, Blumenbeete S. 95, 100

WUCHSFORM: Knollenpflanze
BODEN: durchlässig, locker, sandig-humusreich, im Frühjahr feucht, im Sommer auch trocken
VERWENDUNG: absonniger Steingarten; frühlingshelle Plätze unter Laubgehölzen
WERT: verwildert an zusagendem Standort, ohne jemals zu stören; zieht nach der Blüte ein; absolut pflegeleicht
GUTE PARTNER: Funkien, Lerchensporn, Märzenbecher, Prachtspiere, Scheinhasel, Schneeglöckchen, Silberkerze, Tränendes Herz, Waldsteine, Zaubernuss
MEIN TIPP: Lassen Sie die Knollen vor dem Pflanzen einige Stunden in Wasser quellen. In Trupps pflanzen, ca. 5 cm tief. Die Knollen lassen kein »Oben« und »Unten« erkennen, darum pflanzen, »wie es kommt«. Falllaub der Gehölze nicht entfernen, nicht hacken und welkendes Laub nicht abschneiden – also: einfach in Ruhe lassen!

 Blattschmuck    Fruchtschmuck   Herbstfärbung   immergrün    giftig   Bienenweide

Haselwurz

Asarum europaeum

Höhe/Breite: 10 cm/Teppich bildend
Blattschmuckpflanze
› Blumenbeete S. 101

WUCHSFORM: Boden deckende Staude
BODEN: lehmig-sandig, humose Oberschicht, locker, frisch, kalkhaltig
VERWENDUNG: Gehölzunterpflanzung; am Sitzplatz; im Vorgarten; für formale Anlagen
WERT: robuste heimische Waldstaude mit schön geformtem, immergrünem Laub; ruhige, attraktive Bodendecke auch im tiefsten Schatten; breitet sich sicher aus, ohne jemals lästig zu fallen; hält Unkraut fern
GUTE PARTNER: unter Bäumen, Sträuchern und Bambus; zu Buchs, Kirschlorbeer und Schmuckmahonie; robuste Schattenstauden wie Bronzeschaublatt, Funkien, Hirschzungenfarn, Japansegge, Waldgeißbart
MEIN TIPP: Die Haselwurz wächst besonders in den ersten Jahren sehr langsam. Lockerer Boden fördert das Wachstum, daher Lehmböden mit Kies und Sand mischen und mulchen. Keinen Torf und nicht zuviel Humus verwenden.

Frauenfarn

Athyrium filix-femina

Höhe/Breite: 60–100 cm/80 cm
Blattschmuckpflanze
› Blumenbeete S. 101

WUCHSFORM: horstige Staude, mit der Zeit immer breiter, lange aufrechte Wedel
BODEN: frisch bis feucht, sauer, locker, lehmig-humos
VERWENDUNG: freistehender Solitär in Verbindung mit großen Steinen, Felsblöcken, Mauern und Moosen; an Gewässern
WERT: verzaubert schattige Gartenecken; bei allem Feuchtigkeitsbedürfnis gesund und robust
GUTE PARTNER: Schatten spendende Bäume; Azaleen, Balkananemone, Berg-Ilex, Funkien, Haselwurz, Hirschzungenfarn, Prachtspieren, Rhododendron
MEIN TIPP: Liebt es luftfeucht und kühl und benötigt ausreichend Platz um sich herum. Verrottendes Falllaub nicht entfernen! Auch die abgestorbenen Wedel an der Pflanze lassen. Austrieb Spätfrost gefährdet, in rauen Lagen abdecken. Gedeiht auch im tiefen Schatten, dann allerdings etwas spärlicher.

Polster-Glockenblume

Campanula poscharskyana 'Blauranke'

Höhe/Breite: 20 cm/50 cm
Blütezeit: Juni – September
› Sitzplätze S. 76, Gartengrenzen S. 123

WUCHSFORM: Polsterstaude, breitet sich durch kurze Ausläufer kräftig aus
BODEN: durchlässig, sandig-lehmig, kiesig-lehmig, kalkhaltig, mäßig trocken bis frisch
VERWENDUNG: im Steingarten; Bodendecker unter Bäumen; dauerhaft in Trögen
WERT: späte und lange Blütezeit; üppig und blühfreudig; auch im Schatten; gesund und langlebig; verträgt Sommertrockenheit sehr gut
GUTE PARTNER: Fächerahorn, Gelber Lerchensporn, Steinpilz-Thymian, Storchschnabel 'Biokovo'
MEIN TIPP: Nicht düngen, auch kein Torf, Rindenhumus oder gar Rindenmulch verwenden. Bei zu starker Ausbreitung kräftig zurückschneiden oder ausrupfen. Verdrängt schwachwüchsige Polsterstauden.
WEITERE SORTEN: *Campanula*-Hybride 'Birch', Blüte tief violettblau, kompakter und zahmer, halbschattig oder sonnig, › Seite 121

 Sonne  Halbschatten  Schatten Duft  Schnittblume  Blütenschmuck

Japansegge
Carex morrowii 'Variegata'

Höhe/Breite: 30–40 cm/40 cm
Blütezeit: März – April
› Vorgärten S. 54, 59, Sitzplätze S. 77

WUCHSFORM: zunächst rundliche, später breite Grasstaude
BODEN: absolut anspruchslos, gerne lehmig-sandig, aber auch sandig-humos, mäßig trocken bis frisch, aber auch sommertrocken
VERWENDUNG: einzeln oder in kleinen Gruppen in vielen halbschattigen Bereichen
WERT: frischgrünes Laub und eleganter Wuchs: das ist im Schatten gefragt
GUTE PARTNER: Blumenhartriegel, Buchs, Eiben, Fächerahorn, Kirschlorbeer, Rhododendron; winterharte Alpenveilchen, Bergenien, Christrosen, Elfenblumen, Funkien, Hundszahn, Märzenbecher, Schneeglöckchen, Storchschnabel und, und, und …
MEIN TIPP: Wirkt einzeln gestreut viel besser als in großer Stückzahl und Boden deckend. Jede einzelne Pflanze sollte in ihrer Eleganz zur Geltung kommen. Ansonsten: in Ruhe lassen!

Orangenblume
Choysia ternata

Höhe/Breite: 150 cm/120 cm
Blütezeit: Mai – Juni
› Sitzplätze S. 74

WUCHSFORM: buschiges Gehölz
BODEN: durchlässig, sandig-lehmig, sandig-humos
VERWENDUNG: Solitär zu Stauden; am Sitzplatz; vor Mauern; an vor Wind und Frost geschützten Gartenplätzen; bewährte Kübelpflanze
WERT: süß duftende Blütendolden (üppig in der Sonne), Nachblüte im Herbst; dekoratives, aromatisch duftendes Laub; mag Sonne und Schatten; exotisch, doch robust und viel frosthärter als bisher angenommen; äußerst schnittverträglich; verträgt Trockenheit
GUTE PARTNER: Schattenstauden, Kirschlorbeer; in der Sonne niedrige Rosen, Sonnenhut
MEIN TIPP: Wählen Sie den Standort so, dass Sie die Orangenblume auch im Winter sehen. Nach eventuellen Frostschäden gut zurückschneiden, das Gehölz treibt willig wieder aus.

Gelber Lerchensporn
Corydalis lutea

Höhe/Breite: 25–30 cm/20–30 cm
Blütezeit: Mai – September
› Sitzplätze S. 75, Gartengrenzen S. 122

WUCHSFORM: niedrige Staude, bildet lockere buschige, rundliche Polster
BODEN: durchlässig, locker, schottrig, humos, kalkhaltig, nährstoffarm, frisch bis feucht
VERWENDUNG: in Fugen zwischen Steinen; in schattigen Kiesbeeten; am Sitzplatz; in Kübeln und Trögen
WERT: charmanter Gartenvagabund, blüht den ganzen Sommer lang und bringt sonniges Gelb in schattige Steinanlagen; zierliches frischgrünes, farnartiges Laub; begrünt selbst schwierig zu bepflanzende Gartenecken im Schatten
GUTE PARTNER: Bergenien, Funkien, Polster-Glockenblume 'Blauranke', Trichterfarn (*Asplenium trichomanes*)
MEIN TIPP: Die Samen werden von Ameisen verschleppt. Sie keimen noch an den unwirtlichsten Stellen, werden aber nicht lästig.

 Blattschmuck  Fruchtschmuck  Herbstfärbung   immergrün  giftig ⚜ Bienenweide

Lerchensporn
Corydalis solida

Höhe/Breite: 20 cm/50 cm
Blütezeit: März – April
› Vorgärten S. 58

WUCHSFORM: Knollenpflanze, breitet sich schnell aus
BODEN: durchlässig, sandig-kiesig, humos, kalkhaltig, sommertrocken
VERWENDUNG: in Verbindung mit Gehölzen und Schattenstauden; zwischen großen Steinen, in naturhaften Gärten
WERT: anspruchsloser Frühlingsblüher; blühender Teppich unter Bäumen; frühe Bienenweide; attraktiv auch das zierlich gefiederte, frischgrüne Laub, verschwindet über Sommer unter den Blättern der benachbarten Stauden; besiedelt auch unwirtliche Plätze im Schatten
GUTE PARTNER: Ziersträucher und Bäume; Wildzwiebeln wie Schneeglöckchen, Winterling; Bergenien, Funkien, Herbstanemonen
MEIN TIPP: Diese Pflanzen nur in den Garten holen, wenn eine Ausbreitung erwünscht ist. Vergilbendes Laub nicht abschneiden.

Elfenblume
Epimedium grandiflorum 'Lilafee'

Höhe/Breite: 25 cm/30–40 cm
Blütezeit: April – Mai
› Vorgärten S. 58, Blumenbeete S. 100

WUCHSFORM: niedrige, buschige Staude
BODEN: durchlässig, humos, locker, frisch bis feucht
VERWENDUNG: einzeln oder in Gruppen; Bodendecker zwischen Gehölzen und Schattenstauden; zwischen großen Steinen; vor Mauern und Wänden
WERT: unentbehrlich im Schatten; langlebig und robust; bronzefarbener Austrieb, Herbstfärbung braunorange
GUTE PARTNER: Azaleen, Bergenien, Blumenhartriegel, Fächerahorn, Farne, Funkien, Hundszahn, Japansegge, Japanisches Waldgras, Kirschlorbeer, Kornelkirsche, Rhododendron, Schaumblüte, Schneeglöckchen
MEIN TIPP: Blätter im Spätwinter zurückschneiden, damit Blattaustrieb und Blüte gut zur Wirkung kommen.
WEITERE ARTEN: *Epimedium versicolor* 'Sulphureum', Blüte schwefelgelb, breitet sich stärker aus, › Seite 120

Winterling
Eranthis hyemalis

Höhe/Breite: 5 cm/Teppich bildend
Blütezeit: Februar
› Blumenbeete S. 91

WUCHSFORM: zur Blütezeit Boden deckende Knollenpflanze, zieht nach der Blüte ein
BODEN: absolut anspruchslos, bevorzugt humos, sandig-lehmig
VERWENDUNG: unter Laubgehölzen und zu Immergrünen; im Naturgarten; zur Belebung gemischter Hecken
WERT: erster Frühlingsblüher in winterlich kahlen Gärten; breitet sich gerne in schattigen Partien aus, wo sonst wenig wächst; verträgt keine Staunässe und zu schwere Böden
GUTE PARTNER: besonders winterharte Alpenveilchen, Christrosen, Elfenblume, Funkien, Haselnuss, Kaukasus-Vergissmeinnicht (*Brunnera macrophylla*), Schneeglöckchen, Waldsteinie
MEIN TIPP: Nur pflanzen, wenn Verwilderung erwünscht ist. Vor dem Pflanzen die Knollen einige Stunden ins Wasser legen. Pflanztiefe ca. 5 cm. Mit Stauden kombinieren, die das vergilbende Laub verdecken.

 Sonne    Halbschatten    Schatten   Duft    Schnittblume    Blütenschmuck

Märzenbecher

Leucojum vernum

Höhe/Breite: 15 cm/5cm
Blütezeit: März
› Vorgärten S. 55, Blumenbeete S. 97

WUCHSFORM: eintriebige Blumenzwiebel
BODEN: durchlässig, lehmig-sandig, humos, frisch bis feucht, nährstoffreich
VERWENDUNG: zur Verwilderung unter Laubbäumen; im Naturgarten; im absonnigen Steingarten
WERT: mit seinen großen rahmweißen Blüten einer der schönsten Frühlingsboten; bedarf bei passendem Standort keinerlei Pflege
GUTE PARTNER: Blausterne, Buchs, Elfenblume, Farne, Funkien, flacher Kirschlorbeer, Lungenkraut, Waldgeißbart, Winterlinge
MEIN TIPP: Zwiebeln im August/September in Gruppen ca. 10 cm tief stecken. Falllaub der Bäume liegen lassen. Im Frühjahr feucht halten. Vergilbendes Laub nicht abschneiden, in Ruhe lassen. Versamt sich an zusagendem Standort ähnlich wie Schneeglöckchen.

Hirschzungenfarn

Phyllitis scolopendrium 'Crispa'

Höhe/Breite: 30 cm/30–40 cm
Blattschmuckpflanze
› Sitzplätze S. 77, Gartengrenzen S. 123

WUCHSFORM: horstige, niedrige Staude, ungeteilte, am Rand gewellte Farnblätter
BODEN: durchlässig, locker, gut belüftet, sandig-lehmig, steinig-lehmig, sandig-humos, frisch bis feucht, auch kalkhaltig
VERWENDUNG: einzeln oder in kleinen Trupps im feucht-kühlen Schatten; zu Steinen, Moos und Wasser; zu Immergrünen und unter Laubbäumen; in Trögen
WERT: das helle Grün der Wedel bringt Frische in düstere Schattenpartien; auch im Winter grün; einer der wenigen Kalk vertragenden Farne; Wedel schön als Schnittgrün
GUTE PARTNER: Alpenveilchen, Azaleen, andere horstige Farne, Fleißige Lieschen, Haselwurz, Hundszahn, Ilex, Leberblümchen, winterharte Prachtspiere, Rhododendren, Schneeglöckchen
MEIN TIPP: Abgestorbene Wedel möglichst nicht entfernen, genauso das Falllaub der Bäume – ansonsten: in Ruhe lassen!

Lavendelheide

Pieris japonica 'Red Mill'

Höhe/Breite: 130–150 cm/120–150 cm
Blütezeit: März – April
› Vorgärten S. 47, 55

WUCHSFORM: buschiges, immergrünes Gehölz, leicht überhängend
BODEN: durchlässig, sandig-humos, kiesig-humos, frisch bis feucht, sauer bis neutral, mäßig nährstoffreich
VERWENDUNG: einzeln oder in kleinen Gruppen in Rabatten, im Rasen, am Wasser; zu Steinen; unter Gehölzen; im Kübel
WERT: ganzjährig schönes glänzendes Laub; die rahmweißen Blüten und der knallrote Blattaustrieb beleben dunkle Gartenecken
GUTE PARTNER: Azaleen, Fächerahorn, Farne, Fleißige Lieschen, Funkien, Kirschlorbeer, Prachtspiere, Preiselbeere (*Vaccinium vitis-idaea*), Rhododendron, Tafelblatt
MEIN TIPP: Der Austrieb ist spätfrostgefährdet, daher in rauen Lagen vor Frost und Wind geschützt pflanzen oder abdecken. Liebt Rindenmulch. Bei Trockenheit vor dem Winter wässern. Im tiefen Schatten ist der Austrieb nicht so stark gefärbt.

 Blattschmuck  Fruchtschmuck  Herbstfärbung   immergrün giftig 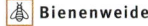 Bienenweide

Rhododendron

Rhod. 'Hachmanns Feuerschein'

Höhe/Breite: 2–2,5 m/bis 3 m
Blütezeit: Mai – Juni
› Vorgärten S. 57, Sitzplätze S. 75

WUCHSFORM: buschiges Gehölz
BODEN: sandig- oder kiesig-humos, frisch bis feucht, mäßig nährstoffreich, sauer bis neutral
VERWENDUNG: einzeln oder in Gruppen unter hohen Bäumen; Sichtschutz an Grenze und Sitzplatz; Solitär im Beet; im Vorgarten
WERT: herrliche Blüte; ruhige immergrüne Kulisse für Rasen und Schattenstauden
GUTE PARTNER: Farne, Funkien, Ilex, Japananemone, hohe Kiefern, Lavendelheide, Scheinbeere, Teppichhartriegel
MEIN TIPP: In kühlen, feuchten Klimaten auch gut in der Sonne. Mit Rinde oder Laubhäcksel dünn mulchen, gelegentlich im Frühjahr mit 20 g/m² Hornspäne düngen, evtl. mit Schwefelblüte absäuern. Wie bei allen Rhododendren Blattunterseiten morgens auf Rhododendron-Zikaden prüfen.
WEITERE SORTEN: 'Hachmanns Charmant', Blüte rosa, › Seite 99, 108

Bronzeschaublatt

Rodgersia podophylla 'Rotlaub'

Höhe/Breite: 130 cm/100 cm
Blütezeit: Juni – Juli
› Sitzplätze S. 74, Blumenbeete S. 97

WUCHSFORM: horstige Staude
BODEN: lehmig-sandig oder lehmig-humos, nährstoffreich, frisch bis feucht
VERWENDUNG: Solitärstaude zu Schattenstauden; Begleiter größerer Sträucher; Unterpflanzung von Bäumen; am Teichrand
WERT: sehr dekorative Staude: rötlicher Austrieb, wunderschön bronzefarbenes Laub, cremeweiße Blüten
GUTE PARTNER: Azaleen, Christrosen, Farne, Herbstanemone, Hohe Scheinhasel, Ilex, Japansegge, Lenzrosen, Lungenkraut, Narzissen, Prachtspiere, Rhododendron, Schaumblüte, Schneeglöckchen, Wachsglocke, Zaubernuss
MEIN TIPP: Bei ausreichender Luft- und Bodenfeuchtigkeit auch sonnig. Im Herbst bis zum Boden abschneiden. Falllaub der Bäume liegen lassen. Alle 3–4 Jahre entweder mit Hornspänen (20g/m²) oder Kompost (2 Liter/m²) düngen.

Schneebeere

Symphoricarpus doorenb. 'White Hedge'

Höhe/Breite: 120–150 cm/120 cm
Fruchtzeit: ab September
› Gartengrenzen S. 109

WUCHSFORM: kleiner Strauch, insgesamt rundlich breitbuschig
BODEN: ganz anspruchslos, gerne aber nährstoffreich, frisch bis feucht, schwach sauer bis alkalisch
VERWENDUNG: einzeln gestreut oder in kleinen Gruppen als Flächendecker unter Bäumen, zwischen und vor größeren Sträuchern
WERT: die großen, reinweißen Beeren fallen im Winter besonders auf; genügsam; robust; begrünt zuverlässig unwirtliche Gartenecken auch im Schatten: so einen Strauch kann man brauchen im Garten!
GUTE PARTNER: Heckenmyrthe, Immergrün, Kirschlorbeer, Liguster, Winterheckenkirsche
MEIN TIPP: Heckenschnitt nur einmal am Winterende, sonst kein Fruchtansatz.
WEITERE SORTEN: Amethystbeere ('Amethyst'), violette Beeren, › Seite 113

 Sonne 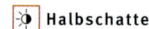 Halbschatten  Schatten  Duft  Schnittblume Blütenschmuck

Schaumblüte

Tiarella cordifolia ssp. *collina*

Höhe/Breite: 30 cm/40–50 cm
Blütezeit: Mai – Juni
› Vorgärten S. 55, Sitzplätze S. 69

WUCHSFORM: Kissen bildende Staude
BODEN: durchlässig, locker, sandig-lehmig bis lehmig, humos, frisch bis feucht, nicht kalkhaltig
VERWENDUNG: vielseitig verwendbarer Bodendecker; vor und unter Gehölzen und Schattenstauden; zu Rhododendren
WERT: hübsch und zierlich, mit duftigen cremeweißen Blütenkerzen und schön geformtem frischgrünem Laub; blüht über lange Zeit; robust und pflegeleicht
GUTE PARTNER: Azaleen und Rhododendren, Blumenhartriegel, Bronzeschaublatt, Fächerahorn, Hirschzungenfarn, rotlaubige Purpurglöckchen, Strauchpfingstrose 'High Noon', Taglilie
MEIN TIPP: Mit Laubhäcksel oder Rinde mulchen. Lässt sich leicht durch Teilung vermehren (nach der Blüte oder Ende September). Die Pflanze ist meist unter dem Namen *Tiarella wherryi* im Handel.

Immergrün

Vinca minor 'Gertrud Jeckyll'

Höhe/Breite: 10 cm/ bildet Teppiche
Blütezeit: Mai – Juli
› Vorgärten S. 56

WUCHSFORM: Halbstrauch, breitet sich mit Ausläufern flächig aus
BODEN: anspruchslos, gerne aber locker, humos, sandig-lehmig, frisch bis feucht
VERWENDUNG: zur Unterpflanzung von Laub- und Nadelgehölzen
WERT: zuverlässiger Bodendecker im Halbschatten; verträglicher als andere Sorten; langlebig und robust; macht keine Arbeit, im Gegenteil: schluckt das Falllaub der Bäume und lässt es unauffällig verschwinden
GUTE PARTNER: Bronzeschaublatt, Eibe, Elfenblume, Kirschlorbeer, Kornelkirsche, Lenzrose, Rhododendron, Waldgeißbart, Winterheckenkirsche, Zaubernuss
MEIN TIPP: Vorsicht: Das ausbreitungsfreudige Immergrün verdrängt langsam, aber sicher schwächere Beetpartner. In jungen Jahren etwas frostempfindlich.
WEITERE SORTEN: 'Marie', etwas flacher, große violettblaue Blüten, › Seite 59, 100

Waldsteinie

Waldsteinia geoides

Höhe/Breite: 25 cm/40–50 cm
Blütezeit: April – Mai
› Vorgärten S. 49, 57, Blumenbeete S. 99

WUCHSFORM: horstige Staude, bildet breite Polster
BODEN: anspruchslos, gerne aber locker, lehmig-sandig, humos, mäßig nährstoffreich, frisch bis feucht
VERWENDUNG: Bodendecker vor und unter Bäumen und Sträuchern; zu anderen Schattenstauden; im absonnigen Steingarten
WERT: wüchsiger, aber verträglicher Bodendecker für den Schatten; gut zu kombinieren; reichblütig; robust und langlebig
GUTE PARTNER: Azalee, Bergenie, Elfenblume, Funkie, Gedenkemein, Herbstanemone, Hortensie, Kaukasus-Vergissmeinnicht (*Brunnera macrophylla*), Flacher Kirschlorbeer, Lenzrose, Schaublatt, Schaumblüte
MEIN TIPP: Verwelkt in leichten Böden bei anhaltender Trockenheit im Sommer, treibt aber nach ersten Regenfällen wieder aus. Lässt sich gut teilen (nach der Blüte oder ab September).

 Blattschmuck Fruchtschmuck Herbstfärbung immergrün giftig  Bienenweide

Pflanzen für extreme Standorte

In jedem Garten gibt es besonders schwierige Ecken, an denen anscheinend nichts so recht wachsen und blühen will. Alles, was man neu gepflanzt hat, wird entweder unschön und sparrig oder geht nach kurzer Zeit wieder ein. Das muss nicht so sein. Es gibt jedoch für jeden noch so unwirtlichen Standort Spezialisten unter den Pflanzen, die gerade dort gerne wachsen – Sie müssen nur wissen, welche! Für vier besonders typische Problemstandorte im Garten finden Sie hier geeignete Stauden und Gehölze.

Vollsonnige Rabatte unter dem Dachvorsprung

Name	Blütezeit	Blütenfarbe	Porträt
Blauschwingel	Mai – Juni	●	› S. 137
Schwertlilie (*Iris barbata-nana* 'Matinata')	Mai – Juni	●	
Steinpilz-Thymian	Juni – Juli	●	› S. 156
Palmlilie (*Yucca filamentosa*)	Juli – Sept.	●	
Säckelblume 'Gloire de Versailles'	Juli – Okt.	●	› S. 132
Pflaumenfetthenne 'Robustum'	Sept. – Okt.	●	› S. 152

Beet im trockenen Schatten unter Bäumen

Name	Blütezeit	Blütenfarbe	Porträt
Alpenveilchen	Jan. – März	●	› S. 165
Lenzrose	Febr. – April	●	› S. 170
Bergenie 'Rotblum'	April – Mai	●	› S. 162
Blut-Storchschnabel 'Max Frei'	Mai – Sept.	●	› S. 139
Bärenfellschwingel 'Pic Carlit'	Juni – Juli	●	› S. 167
Buchsbaum			› S. 162

Lehmig feuchte Ecken im tiefen Schatten

Name	Blütezeit	Blütenfarbe	Porträt
Funkie 'Royal Standard'	April – Mai	●	› S. 172
Waldsteinie	April – Mai	●	› S. 191
Kirschlorbeer 'Etna'	Mai	●	› S. 178
Bronzeschaublatt 'Rotlaub'	Juni – Juli	●	› S. 190
Waldgeißbart	Juni – Juli	●	› S. 161
Haselwurz			› S. 186

Nasse, saure, moorige Gartenecken

Name	Blütezeit	Blütenfarbe	Porträt
Zwergbirke (*Betula nana*)	April	●	
Lorbeerkrüglein 'Scarletta'	Mai – Juni	●	› S. 175
Rote Apfelbeere (*Aronia arbutifolia*)	Mai – Juni	●	
Trollblume (*Trollius europaeus*)	Mai – Juni	●	
Pfeifengras 'Edith Dudzus'	Aug. – Okt.	●	› S. 143
Heidelbeere			› S. 184

WEISSE BLÜTEN

Blütezeit	Pflanzenname	Porträt
Dez. – März	Christrose	› S. 170
Feb. – März	Winter-Heckenkirsche	› S. 177
März	Märzenbecher	› S. 189
März – April	Lavendelheide	› S. 189
April	Engadinweide	› S. 152
April	Hängende Silberbirne	› S. 149
April	Kugel-Steppenkirsche	› S. 148
April – Mai	Apfel	› S. 143
April – Mai	Felsenbirne	› S. 127
April – Mai	Frühlingsspiere	› S. 154
April – Mai	Duftschneeball	› S. 157
April – Mai	Schleifenblume	› S. 140
April – Mai	Tulpe	› S. 157
April – Mai	Waldanemone	› S. 161
April – Mai	Zierapfel	› S. 143
April – Mai	Zierquitte 'Nivalis'	› S. 132
Mai	Apfelbeere	› S. 128
Mai	Blumenesche	› S. 137
Mai	Federbuschstrauch	› S. 167
Mai	Kirschlorbeer	› S. 178
Mai – Juni	Blumenhartriegel	› S. 164
Mai – Juni	Japanische Strauchspiere	› S. 154
Mai – Juni	Lorbeerkrüglein	› S. 175
Mai – Juni	Orangenblume	› S. 187
Mai – Juni	Schaumblüte	› S. 191
Mai – Juni	PragerSchneeball	› S. 184
Mai – Juli	Immergrün 'Gertrud Jeckyll'	› S. 191
Mai – Sept.	Fingerstrauch 'Abbottswood'	› S. 148
Mai – Sept.	Blut-Storchschnabel	› S. 139
Mai – Okt.	Duftsteinrich	› S. 142
Mai – Okt.	Fleißiges Lieschen	› S. 174

Blütezeit	Pflanzenname	Porträt
Mai – Okt.	Wolfsmilch	› S. 136
Juni	Holunder	› S. 181
Juni	Zierlauch 'Mount Evereste'	› S. 127
Juni – Juli	Bronzeschaublatt	› S. 190
Juni – Juli	Dreiblattspiere	› S. 169
Juni – Juli	Kletterhortensie	› S. 172
Juni – Juli	Liguster	› S. 176
Juni – Juli	Storchschnabel 'Biokovo'	› S. 139
Juni – Juli	Waldgeißbart	› S. 161
Juni – Juli	Zwergliguster	› S. 176
Juni – Aug.	Duftnessel 'Alabaster'	› S. 126
Juni – Aug.	Teppichhartriegel	› S. 164
Juni – Nov.	Beetrose 'Lions Rose'	› S. 150
Juli – Aug.	Eichenblättrige Hortensie	› S. 173
Juli – Aug.	Scheinbeere	› S. 138
Juli – Sept.	Rispenhortensie	› S. 172
Juli – Sept.	Sonnenhut 'Alba'	› S. 151
Juli – Okt.	Prachtkerze	› S. 138
Aug. – Sept.	Funkie 'Royal Standard'	› S. 172
Aug. – Sept.	Funkie 'Snowflakes'	› S. 172
Aug. – Sept.	Schnittknoblauch	› S. 127
Aug. – Sept.	Waldaster	› S. 161
Sept. – Okt.	Herbststeinbrech	› S. 182
Sept. – Okt.	Kissenaster 'Schneekissen'	› S. 128

GELBE BLÜTEN

Blütezeit	Pflanzenname	Porträt
Dez. – Feb.	Zaubernuss	› S. 170
Februar	Winterling	› S. 188
Feb. – März	Kornelkirsche	› S. 133
Feb. – März	Wildkrokus	› S. 133

Blütezeit	Pflanzenname	Porträt
Feb. – April	Schmuckmahonie	› S. 177
März – April	Forsythie	› S. 137
April	Hundszahn	› S. 165
April	Zwergforsythie	› S. 137
April	Zwergnarzisse	› S. 144
April – Mai	Elfenbeinginster	› S. 134
April – Mai	Elfenblume	› S. 188
April – Mai	Gämswurz	› S. 135
April – Mai	Hohe Scheinhasel	› S. 164
April – Mai	Kaiserkrone	› S. 168
April – Mai	Mahonie	› S. 177
April – Mai	Niedrige Mahonie	› S. 177
April – Mai	Ranunkelstrauch	› S. 174
April – Mai	Waldsteinie	› S. 191
Mai	Baumpfingstrose	› S. 144
Mai	Hohe Azalee	› S. 180
Mai – Juni	Goldwolfsmilch	› S. 136
Mai – juni	Goldregen	› S. 175
Mai – Juni	Steinginster	› S. 138
Mai – Juni	Walzenwolfsmilch	› S. 136
Mai – Juli	Sonnenröschen	› S. 140
Mai – Sept.	Gelber Lerchensporn	› S. 187
Juni – Juli	Kahler Frauenmantel	› S. 160
Juni – Juli	Niedrige Schafgarbe	› S. 126
Juni – Aug.	Mädchenauge	› S. 132
Juni – Aug.	Taglilie 'Corky'	› S. 171
Juni – Aug.	Zitronengelbe Taglilie	› S. 171
Juni – Aug.	Zwergfrauenmantel	› S. 160
Juni – Sept.	Mannsblut	› S. 173
Juni – Okt.	Einjähriger Sonnenhut	› S. 151
Juni – Okt.	Fingerstrauch	› S. 148
Juni – Okt.	Johanniskraut	› S. 173
Juli – Aug.	Japanisches Waldgras	› S. 169

Blütezeit	Pflanzenname	Porträt
Juli – Aug.	Königslilie	› S. 176
Juli – Sept.	Hohe Schafgarbe	› S. 126
Juli – Okt.	Sonnenhut	› S. 151
August	Blasenbaum	› S. 141
Aug. – Sept.	Sonnenbraut	› S. 139
Aug. – Sept.	Wachsglocke	› S. 175

ROTE BLÜTEN

Blütezeit	Pflanzenname	Porträt
Feb. – April	Rote Lenzrose	› S. 170
Feb. – April	Schneeheide	› S. 135
März – April	Lungenkraut 'Red Star'	› S. 179
März – April	Montbretie	› S. 133
April – Mai	Polsterphlox	› S. 146
April – Mai	Tulpe	› S. 157
April – Mai	Zierquitte	› S. 132
April – Mai	Zierquitte 'Crimson and Gold'	› S. 132
Mai	Japanische Azalee	› S. 179
Mai	Rhododendron 'Fantastica'	› S. 180
Mai	Rhododendron 'Hachmanns Feuerschein'	› S. 190
Mai – Juni	Blumenhartriegel	› S. 164
Mai – Juni	Rhododendron 'Fireball'	› S. 180
Mai – Sept.	Blut-Storchschnabel	› S. 139
Mai – Okt.	Fuchsie	› S. 168
Juni	Pfingstrose	› S. 145
Juni	Weigelie	› S. 158
Juni – Juli	Kletterrose 'Santana'	› S. 151
Juni – Juli	Purpurglöckchen	› S. 171
Juni – Sept.	Tellerhortensie	› S. 173
Juni – Okt.	Rose 'Heidefeuer'	› S. 150
Juni – Okt.	Rose 'Red Leonardo da Vinci'	› S. 150

Blütezeit	Pflanzenname	Porträt
Juni – Okt.	Winterharte Fuchsie	› S. 168
Juli	Phlox 'Rotkäppchen'	› S. 146
Juli – Aug.	Kugellauch	› S. 127
Juli – Aug.	Prachtspiere	› S. 162
Juli – Sept.	Eibisch 'Woodbridge'	› S. 140
Juli – Sept.	Rote Sommerspiere	› S. 153
Sept. – Okt.	Hohe Fetthenne	› S. 153
Sept. – Okt.	Pflaumenfetthenne	› S. 152

ROSA/VIOLETTE BLÜTEN

Blütezeit	Pflanzenname	Porträt
Jan. – März	Alpenveilchen	› S. 165
Feb. – April	Lenzrose	› S. 170
März – April	Lerchensporn	› S. 188
März – April	Alpenrose	› S. 180
April	Hängekirsche	› S. 149
April	Zierkirsche	› S. 148
April – Mai	Bergenie	› S. 162
April – Mai	Elfenblume	› S. 188
April – Mai	Große Sternmagnolie	› S. 142
April – Mai	Günsel	› S. 185
April – Mai	Zierapfel	› S. 143
April – Juni	Rosmarin-Seidelbast	› S. 134
Mai	Herbstflieder	› S. 156
Mai	Rhododendron 'Hachmanns Charmant'	› S. 190
Mai – Juni	Apfelrose	› S. 149
Mai – Juni	Edelflieder	› S. 155
Mai – Juni	Königsflieder	› S. 155
Mai – Juni	Tränendes Herz	› S. 165
Mai – Okt.	Fleißiges Lieschen	› S. 174
Juni	Pfingstrose	› S. 145

Blütezeit	Pflanzenname	Porträt
Juni – Juli	Kletterrose 'New Dawn'	› S. 151
Juni – Juli	Niedrige Weigelie	› S. 158
Juni – Juli	Phlox 'Bright Eyes'	› S. 146
Juni – Juli	Rosa Zwergspiere	› S. 154
Juni – Juli	Storchschnabel 'Berggarten'	› S. 139
Juni – Juli	Steinpilz-Thymian	› S. 156
Juni – Okt.	Buschmalve	› S. 142
Juni – Okt.	Strauchrose 'Flashlight'	› S. 150
Juni – Okt.	Zwergrose	› S. 150
Juli – Aug.	Funkie 'Elegans'	› S. 172
Juli – Aug.	Funkie 'June'	› S. 172
Juli – Sept.	Eibisch 'Hamabo'	› S. 140
Juli – Sept.	Samthortensie	› S. 173
Juli – Sept.	Wiesenraute	› S. 183
Juli – Okt.	Prachtkerze	› S. 138
Juli – Okt.	Sonnenhut	› S. 151
Juli – Okt.	Steinquendel	› S. 130
Aug. – Sept.	Winterhartes Alpenveilchen	› S. 165
Aug. – Okt.	Herbstanemone	› S. 160
Sept. – Nov.	Heidekraut	› S. 130
Nov. – April	Winterschneeball	› S. 184

BLAUE BLÜTEN

Blütezeit	Pflanzenname	Porträt
März – April	Balkananemone	› S. 185
März – April	Blaustern	› S. 182
März – April	Gedenkemein	› S. 178
März – April	Leberblümchen	› S. 171
März – April	Lungenkraut 'Azurea'	› S. 179
April	Blaukissen	› S. 129
April – Mai	Immergrün 'Marie'	› S. 191

Blütezeit	Pflanzenname	Porträt
April – Mai	Polsterphlox	› S. 146
April – Mai	Waldphlox	› S. 178
Mai	Glyzinie	› S. 158
Mai	Präriekerze	› S. 130
Mai	Zierlauch 'Purple Sensation'	› S. 127
Mai – Sept.	Katzenminze	› S. 144
Mai – Okt.	Männertreu	› S. 176
Mai – Okt.	Steppensalbei	› S. 152
Juni – Juli	Clematis 'Etoile Violet'	› S. 163
Juni – Juli	Hohe Glockenblume	› S. 163
Juni – Juli	Rittersporn	› S. 134
Juni – Sept.	Polster-Glockenblume 'Birch'	› S. 186
Juni – Sept.	Polster-Glockenblume 'Blauranke'	› S. 186
Juni – Sept.	Schmucklilie	› S. 159
Juni – Sept.	Tellerhortensie	› S. 173
Juni – Okt.	Storchschnabel 'Rozanne'	› S. 169
Juni – Okt.	Clematis 'Prince Charles'	› S. 163
Juli – Aug.	Lavendel	› S. 141
Juli – Sept.	Duftnessel	› S. 126
Juli – Sept.	Eibisch 'Blue Bird'	› S. 140
Juli – Okt.	Säckelblume	› S. 132
Juli – Okt.	Sommerflieder	› S. 129
Aug. – Okt.	Bartblume	› S. 131
Sept. – Okt.	Herbsteisenhut	› S. 159
Sept. – Okt.	Kissenaster 'Augenweide'	› S. 128
Sept. – Okt.	Pyrenäenaster	› S. 128

GRÜNE/BRAUNE BLÜTEN

Blütezeit	Pflanzenname	Porträt
März – April	Japansegge	› S. 187
Mai – Juni	Blauschwingel	› S. 129
Juni – Juli	Bärenfellschwingel	› S. 137
Juli – Sept.	Silberährengras	› S. 155
Juli – Okt.	Chinaschilf 'Kleine Fontäne'	› S. 143
Aug. – Sept.	Chinaschilf 'Adagio'	› S. 143
Aug. – Sept.	Lampenputzergras	› S. 145
Aug. – Sept.	Pfeifengras 'Variegata'	› S. 143
Aug. – Sept.	Präriegras	› S. 155
Aug. – Okt.	Pfeifengras 'Edith Dudzus'	› S. 143

Pflanzenregister

Halbfett gesetzte Seitenzahlen verweisen auf Abbildungen.

Die Autorin

Elisabeth Fleuchaus

Die gelernte Staudengärtnerin und Gartenbautechnikerin sammelte berufliche Erfahrungen zunächst im Botanischen Garten Hamburg. Anschließend arbeitete sie viele Jahre im Garten- und Landschaftsbau.

Heute ist sie selbständig, berät Hobbygärtner und setzt gemeinsam mit ihnen ihre Wünsche in die Tat um. Sie ist Autorin des GU Buches **Gartenblumen pflegen** sowie Mitautorin am GU Buch **Quickfinder Gartenpraxis**.

Literatur

→ Elisabeth Fleuchaus: **Gartenblumen pflegen.** Gräfe und Unzer Verlag, München

→ Hermann Gröne / Klaus Kaiser: **Immerblühende Beete.** Gräfe und Unzer Verlag, München

→ Bernd Hertle / Peter Kiermeier / Marion Nickig: **Das große GU PraxisHandbuch Gartenblumen.** Gräfe und Unzer Verlag, München

Bezugsquellen

Rosen
→ **W. Kordes' Söhne**
Rosenstraße 54
25365 Klein Offenseth-Sparrieshoop
www.gartenrosen.de

→ **Noack Rosen**
Im Fenne 54
33334 Gütersloh
www.noack-rosen.de

Blumenzwiebeln
→ **Albrecht Hoch**
Potsdamer Straße 40
14163 Berlin
www.albrechthoch.de

→ **Bernd Schober**
Stätzlinger Straße 94 a
86165 Augsburg
www.der-blumenzwiebelversand.de

Stauden
→ **Die Staudengärtnerei**
Beerfeldener Str. 28
69483 Affolterbach
www.die-staudengaertnerei.de

→ **Staudengärtnerei Gerhild Diamant**
Mühlenweg 39
47239 Duisburg
www.stauden-diamant.de

→ **Staudengärtnerei Gaissmayer**
Jungviehweide 3
89257 Illertissen
www.gaissmayer.de

Gehölze
Adressen von Baumschulen in Ihrer Nähe erfahren Sie über:

→ **Bund deutscher Baumschulen**
Bismarckstraße 49
25421 Pinneberg
www.bund-deutscher-baumschulen.de

Bodenuntersuchungsanstalten

→ **Bayerische Hauptversuchsanstalt für Landwirtschaft**
85354 Freising/Weihenstephan

→ **Landwirtschaftliche Untersuchungs- und Forschungsanstalt NRW**
Siebengebirgsstraße 200
53229 Bonn
www.lufa-nrw.de

→ **VDLUFA – Verband Deutscher Untersuchungs- und Forschungsanstalten e.V.**
c/o LUFA Speyer
Obere Langgasse 40
67346 Speyer
www.vdlufa.de

BILDNACHWEIS

Baltensperger: 72/2, 86/5, 139/1; **Baumschule Bruns:** 32/2, 33/1, 137/3, 179/1; **Beck:** 32/4, 34/2, 34/4, 35/2, 41/5, 42/3, 43/5, 44/4, 45/3, 47/2, 49/2, 49/5, 51/5, 52/5, 53/2, 53/4, 55/2, 57/3, 57/5, 58/5, 59/1, 65/3, 65/4, 66/2, 67/3, 67/4, 68/2, 69/1, 69/3, 70/1, 70/3, 71/1, 71/5, 72/3, 73/2, 75/2, 75/4, 76/3, 82/5, 83/2, 84/1, 86/1, 86/2, 86/4, 87/2, 87/3, 87/4, 89/2, 89/5, 91/1, 92/2, 92/5, 94/2, 95/4, 97/1, 99/2, 99/4, 100/4, 100/5, 101/5, 106/3, 107/2, 108/2, 108/3, 109/1, 109/3, 109/4, 110/4, 110/5, 112/5, 113/1, 113/2, 113/3, 114/3, 114/4, 115/3, 116/4, 117/2, 118/1, 119/1, 119/2, 120/4, 122/5, 127/2, 129/1, 129/3, 133/1, 133/3, 134/3, 135/2, 137/2, 140/2, 142/3, 144/1, 144/2, 145/1, 151/1, 151/3, 152/2, 153/2, 154/1, 157/1, 157/2, 160/3, 161/3, 166/2, 168/3, 170/2, 171/1, 178/1, 178/3, 180/1, 180/2, 185/3, 186/3, 187/3, 188/3, 189/1, 189/3; **Bieker:** 2/1, 45/4, 45/5, 68/4, 88/1, 128/2; **Borkowski:** U1 re., 7; **Borstell:** 176/3; **Brand:** 40/4; **Staudengärtnerei Gaissmayer:** 56/1, 57/4, 64/2, 85/2, 89/4, 93/3, 99/3, 167/3, 169/2, 170/3, 189/2; **GAP:** U1 li., U1 mi., 2/3, 5, 18, 19, 20, 34/1, 57/1, 112/1, 114/5, 149/2, 157/3, 162/3, 174/3, 177/1; **GPL:** 55/4, 97/5; **Gröne:** 83/4, 126/2; **Haas:** 32/1; **Herwig:** 42/5, 85/3, 92/3, 134/2, 153/1; **Janiček:** 17; **Staudengärtnerei Hofmann:** 52/2, 54/4, 59/3, 76/5, 77/1, 82/3, 82/4, 84/2, 87/5, 90/2, 96/4, 119/3, 119/5, 120/2, 120/3, 121/1, 121/5, 123/3, 130/3, 136/2, 137/1, 160/2, 161/1, 161/2, 162/2, 165/3, 167/1; **Baumschule Horstmann:** 50/1; **Kaiser:** 52/1, 94/3, 100/1; **Kordes:** 66/1, 72/1, 84/4, 107/1, 149/3; **Laußer:** 55/3, 74/2, 97/3, 120/1, 122/1, 175/3; **Morell:** 43/1, 48/5, 50/4, 56/4, 66/5, 74/3, 89/1, 91/4, 97/2, 97/4, 98/3, 98/5, 110/1, 112/3, 132/3, 135/3, 138/1, 140/1, 147/3, 170/1, 183/1, 190/2; **Nickig:** 15, 32/3, 35/3, 43/2, 44/2, 44/3, 47/4, 49/1, 51/4, 58/1, 58/2, 64/4, 66/3, 67/2, 68/3, 68/5, 70/4, 71/3, 73/3, 77/4, 83/5, 85/1, 85/4, 87/1, 88/2, 89/3, 90/1, 91/2, 92/1, 95/5, 96/1, 99/5, 101/1, 101/2, 101/4, 109/2, 109/5, 110/3, 113/4, 115/2, 116/3, 117/1, 118/5, 119/4, 121/4, 122/3, 123/1, 123/5, 126/3, 129/2, 130/1, 130/2, 133/2, 135/1, 136/3, 139/3, 140/3, 142/2, 146/1, 154/2, 155/1, 155/2, 160/1, 166/3, 169/1, 172/1, 172/2, 173/2, 173/3, 174/1, 177/2, 184/3, 185/1, 187/1, 190/3, 191/2; **Noack:** 67/1, 118/4, 150/1, 150/2; **Redeleit:** 12/1, 12/4, 12/5, 12/6, 13, 41/2, 83/3, 106/4, 115/1, 148/1, 172/3; **Reinhard:** 32/5, 33/2, 33/3, 33/4, 33/5, 34/3, 34/5, 35/1, 35/4, 40/1, 40/2, 40/3, 41/1, 41/3, 41/4, 42/1, 42/2, 42/4, 43/3, 43/4, 44/5, 45/2, 46/1, 46/5, 47/3, 47/5, 48/1, 48/2, 48/3, 48/4, 49/3, 49/4, 50/2, 50/5, 51/3, 52/4, 53/1, 53/3, 53/5, 54/1, 54/2, 54/3, 55/5, 56/3, 56/5, 57/2, 58/3, 59/2, 59/4, 64/5, 65/5, 66/4, 68/1, 69/2, 69/4, 70/2, 70/5, 71/2, 71/4, 72/4, 73/1, 74/1, 74/5, 75/3, 75/5, 76/1, 76/2, 76/4, 77/3, 82/1, 82/2, 84/3, 88/3, 88/4, 90/3, 90/4, 90/5, 91/3, 91/5, 93/1, 93/2, 93/4, 94/1, 94/5, 95/2, 95/3, 96/2, 96/3, 98/1, 98/2, 98/4, 99/1, 100/2, 100/3, 101/3, 106/1, 106/2, 106/5, 107/5, 108/1, 108/5, 110/2, 111/1, 111/2, 111/3, 111/4, 111/5, 112/2, 113/5, 114/1, 114/2, 115/5, 116/1, 116/2, 116/5, 117/3, 117/5, 118/2, 118/3, 121/2, 122/2, 122/4, 123/2, 123/4, 126/1, 127/1, 127/3, 128/1, 128/3, 131/2, 131/3, 132/1, 134/1, 138/2, 138/3, 141/1, 141/2, 141/3, 142/1, 143/1, 143/2, 145/2, 146/3, 147/1, 147/2, 149/1, 151/2, 152/1, 152/3, 153/3, 154/3, 155/3, 156/1, 156/2, 156/3, 158/2, 158/3, 159/1, 159/2, 159/3, 162/1, 163/1, 163/2, 163/3, 164/1, 164/2, 164/3, 165/2, 166/1, 167/2, 168/1, 168/2, 169/3, 171/2, 171/3, 173/1, 175/1, 176/1, 176/2, 177/3, 178/2, 179/2, 180/3, 181/1, 181/2, 181/3, 182/1, 182/2, 183/3, 184/1, 184/2, 185/2, 186/1, 186/2, 187/2, 188/1, 188/2, 191/1, 191/3; **Romeis:** 45/1, 67/5, 74/4; **Schneider:** 52/3, 58/4, 174/2; **Schuldt:** 107/3, 108/4, 131/1; **Stork:** 12/2, 12/3; **Strauß:** 9, 10, 11, 21, 35/5, 44/1, 46/3, 51/1, 69/5, 73/5, 85/5, 86/3, 120/5, 121/3, 124, 136/1, 139/2, 143/3, 145/3, 146/2, 158/1, 175/2; **Timmermann:** 2/2, 2/4, 29, 46/4, 64/3, 72/5, 88/5, 93/5, 95/1, 183/2, 107/4, 150/3, 165/1.

© 2008 GRÄFE UND UNZER VERLAG GmbH, München

Programmleitung: Christof Klocker
Leitende Redaktion: Anita Zellner
Redaktion: Angelika Holdau, Luise Heine
Lektorat: Sonnhild Bischoff
Bildredaktion: Daniela Laußer
Umschlaggestaltung und Layout:
independent Medien-Design, München
Produktion: Susanne Mühldorfer
Satz: Cordula Schaaf, München
Reproduktion: Longo AG, Bozen
Druck & Bindung: Druckhaus Kaufmann

ISBN 978-3-8338-1131-9

1. Auflage 2008

GRÄFE UND UNZER

Ein Unternehmen der
GANSKE VERLAGSGRUPPE

Unsere Garantie

Alle Informationen in diesem Ratgeber sind sorgfältig und gewissenhaft geprüft. Sollte dennoch einmal ein Fehler enthalten sein, schicken Sie uns das Buch mit dem entsprechenden Hinweis an unseren Leserservice zurück. Wir tauschen Ihnen den GU-Ratgeber gegen einen anderen zum gleichen oder ähnlichen Thema um.

Liebe Leserin und lieber Leser,

wir freuen uns, dass Sie sich für ein GU-Buch entschieden haben. Mit Ihrem Kauf setzen Sie auf die Qualität, Kompetenz und Aktualität unserer Ratgeber. Dafür sagen wir Danke! Wir wollen als führender Ratgeberverlag noch besser werden. Daher ist uns Ihre Meinung wichtig. Bitte senden Sie uns Ihre Anregungen, Ihre Kritik oder Ihr Lob zu unseren Büchern. Haben Sie Fragen oder benötigen Sie weiteren Rat zum Thema? Wir freuen uns auf Ihre Nachricht!

Wir sind für Sie da!
Montag–Donnerstag: 8.00–18.00 Uhr;
Freitag: 8.00–16.00 Uhr
Tel.: 0180-500 50 54* *(0,14 €/Min. aus dem dt. Festnetz/
Fax: 0180-501 20 54* Mobilfunkpreise können abweichen.)
E-Mail: leserservice@graefe-und-unzer.de

P.S.: Wollen Sie noch mehr Aktuelles von GU wissen, dann abonnieren Sie doch unseren kostenlosen GU-Online-Newsletter und/oder unsere kostenlosen Kundenmagazine.

GRÄFE UND UNZER VERLAG
Leserservice | Postfach 86 03 13 | 81630 München